JN451210

分册 基本六法

憲　法·商　法

(어음法/手票法)

2012年版

玄一出版社

머 리 말

1948년 7月 12日 制定 公布된 憲法으로 비로소 우리 國民도「法」을 自身의 것으로 受容하게 되었으며 時宜에 맞추어 여러 가지로 編輯된 六法이 國民大衆의 法令集으로 發刊되어 오늘에 이르고 있습니다.

그러나 國民 모두가 바라는 六法은 日常生活과 密接한 關係가 있는 法律이며 複雜하고 어려운 分野는 法律專門家의 活動範疇에 속하는 것입니다.

本 基本六法은 六法의 憲法, 商法, 民法, 民事訴訟法, 刑法, 刑事訴訟法을 한 券으로 엮어 携帶와 利用을 簡便하게 하여 法學徒와 各種 國家試驗 受驗生의 공부에, 그리고 公務員·會社事務職員의 實務와 一般國民의 法律知識 向上에 도움이 되었으면 합니다.

2012. 1

編 者 謹識

차 례

대한민국헌법

전문개정 1987. 10. 29
제　　정 1948. 7. 12
공　　포 1948. 7. 17
개　　정 1952. 7. 7
1954. 11. 29
1960. 6. 15
1960. 11. 29
1962. 12. 26
1969. 10. 21
1972. 12. 27
1980. 10. 27

전 문

유구한 역사와 전통에 빛나는 우리 대한국민은 3·1운동으로 건립된 대한민국임시정부의 법통과 불의에 항거한 4·19민주이념을 계승하고, 조국의 민주개혁과 평화적 통일의 사명에 입각하여 정의·인도와 동포애로써 민족의 단결을 공고히 하고, 모든 사회적 폐습과 불의를 타파하며, 자율과 조화를 바탕으로 자유민주적 기본질서를 더욱 확고히 하여 정치·경제·사회·문화의 모든 영역에 있어서 각인의 기회를 균등히 하고, 능력을 최고도로 발휘하게 하며, 자유와 권리에 따르는 책임과 의무를 완수하게 하여, 안으로는 국민생활의 균등한 향상을 기하고 밖으로는 항구적인 세계평화와 인류공영에 이바지함으로써 우리들과 우리들의 자손의 안전과 자유와 행복을 영원히 확보할 것을 다짐하면서 1948년 7월 12일에 제정되고 8차에 걸쳐 개정된 헌법을 이제 국회의 의결을 거쳐 국민투표에 의하여 개정한다.

1987년 10월 29일

제 1 장 총 강

제 1 조 (국호·정체·주권) ①대한민국은 민주공화국이다.
②대한민국의 주권은 국민에게 있고, 모든 권력은 국민으로부터 나온다.

제 2 조 (국민의 요건·재외국민의 보호의무) ①대한민국의 국민이 되는 요건은 법률로 정한다.
②국가는 법률이 정하는 바에 의하여 재외국민을 보호할 의무를 진다.

제 3 조 (영토) 대한민국의 영토는 한반도와 그 부속도서로 한다.

제 4 조 (통일정책) 대한민국은 통일을 지향하며, 자유민주적 기본질서에 입각한 평화적 통일정책을 수립하고 이를 추진한다.

제 5 조 (침략적 전쟁의 부인·국군의 사명, 정치적 중립성) ①대한민국은 국제평화의 유지에 노력하고 침략적 전쟁을 부인한다.
②국군은 국가의 안전보장과 국토방위의 신성한 의무를 수행함을 사명으로 하며, 그 정치적 중립성은 준수된다.

제 6 조 (조약·국제법규의 효력·외국인의 법적 지위) ①헌법에 의하여 체결·공포된 조약과 일반적으로 승인된 국제법규는 국내법과 같은 효력을 가진다.
②외국인은 국제법과 조약이 정하는 바에 의하여 그 지위가 보장된다.

제 7 조 (공무원의 지위·책임·신분, 정치적 중립성) ①공무원은 국민전체에 대한 봉사자이며, 국민에 대하여 책임을 진다.
②공무원의 신분과 정치적 중립성은 법률이 정하는 바에 의하여 보장된다.

제 8 조 (정당) ①정당의 설립은 자유이며, 복수정당제는 보장된다.
②정당은 그 목적·조직과 활동이 민주적이어야 하며, 국민의 정치적 의사형성에 참여하는데 필요한 조직을 가져야 한다.
③정당은 법률이 정하는 바에 의하여 국가의 보호를 받으며, 국가는 법률이 정하는 바

에 의하여 정당운영에 필요한 자금을 보조할 수 있다.
④정당의 목적이나 활동이 민주적 기본질서에 위배될 때에는 정부는 헌법재판소에 그 해산을 제소할 수 있고, 정당은 헌법재판소의 심판에 의하여 해산된다.

제 9 조 (전통문화와 민족문화) 국가는 전통문화의 계승·발전과 민족문화의 창달에 노력하여야 한다.

제 2 장 국민의 권리와 의무

제10조 (인간의 존엄성과 기본인권보장) 모든 국민은 인간으로서의 존엄과 가치를 가지며, 행복을 추구할 권리를 가진다. 국가는 개인이 가지는 불가침의 기본적 인권을 확인하고 이를 보장할 의무를 진다.

제11조 (국민의 평등, 특수계급제도의 부인, 영전의 효력) ①모든 국민은 법앞에 평등하다. 누구든지 성별·종교 또는 사회적 신분에 의하여 정치적·경제적·사회적·문화적 생활의 모든 영역에 있어서 차별을 받지 아니한다.
②사회적 특수계급의 제도는 인정되지 아니하며, 어떠한 형태로도 이를 창설할 수 없다.
③훈장등의 영전은 이를 받은 자에게만 효력이 있고, 어떠한 특권도 이에 따르지 아니한다.

제12조 (신체의 자유, 자백의 증거능력) ①모든 국민은 신체의 자유를 가진다. 누구든지 법률에 의하지 아니하고는 체포·구속·압수·수색 또는 심문을 받지 아니하며, 법률과 적법한 절차에 의하지 아니하고는 처벌·보안처분 또는 강제노역을 받지 아니한다.
②모든 국민은 고문을 받지 아니하며, 형사상 자기에게 불리한 진술을 강요당하지 아니한다.
③체포·구속·압수 또는 수색을 할 때에는 적법한 절차에 따라 검사의 신청에 의하여 법관이 발부한 영장을 제시하여야 한다. 다만, 현행범인인 경우와 장기 3년이상의 형에 해당하는 죄를 범하고 도피 또는 증거인멸의 염려가 있을 때에는 사후에 영장을 청구할 수 있다.
④누구든지 체포 또는 구속을 당한 때에는 즉시 변호인의 조력을 받을 권리를 가진다. 다만, 형사피고인이 스스로 변호인을 구할 수 없을 때에는 법률이 정하는 바에 의하여 국가가 변호인을 붙인다.
⑤누구든지 체포 또는 구속의 이유와 변호인의 조력을 받을 권리가 있음을 고지받지 아니하고는 체포 또는 구속을 당하지 아니한다. 체포 또는 구속을 당한 자의 가족등 법률이 정하는 자에게는 그 이유와 일시·장소가 지체없이 통지되어야 한다.
⑥누구든지 체포 또는 구속을 당한 때에는 적부의 심사를 법원에 청구할 권리를 가진다.
⑦피고인의 자백이 고문·폭행·협박·구속의 부당한 장기화 또는 기망 기타의 방법에 의하여 자의로 진술된 것이 아니라고 인정될 때 또는 정식재판에 있어서 피고인의 자백이 그에게 불리한 유일한 증거일 때에는 이를 유죄의 증거로 삼거나 이를 이유로 처벌할 수 없다.

제13조 (형벌불소급, 일사부재리, 소급입법의 제한, 연좌제금지) ①모든 국민은 행위시의 법률에 의하여 범죄를 구성하지 아니하는 행위로 소추되지 아니하며, 동일한 범죄에 대하여 거듭 처벌받지 아니한다.
②모든 국민은 소급입법에 의하여 참정권의 제한을 받거나 재산권을 박탈당하지 아니한다.
③모든 국민은 자기의 행위가 아닌 친족의 행위로 인하여 불이익한 처우를 받지 아니한다.

제14조 (거주·이전의 자유) 모든 국민은 거주·이전의 자유를 가진다.

제15조 (직업선택) 모든 국민은 직업선택의 자유를 가진다.

제16조 (주거의 보장) 모든 국민은 주거의 자유를 침해받지 아니한다. 주거에 대한 압수나 수색을 할 때에는 검사의 신청에 의하여 법관이 발부한 영장을 제시하여야 한다.

제17조 (사생활의 비밀과 자유) 모든 국민은 사생활의 비밀과 자유를 침해받지 아니한다.

제18조 (통신의 자유) 모든 국민은 통신의 비밀을 침해받지 아니한다.

제19조 (양심의 자유) 모든 국민은 양심의 자유를 가진다.

제20조 (종교의 자유) ①모든 국민은 종교의 자유를 가진다.
②국교는 인정되지 아니하며, 종교와 정치는 분리된다.

제21조 (언론·출판·집회·결사의 자유등, 언론·출판에 대한 피해보상) ①모든 국민은 언론·출판의 자유와 집회·결사의 자유를 가진다.

②언론·출판에 대한 허가나 검열과 집회·결사에 대한 허가는 인정되지 아니한다.
③통신·방송의 시설기준과 신문의 기능을 보장하기 위하여 필요한 사항은 법률로 정한다.
④언론·출판은 타인의 명예나 권리 또는 공중도덕이나 사회윤리를 침해하여서는 아니된다. 언론·출판이 타인의 명예나 권리를 침해한 때에는 피해자는 이에 대한 피해의 배상을 청구할 수 있다.

제22조 (학문·예술의 자유와 저작권등의 보호) ①모든 국민은 학문과 예술의 자유를 가진다.
②저작자·발명가·과학기술자와 예술가의 권리는 법률로써 보호한다.

제23조 (재산권의 보장과 제한) ①모든 국민의 재산권은 보장된다. 그 내용과 한계는 법률로 정한다.
②재산권의 행사는 공공복리에 적합하도록 하여야 한다.
③공공필요에 의한 재산권의 수용·사용 또는 제한 및 그에 대한 보상은 법률로써 하되, 정당한 보상을 지급하여야 한다.

제24조 (선거권) 모든 국민은 법률이 정하는 바에 의하여 선거권을 가진다.

제25조 (공무담임권) 모든 국민은 법률이 정하는 바에 의하여 공무담임권을 가진다.

제26조 (청원권) ①모든 국민은 법률이 정하는 바에 의하여 국가기관에 문서로 청원할 권리를 가진다.
②국가는 청원에 대하여 심사할 의무를 진다.

제27조 (재판을 받을 권리, 형사피고인의 무죄추정등) ①모든 국민은 헌법과 법률이 정한 법관에 의하여 법률에 의한 재판을 받을 권리를 가진다.
②군인 또는 군무원이 아닌 국민은 대한민국의 영역 안에서는 중대한 군사상 기밀·초병·초소·유독음식물공급·포로·군용물에 관한 죄중 법률이 정한 경우와 비상계엄이 선포된 경우를 제외하고는 군사법원의 재판을 받지 아니한다.
③모든 국민은 신속한 재판을 받을 권리를 가진다. 형사피고인은 상당한 이유가 없는 한 지체없이 공개재판을 받을 권리를 가진다.
④형사피고인은 유죄의 판결이 확정될 때까지는 무죄로 추정된다.
⑤형사피해자는 법률이 정하는 바에 의하여 당해 사건의 재판절차에서 진술할 수 있다.

제28조 (형사보상) 형사피의자 또는 형사피고인으로서 구금되었던 자가 법률이 정하는 불기소처분을 받거나 무죄판결을 받은 때에는 법률이 정하는 바에 의하여 국가에 정당한 보상을 청구할 수 있다.

제29조 (공무원의 불법행위와 배상책임) ①공무원의 직무상 불법행위로 손해를 받은 국민은 법률이 정하는 바에 의하여 국가 또는 공공단체에 정당한 배상을 청구할 수 있다. 이 경우 공무원 자신의 책임은 면제되지 아니한다.
②군인·군무원·경찰공무원 기타 법률이 정하는 자가 전투·훈련등 직무집행과 관련하여 받은 손해에 대하여는 법률이 정하는 보상외에 국가 또는 공공단체에 공무원의 직무상 불법행위로 인한 배상은 청구할 수 없다.

제30조 (범죄행위로 인한 피해구조) 타인의 범죄행위로 인하여 생명·신체에 대한 피해를 받은 국민은 법률이 정하는 바에 의하여 국가로부터 구조를 받을 수 있다.

제31조 (교육을 받을 권리·의무등) ①모든 국민은 능력에 따라 균등하게 교육을 받을 권리를 가진다.
②모든 국민은 그 보호하는 자녀에게 적어도 초등교육과 법률이 정하는 교육을 받게 할 의무를 진다.
③의무교육은 무상으로 한다.
④교육의 자주성·전문성·정치적 중립성 및 대학의 자율성은 법률이 정하는 바에 의하여 보장된다.
⑤국가는 평생교육을 진흥하여야 한다.
⑥학교교육 및 평생교육을 포함한 교육제도와 그 운영, 교육재정 및 교원의 지위에 관한 기본적인 사항은 법률로 정한다.

제32조 (근로의 권리·의무등, 국가유공자의 기회우선) ①모든 국민은 근로의 권리를 가진다. 국가는 사회적·경제적 방법으로 근로자의 고용의 증진과 적정임금의 보장에 노력하여야 하며, 법률이 정하는 바에 의하여 최저임금제를 시행하여야 한다.
②모든 국민은 근로의 의무를 진다. 국가는 근로의 의무의 내용과 조건을 민주주의원칙에 따라 법률로 정한다.
③근로조건의 기준은 인간의 존엄성을 보장하도록 법률로 정한다.
④여자의 근로는 특별한 보호를 받으며, 고용·임금 및 근로조건에 있어서 부당한 차별을 받지 아니한다.
⑤연소자의 근로는 특별한 보호를 받는다.
⑥국가유공자·상이군경 및 전몰군경의 유

가족은 법률이 정하는 바에 의하여 우선적으로 근로의 기회를 부여받는다.

제33조 (근로자의 단결권등) ①근로자는 근로조건의 향상을 위하여 자주적인 단결권·단체교섭권 및 단체행동권을 가진다.
②공무원인 근로자는 법률이 정하는 자에 한하여 단결권·단체교섭권 및 단체행동권을 가진다.
③법률이 정하는 주요방위산업체에 종사하는 근로자의 단체행동권은 법률이 정하는 바에 의하여 이를 제한하거나 인정하지 아니할 수 있다.

제34조 (사회보장등) ①모든 국민은 인간다운 생활을 할 권리를 가진다.
②국가는 사회보장·사회복지의 증진에 노력할 의무를 진다.
③국가는 여자의 복지와 권익의 향상을 위하여 노력하여야 한다.
④국가는 노인과 청소년의 복지향상을 위한 정책을 실시할 의무를 진다.
⑤신체장애자 및 질병·노령 기타의 사유로 생활능력이 없는 국민은 법률이 정하는 바에 의하여 국가의 보호를 받는다.
⑥국가는 재해를 예방하고 그 위험으로부터 국민을 보호하기 위하여 노력하여야 한다.

제35조 (환경권등) ①모든 국민은 건강하고 쾌적한 환경에서 생활할 권리를 가지며, 국가와 국민은 환경보전을 위하여 노력하여야 한다.
②환경권의 내용과 행사에 관하여는 법률로 정한다.
③국가는 주택개발정책등을 통하여 모든 국민이 쾌적한 주거생활을 할 수 있도록 노력하여야 한다.

제36조 (혼인과 가족생활, 모성보호, 국민보건) ①혼인과 가족생활은 개인의 존엄과 양성의 평등을 기초로 성립되고 유지되어야 하며, 국가는 이를 보장한다.
②국가는 모성의 보호를 위하여 노력하여야 한다.
③모든 국민은 보건에 관하여 국가의 보호를 받는다.

제37조 (국민의 자유와 권리의 존중·제한) ①국민의 자유와 권리는 헌법에 열거되지 아니한 이유로 경시되지 아니한다.
②국민의 모든 자유와 권리는 국가안전보장·질서유지 또는 공공복리를 위하여 필요한 경우에 한하여 법률로써 제한할 수 있으며, 제한하는 경우에도 자유와 권리의 본질적인 내용을 침해할 수 없다.

제38조 (납세의 의무) 모든 국민은 법률이 정하는 바에 의하여 납세의 의무를 진다.

제39조 (국방의 의무) ①모든 국민은 법률이 정하는 바에 의하여 국방의 의무를 진다.
②누구든지 병역의무의 이행으로 인하여 불이익한 처우를 받지 아니한다.

제 3 장 국 회

제40조 (입법권) 입법권은 국회에 속한다.

제41조 (구성) ①국회는 국민의 보통·평등·직접·비밀선거에 의하여 선출된 국회의원으로 구성한다.
②국회의원의 수는 법률로 정하되, 200인 이상으로 한다.
③국회의원의 선거구와 비례대표제 기타 선거에 관한 사항은 법률로 정한다.

제42조 (의원의 임기) 국회의원의 임기는 4년으로 한다.

제43조 (의원의 겸직제한) 국회의원은 법률이 정하는 직을 겸할 수 없다.

제44조 (의원의 불체포특권) ①국회의원은 현행범인인 경우를 제외하고는 회기중 국회의 동의없이 체포 또는 구금되지 아니한다.
②국회의원이 회기전에 체포 또는 구금된 때에는 현행범인이 아닌 한 국회의 요구가 있으면 회기중 석방된다.

제45조 (발언·표결의 원외면책) 국회의원은 국회에서 직무상 행한 발언과 표결에 관하여 국회외에서 책임을 지지 아니한다.

제46조 (의원의 의무) ①국회의원은 청렴의 의무가 있다.
②국회의원은 국가이익을 우선하여 양심에 따라 직무를 행한다.
③국회의원은 그 지위를 남용하여 국가·공공단체 또는 기업체와의 계약이나 그 처분에 의하여 재산상의 권리·이익 또는 직위를 취득하거나 타인을 위하여 그 취득을 알선할 수 없다.

제47조 (정기회·임시회) ①국회의 정기회는 법률이 정하는 바에 의하여 매년 1회 집회되며, 국회의 임시회는 대통령 또는 국회재적의원 4분의 1이상의 요구에 의하여 집회된다.
②정기회의 회기는 100일을, 임시회의 회기는 30일을 초과할 수 없다.
③대통령이 임시회의 집회를 요구할 때에

는 기간과 집회요구의 이유를 명시하여야 한다.

제48조 (의장·부의장) 국회는 의장 1인과 부의장 2인을 선출한다.

제49조 (의결정족수와 의결방법) 국회는 헌법 또는 법률에 특별한 규정이 없는 한 재적의원 과반수의 출석과 출석의원 과반수의 찬성으로 의결한다. 가부동수인 때에는 부결된 것으로 본다.

제50조 (의사공개의 원칙) ①국회의 회의는 공개한다. 다만, 출석의원 과반수의 찬성이 있거나 의장이 국가의 안전보장을 위하여 필요하다고 인정할 때에는 공개하지 아니할 수 있다.
②공개하지 아니한 회의내용의 공표에 관하여는 법률이 정하는 바에 의한다.

제51조 (의안의 차기계속) 국회에 제출된 법률안 기타의 의안은 회기중에 의결되지 못한 이유로 폐기되지 아니한다. 다만, 국회의원의 임기가 만료된 때에는 그러하지 아니하다.

제52조 (법률안제출권) 국회의원과 정부는 법률안을 제출할 수 있다.

제53조 (법률의 공포, 대통령의 재의요구, 법률안의 확정·발효) ①국회에서 의결된 법률안은 정부에 이송되어 15일이내에 대통령이 공포한다.
②법률안에 이의가 있을 때에는 대통령은 제1항의 기간내에 이의서를 붙여 국회로 환부하고, 그 재의를 요구할 수 있다. 국회의 폐회중에도 또한 같다.
③대통령은 법률안의 일부에 대하여 또는 법률안을 수정하여 재의를 요구할 수 없다.
④재의의 요구가 있을 때에는 국회는 재의에 붙이고, 재적의원 과반수의 출석과 출석의원 3분의 2이상의 찬성으로 전과 같은 의결을 하면 그 법률안은 법률로서 확정된다.
⑤대통령이 제1항의 기간내에 공포나 재의의 요구를 하지 아니한 때에도 그 법률안은 법률로서 확정된다.
⑥대통령은 제4항과 제5항의 규정에 의하여 확정된 법률을 지체없이 공포하여야 한다. 제5항에 의하여 법률이 확정된 후 또는 제4항에 의한 확정법률이 정부에 이송된 후 5일이내에 대통령이 공포하지 아니할 때에는 국회의장이 이를 공포한다.
⑦법률은 특별한 규정이 없는 한 공포한 날로부터 20일을 경과함으로써 효력을 발생한다.

제54조 (예산안의 심의·확정, 의결기간도과시의 조치) ①국회는 국가의 예산안을 심의·확정한다.
②정부는 회계연도마다 예산안을 편성하여 회계연도 개시 90일전까지 국회에 제출하고, 국회는 회계연도 개시 30일전까지 이를 의결하여야 한다.
③새로운 회계연도가 개시될 때까지 예산안이 의결되지 못한 때에는 정부는 국회에서 예산안이 의결될 때까지 다음의 목적을 위한 경비는 전년도 예산에 준하여 집행할 수 있다.

1. 헌법이나 법률에 의하여 설치된 기관 또는 시설의 유지·운영
2. 법률상 지출의무의 이행
3. 이미 예산으로 승인된 사업의 계속

제55조 (계속비·예비비) ①한 회계연도를 넘어 계속하여 지출할 필요가 있을 때에는 정부는 연한을 정하여 계속비로서 국회의 의결을 얻어야 한다.
②예비비는 총액으로 국회의 의결을 얻어야 한다. 예비비의 지출은 차기국회의 승인을 얻어야 한다.

제56조 (추가경정예산) 정부는 예산에 변경을 가할 필요가 있을 때에는 추가경정예산안을 편성하여 국회에 제출할 수 있다.

제57조 (지출예산각항의 증액과 새 비목의 설치금지) 국회는 정부의 동의없이 정부가 제출한 지출예산각항의 금액을 증가하거나 새 비목을 설치할 수 없다.

제58조 (국채모집등에 대한 의결권) 국채를 모집하거나 예산외에 국가의 부담이 될 계약을 체결하려 할 때에는 정부는 미리 국회의 의결을 얻어야 한다.

제59조 (조세의 종목과 세율) 조세의 종목과 세율은 법률로 정한다.

제60조 (조약·선전포고등에 관한 동의) ①국회는 상호원조 또는 안전보장에 관한 조약, 중요한 국제조직에 관한 조약, 우호통상항해조약, 주권의 제약에 관한 조약, 강화조약, 국가나 국민에게 중대한 재정적 부담을 지우는 조약 또는 입법사항에 관한 조약의 체결·비준에 대한 동의권을 가진다.
②국회는 선전포고, 국군의 외국에의 파견 또는 외국군대의 대한민국 영역 안에서의 주류에 대한 동의권을 가진다.

제61조 (국정에 관한 감사·조사권) ①국회는 국정을 감사하거나 특정한 국정사안에 대하여 조사할 수 있으며, 이에 필요한 서류의 제출 또는 증인의 출석과 증언이나 의견의 진술을 요구할 수 있다.
②국정감사 및 조사에 관한 절차 기타 필요

한 사항은 법률로 정한다.

제62조 (국무총리등의 국회출석) ①국무총리·국무위원 또는 정부위원은 국회나 그 위원회에 출석하여 국정처리상황을 보고하거나 의견을 진술하고 질문에 응답할 수 있다.
②국회나 그 위원회의 요구가 있을 때에는 국무총리·국무위원 또는 정부위원은 출석·답변하여야 하며, 국무총리 또는 국무위원이 출석요구를 받은 때에는 국무위원 또는 정부위원으로 하여금 출석·답변하게 할 수 있다.

제63조 (국무총리·국무위원해임건의권) ①국회는 국무총리 또는 국무위원의 해임을 대통령에게 건의할 수 있다.
②제1항의 해임건의는 국회재적의원 3분의 1이상의 발의에 의하여 국회재적의원 과반수의 찬성이 있어야 한다.

제64조 (국회의 자율권) ①국회는 법률에 저촉되지 아니하는 범위안에서 의사와 내부규율에 관한 규칙을 제정할 수 있다.
②국회는 의원의 자격을 심사하며, 의원을 징계할 수 있다.
③의원을 제명하려면 국회재적의원 3분의 2이상의 찬성이 있어야 한다.
④제 2 항과 제 3 항의 처분에 대하여는 법원에 제소할 수 없다.

제65조 (탄핵소추권과 그 결정의 효력) ①대통령·국무총리·국무위원·행정각부의 장·헌법재판소 재판관·법관·중앙선거관리위원회 위원·감사원장·감사위원 기타 법률이 정한 공무원이 그 직무집행에 있어서 헌법이나 법률을 위배한 때에는 국회는 탄핵의 소추를 의결할 수 있다.
②제 1 항의 탄핵소추는 국회재적의원 3분의 1이상의 발의가 있어야 하며, 그 의결은 국회재적의원 과반수의 찬성이 있어야 한다. 다만, 대통령에 대한 탄핵소추는 국회재적의원 과반수의 발의와 국회재적의원 3분의 2이상의 찬성이 있어야 한다.
③탄핵소추의 의결을 받은 자는 탄핵심판이 있을 때까지 그 권한행사가 정지된다.
④탄핵결정은 공직으로부터 파면함에 그친다. 그러나, 이에 의하여 민사상이나 형사상의 책임이 면제되지는 아니한다.

제 4 장 정 부

제 1 절 대통령

제66조 (대통령의 지위·책무·행정권) ①대통령은 국가의 원수이며, 외국에 대하여 국가를 대표한다.
②대통령은 국가의 독립·영토의 보전·국가의 계속성과 헌법을 수호할 책무를 진다.
③대통령은 조국의 평화적 통일을 위한 성실한 의무를 진다.
④행정권은 대통령을 수반으로 하는 정부에 속한다.

제67조 (대통령의 선거·피선거권) ①대통령은 국민의 보통·평등·직접·비밀선거에 의하여 선출한다.
②제 1 항의 선거에 있어서 최고득표자가 2인이상인 때에는 국회의 재적의원 과반수가 출석한 공개회의에서 다수표를 얻은 자를 당선자로 한다.
③대통령후보자가 1인일 때에는 그 득표수가 선거권자 총수의 3분의 1이상이 아니면 대통령으로 당선될 수 없다.
④대통령으로 선거될 수 있는 자는 국회의원의 피선거권이 있고 선거일 현재 40세에 달하여야 한다.
⑤대통령의 선거에 관한 사항은 법률로 정한다.

제68조 (대통령선거의 시기·보궐) ①대통령의 임기가 만료되는 때에는 임기만료 70일 내지 40일전에 후임자를 선거한다.
②대통령이 궐위된 때 또는 대통령 당선자가 사망하거나 판결 기타의 사유로 그 자격을 상실한 때에는 60일이내에 후임자를 선거한다.

제69조 (대통령의 취임선서) 대통령은 취임에 즈음하여 다음의 선서를 한다.
"나는 헌법을 준수하고 국가를 보위하며 조국의 평화적 통일과 국민의 자유와 복리의 증진 및 민족문화의 창달에 노력하여 대통령으로서의 직책을 성실히 수행할 것을 국민 앞에 엄숙히 선서합니다."

제70조 (대통령의 임기) 대통령의 임기는 5년으로 하며, 중임할 수 없다.

제71조 (대통령권한대행) 대통령이 궐위되거나 사고로 인하여 직무를 수행할 수 없을 때에는 국무총리, 법률이 정한 국무위원의 순서로 그 권한을 대행한다.

제72조 (중요정책의 국민투표) 대통령은 필요하다고 인정할 때에는 외교·국방·통일 기타 국가안위에 관한 중요정책을 국민투표에 붙일 수 있다.

제73조 (외교·선전강화권) 대통령은 조약을 체결·비준하고, 외교사절을 신임·접수 또는 파견하며, 선전포고와 강화를 한다.

제74조 (국군통수권등) ①대통령은 헌법

과 법률이 정하는 바에 의하여 국군을 통수한다.
②국군의 조직과 편성은 법률로 정한다.

제75조 (대통령령) 대통령은 법률에서 구체적으로 범위를 정하여 위임받은 사항과 법률을 집행하기 위하여 필요한 사항에 관하여 대통령령을 발할 수 있다.

제76조 (긴급처분·명령권) ①대통령은 내우·외환·천재·지변 또는 중대한 재정·경제상의 위기에 있어서 국가의 안전보장 또는 공공의 안녕질서를 유지하기 위하여 긴급한 조치가 필요하고 국회의 집회를 기다릴 여유가 없을 때에 한하여 최소한으로 필요한 재정·경제상의 처분을 하거나 이에 관하여 법률의 효력을 가지는 명령을 발할 수 있다.
②대통령은 국가의 안위에 관계되는 중대한 교전상태에 있어서 국가를 보위하기 위하여 긴급한 조치가 필요하고 국회의 집회가 불가능한 때에 한하여 법률의 효력을 가지는 명령을 발할 수 있다.
③대통령은 제1항과 제2항의 처분 또는 명령을 한 때에는 지체없이 국회에 보고하여 그 승인을 얻어야 한다.
④제 3 항의 승인을 얻지 못한 때에는 그 처분 또는 명령은 그때부터 효력을 상실한다. 이 경우 그 명령에 의하여 개정 또는 폐지되었던 법률은 그 명령이 승인을 얻지 못한 때부터 당연히 효력을 회복한다.
⑤대통령은 제 3 항과 제 4 항의 사유를 지체없이 공포하여야 한다.

제77조 (계엄선포등) ①대통령은 전시·사변 또는 이에 준하는 국가 비상사태에 있어서 병력으로써 군사상의 필요에 응하거나 공공의 안녕질서를 유지할 필요가 있을 때에는 법률이 정하는 바에 의하여 계엄을 선포할 수 있다.
②계엄은 비상계엄과 경비계엄으로 한다.
③비상계엄이 선포된 때에는 법률이 정하는 바에 의하여 영장제도, 언론·출판·집회·결사의 자유, 정부나 법원의 권한에 관하여 특별한 조치를 할 수 있다.
④계엄을 선포한 때에는 대통령은 지체없이 국회에 통고하여야 한다.
⑤국회가 재적의원 과반수의 찬성으로 계엄의 해제를 요구한 때에는 대통령은 이를 해제하여야 한다.

제78조 (공무원임면권) 대통령은 헌법과 법률이 정하는 바에 의하여 공무원을 임면한다.

제79조 (사면권) ①대통령은 법률이 정하는 바에 의하여 사면·감형 또는 복권을 명할 수 있다.
②일반사면을 명하려면 국회의 동의를 얻어야 한다.
③사면·감형 및 복권에 관한 사항은 법률로 정한다.

제80조 (영전수여권) 대통령은 법률이 정하는 바에 의하여 훈장 기타의 영전을 수여한다.

제81조 (국회에 대한 의사표시) 대통령은 국회에 출석하여 발언하거나 서한으로 의견을 표시할 수 있다.

제82조 (국법상 행위의 요건) 대통령의 국법상 행위는 문서로써 하며, 이 문서에는 국무총리와 관계 국무위원이 부서한다. 군사에 관한 것도 또한 같다.

제83조 (겸직금지) 대통령은 국무총리·국무위원·행정각부의 장 기타 법률이 정하는 공사의 직을 겸할 수 없다.

제84조 (형사상 특권) 대통령은 내란 또는 외환의 죄를 범한 경우를 제외하고는 재직중 형사상의 소추를 받지 아니한다.

제85조 (전직대통령의 신분과 예우) 전직대통령의 신분과 예우에 관하여는 법률로 정한다.

제 2 절 행정부

제 1 관 국무총리와 국무위원

제86조 (국무총리) ①국무총리는 국회의 동의를 얻어 대통령이 임명한다.
②국무총리는 대통령을 보좌하며, 행정에 관하여 대통령의 명을 받아 행정각부를 통할한다.
③군인은 현역을 면한 후가 아니면 국무총리로 임명될 수 없다.

제87조 (국무위원) ①국무위원은 국무총리의 제청으로 대통령이 임명한다.
②국무위원은 국정에 관하여 대통령을 보좌하며, 국무회의의 구성원으로서 국정을 심의한다.
③국무총리는 국무위원의 해임을 대통령에게 건의할 수 있다.
④군인은 현역을 면한 후가 아니면 국무위원으로 임명될 수 없다.

제 2 관 국무회의

제88조 (권한, 구성) ①국무회의는 정부의 권한에 속하는 중요한 정책을 심의한

다.
②국무회의는 대통령·국무총리와 15인이상 30인이하의 국무위원으로 구성한다.
③대통령은 국무회의의 의장이 되고, 국무총리는 부의장이 된다.

제89조 (심의사항) 다음 사항은 국무회의의 심의를 거쳐야 한다.

1. 국정의 기본계획과 정부의 일반정책
2. 선전·강화 기타 중요한 대외정책
3. 헌법개정안·국민투표안·조약안·법률안 및 대통령령안
4. 예산안·결산·국유재산처분의 기본계획·국가의 부담이 될 계약 기타 재정에 관한 중요사항
5. 대통령의 긴급명령·긴급재정경제처분 및 명령 또는 계엄과 그 해제
6. 군사에 관한 중요사항
7. 국회의 임시회 집회의 요구
8. 영전수여
9. 사면·감형과 복권
10. 행정각부간의 권한의 획정
11. 정부안의 권한의 위임 또는 배정에 관한 기본계획
12. 국정처리상황의 평가·분석
13. 행정각부의 중요한 정책의 수립과 조정
14. 정당해산의 제소
15. 정부에 제출 또는 회부된 정부의 정책에 관계되는 청원의 심사
16. 검찰총장·합동참모의장·각군참모총장·국립대학교총장·대사 기타 법률이 정한 공무원과 국영기업체관리자의 임명
17. 기타 대통령·국무총리 또는 국무위원이 제출한 사항

제90조 (국가원로자문회의) ①국정의 중요한 사항에 관한 대통령의 자문에 응하기 위하여 국가원로로 구성되는 국가원로자문회의를 둘 수 있다.
②국가원로자문회의의 의장은 직전대통령이 된다. 다만, 직전대통령이 없을 때에는 대통령이 지명한다.
③국가원로자문회의의 조직·직무범위 기타 필요한 사항은 법률로 정한다.

제91조 (국가안전보장회의) ①국가안전보장에 관련되는 대외정책·군사정책과 국내정책의 수립에 관하여 국무회의의 심의에 앞서 대통령의 자문에 응하기 위하여 국가안전보장회의를 둔다.
②국가안전보장회의는 대통령이 주재한다.
③국가안전보장회의의 조직·직무범위 기타 필요한 사항은 법률로 정한다.

제92조 (민주평화통일자문회의) ①평화통일정책의 수립에 관한 대통령의 자문에 응하기 위하여 민주평화통일자문회의를 둘 수 있다.
②민주평화통일자문회의의 조직·직무범위 기타 필요한 사항은 법률로 정한다.

제93조 (국민경제자문회의) ①국민경제의 발전을 위한 중요정책의 수립에 관하여 대통령의 자문에 응하기 위하여 국민경제자문회의를 둘 수 있다.
②국민경제자문회의의 조직·직무범위 기타 필요한 사항은 법률로 정한다.

제 3 관 행정각부

제94조 (각부의 장) 행정각부의 장은 국무위원중에서 국무총리의 제청으로 대통령이 임명한다.

제95조 (총리령, 부령) 국무총리 또는 행정각부의 장은 소관사무에 관하여 법률이나 대통령령의 위임 또는 직권으로 총리령 또는 부령을 발할 수 있다.

제96조 (각부의 조직·직무) 행정각부의 설치·조직과 직무범위는 법률로 정한다.

제 4 관 감사원

제97조 (직무와 소속)국가의 세입·세출의 결산, 국가 및 법률이 정한 단체의 회계검사와 행정기관 및 공무원의 직무에 관한 감찰을 하기 위하여 대통령 소속하에 감사원을 둔다.

제98조 (구성) ①감사원은 원장을 포함한 5인이상 11인이하의 감사위원으로 구성한다.
②원장은 국회의 동의를 얻어 대통령이 임명하고, 그 임기는 4년으로 하며, 1차에 한하여 중임할 수 있다.
③감사위원은 원장의 제청으로 대통령이 임명하고, 그 임기는 4년으로 하며, 1차에 한하여 중임할 수 있다.

제99조 (검사와 보고) 감사원은 세입·세출의 결산을 매년 검사하여 대통령과 차년도국회에 그 결과를 보고하여야 한다.

제100조 (조직·직무범위 등) 감사원의 조직·직무범위·감사위원의 자격·감사대상공무원의 범위 기타 필요한 사항은 법률로 정한다.

제 5 장 법 원

제101조 (사법권·법원의 조직·법관의 자격) ①사법권은 법관으로 구성된 법원에 속한다.
②법원은 최고법원인 대법원과 각급법원으로 조직된다.
③법관의 자격은 법률로 정한다.

제102조 (대법원) ①대법원에 부를 둘 수 있다.
②대법원에 대법관을 둔다. 다만, 법률이 정하는 바에 의하여 대법관이 아닌 법관을 둘 수 있다.
③대법원과 각급법원의 조직은 법률로 정한다.

제103조 (법관의 독립) 법관은 헌법과 법률에 의하여 그 양심에 따라 독립하여 심판한다.

제104조 (대법원장·대법관의 임명) ①대법원장은 국회의 동의를 얻어 대통령이 임명한다.
②대법관은 대법원장의 제청으로 국회의 동의를 얻어 대통령이 임명한다.
③대법원장과 대법관이 아닌 법관은 대법관회의의 동의를 얻어 대법원장이 임명한다.

제105조 (법관의 임기·연임·정년) ①대법원장의 임기는 6년으로 하며, 중임할 수 없다.
②대법관의 임기는 6년으로 하며, 법률이 정하는 바에 의하여 연임할 수 있다.
③대법원장과 대법관이 아닌 법관의 임기는 10년으로 하며, 법률이 정하는 바에 의하여 연임할 수 있다.
④법관의 정년은 법률로 정한다.

제106조 (법관의 신분보장) ①법관은 탄핵 또는 금고 이상의 형의 선고에 의하지 아니하고는 파면되지 아니하며, 징계처분에 의하지 아니하고는 정직·감봉 기타 불리한 처분을 받지 아니한다.
②법관이 중대한 심신상의 장해로 직무를 수행할 수 없을 때에는 법률이 정하는 바에 의하여 퇴직하게 할 수 있다.

제107조 (법률등 위헌제청·심사권·행정심판) ①법률이 헌법에 위반되는 여부가 재판의 전제가 된 경우에는 법원은 헌법재판소에 제청하여 그 심판에 의하여 재판한다.
②명령·규칙 또는 처분이 헌법이나 법률에 위반되는 여부가 재판의 전제가 된 경우에는 대법원은 이를 최종적으로 심사할 권한을 가진다.
③재판의 전심절차로서 행정심판을 할 수 있다. 행정심판의 절차는 법률로 정하되, 사법절차가 준용되어야 한다.

제108조 (대법원의 규칙제정권) 대법원은 법률에서 저촉되지 아니하는 범위안에서 소송에 관한 절차, 법원의 내부규율과 사무처리에 관한 규칙을 제정할 수 있다.

제109조 (재판공개의 원칙) 재판의 심리와 판결은 공개한다. 다만, 심리는 국가의 안전보장 또는 안녕질서를 방해하거나 선량한 풍속을 해할 염려가 있을 때에는 법원의 결정으로 공개하지 아니할 수 있다.

제110조 (군사재판) ①군사재판을 관할하기 위하여 특별법원으로서 군사법원을 둘 수 있다.
②군사법원의 상고심은 대법원에서 관할한다.
③군사법원의 조직·권한 및 재판관의 자격은 법률로 정한다.
④비상계엄하의 군사재판은 군인·군무원의 범죄나 군사에 관한 간첩죄의 경우와 초병·초소·유독음식물공급·포로에 관한 죄중 법률이 정한 경우에 한하여 단심으로 할 수 있다. 다만, 사형을 선고한 경우에는 그러하지 아니하다.

제 6 장 헌법재판소

제111조 (관장과 구성등) ①헌법재판소는 다음 사항을 관장한다.
1. 법원의 제청에 의한 법률의 위헌여부 심판
2. 탄핵의 심판
3. 정당의 해산 심판
4. 국가기관 상호간, 국가기관과 지방자치단체간 및 지방자치단체 상호간의 권한쟁의에 관한 심판
5. 법률이 정하는 헌법소원에 관한 심판

②헌법재판소는 법관의 자격을 가진 9인의 재판관으로 구성하며, 재판관은 대통령이 임명한다.
③제2항의 재판관중 3인은 국회에서 선출하는 자를, 3인은 대법원장이 지명하는 자를 임명한다.
④헌법재판소의 장은 국회의 동의를 얻어 재판관중에서 대통령이 임명한다.

제112조 (재판관의 임기와 정치관여금지·신분보장) ①헌법재판소 재판관의 임기는 6년으로 하며, 법률이 정하는 바에

의하여 연임할 수 있다.
②헌법재판소 재판관은 정당에 가입하거나 정치에 관여할 수 없다.
③헌법재판소 재판관은 탄핵 또는 금고이상의 형의 선고에 의하지 아니하고는 파면되지 아니한다.

第113조 (결정정족수·조직운영) ①헌법재판소에서 법률의 위헌결정, 탄핵의 결정, 정당해산의 결정 또는 헌법소원에 관한 인용결정을 할 때에는 재판관 6인이상의 찬성이 있어야 한다.
②헌법재판소는 법률에 저촉되지 아니하는 범위안에서 심판에 관한 절차, 내부규율과 사무처리에 관한 규칙을 제정할 수 있다.
③헌법재판소의 조직과 운영 기타 필요한 사항은 법률로 정한다.

제 7 장 선거관리

第114조 (선거관리위원회) ①선거와 국민투표의 공정한 관리 및 정당에 관한 사무를 처리하기 위하여 선거관리위원회를 둔다.
②중앙선거관리위원회는 대통령이 임명하는 3인, 국회에서 선출하는 3인과 대법원장이 지명하는 3인의 위원으로 구성한다. 위원장은 위원중에서 호선한다.
③위원의 임기는 6년으로 한다.
④위원은 정당에 가입하거나 정치에 관여할 수 없다.
⑤위원은 탄핵 또는 금고이상의 형의 선고에 의하지 아니하고는 파면되지 아니한다.
⑥중앙선거관리위원회는 법령의 범위안에서 선거관리·국민투표관리 또는 정당사무에 관한 규칙을 제정할 수 있으며, 법률에 저촉되지 아니하는 범위안에서 내부규율에 관한 규칙을 제정할 수 있다.
⑦각급 선거관리위원회의 조직·직무범위 기타 필요한 사항은 법률로 정한다.

第115조 (선거관리위원회의 대행정기관 지시권) ①각급 선거관리위원회는 선거인명부의 작성등 선거사무와 국민투표사무에 관하여 관계 행정기관에 필요한 지시를 할 수 있다.
②제1항의 지시를 받은 당해 행정기관은 이에 응하여야 한다.

第116조 (선거운동·선거경비) ①선거운동은 각급 선거관리위원회의 관리하에 법률이 정하는 범위안에서 하되, 균등한 기회가 보장되어야 한다.
②선거에 관한 경비는 법률이 정하는 경우를 제외하고는 정당 또는 후보자에게 부담시킬 수 없다.

제 8 장 지방자치

第117조 (자치권, 자치단체의 종류) ①지방자치단체는 주민의 복리에 관한 사무를 처리하고 재산을 관리하며, 법령의 범위안에서 자치에 관한 규정을 제정할 수 있다.
②지방자치단체의 종류는 법률로 정한다.

第118조 (자치단체의 조직·운영) ①지방자치단체에 의회를 둔다.
②지방의회의 조직·권한·의원선거와 지방자치단체의 장의 선임방법 기타 지방자치단체의 조직과 운영에 관한 사항은 법률로 정한다.

제 9 장 경 제

第119조 (경제질서의 기본·경제의 규제·조정) ①대한민국의 경제질서는 개인과 기업의 경제상의 자유와 창의를 존중함을 기본으로 한다.
②국가는 균형있는 국민경제의 성장 및 안정과 적정한 소득의 분배를 유지하고, 시장의 지배와 경제력의 남용을 방지하며, 경제주체간의 조화를 통한 경제의 민주화를 위하여 경제에 관한 규제와 조정을 할 수 있다.

第120조 (천연자원의 채취·개발등의 특허·보호) ①광물 기타 중요한 지하자원·수산자원·수력과 경제상 이용할 수 있는 자연력은 법률이 정하는 바에 의하여 일정한 기간 그 채취·개발 또는 이용을 특허할 수 있다.
②국토와 자원은 국가의 보호를 받으며, 국가는 그 균형있는 개발과 이용을 위하여 필요한 계획을 수립한다.

第121조 (농지의 소작금지·임대차·위탁경영) ①국가는 농지에 관하여 경자유전의 원칙이 달성될 수 있도록 노력하여야 하며, 농지의 소작제도는 금지된다.
②농업생산성의 제고와 농지의 합리적인 이용을 위하거나 불가피한 사정으로 발생하는 농지의 임대차와 위탁경영은 법률이 정하는 바에 의하여 인정된다.

第122조 (국토의 이용·개발과 보존) 국가는 국민 모두의 생산 및 생활의 기반이 되는 국토의 효율적이고 균형있는 이용·개발과 보전을 위하여 법률이 정하는 바에 의하여 그에 관한 필요한 제한과 의무를 과할 수 있다.

제123조 (농·어촌종합개발과 중소기업 보호·육성) ①국가는 농업 및 어업을 보호·육성하기 위하여 농·어촌종합개발과 그 지원등 필요한 계획을 수립·시행하여야 한다.
②국가는 지역간의 균형있는 발전을 위하여 지역경제를 육성할 의무를 진다.
③국가는 중소기업을 보호·육성하여야 한다.
④국가는 농수산물의 수급균형과 유통구조의 개선에 노력하여 가격안정을 도모함으로써 농·어민의 이익을 보호한다.
⑤국가는 농·어민과 중소기업의 자조조직을 육성하여야 하며, 그 자율적 활동과 발전을 보장한다.

제124조 (소비자보호) 국가는 건전한 소비행위를 계도하고 생산품의 품질향상을 촉구하기 위한 소비자보호운동을 법률이 정하는 바에 의하여 보장한다.

제125조 (무역의 육성) 국가는 대외무역을 육성하며, 이를 규제·조정할 수 있다.

제126조 (사기업의 국·공유화 또는 통제등 금지) 국방상 또는 국민경제상 긴절한 필요로 인하여 법률이 정하는 경우를 제외하고는, 사영기업을 국유 또는 공유로 이전하거나 그 경영을 통제 또는 관리할 수 없다.

제127조 (과학기술의 발전과 국가표준제도) ①국가는 과학기술의 혁신과 정보 및 인력의 개발을 통하여 국민경제의 발전에 노력하여야 한다.
②국가는 국가표준제도를 확립한다.
③대통령은 제1항의 목적을 달성하기 위하여 필요한 자문기구를 둘 수 있다.

제10장 헌법개정

제128조 (개정제안권) ①헌법개정은 국회재적의원 과반수 또는 대통령의 발의로 제안된다.
②대통령의 임기연장 또는 중임변경을 위한 헌법개정은 그 헌법개정 제안 당시의 대통령에 대하여는 효력이 없다.

제129조 (개정안공고기간) 제안된 헌법개정안은 대통령이 20일이상의 기간 이를 공고하여야 한다.

제130조 (개정안의 의결과 확정·공포) ①국회는 헌법개정안이 공고된 날로부터 60일이내에 의결하여야 하며, 국회의 의결은 재적의원 3분의 2이상의 찬성을 얻어야 한다.
②헌법개정안은 국회가 의결한 후 30일이내에 국민투표에 붙여 국회의원선거권자 과반수의 투표와 투표자 과반수의 찬성을 얻어야 한다.
③헌법개정안이 제2항의 찬성을 얻은 때에는 헌법개정은 확정되며, 대통령은 즉시 이를 공포하여야 한다.

부 칙

제1조 (시행일) 이 헌법은 1988년 2월 25일부터 시행한다. 다만, 이 헌법을 시행하기 위하여 필요한 법률의 제정·개정과 이 헌법에 의한 대통령 및 국회의원의 선거 기타 이 헌법시행에 관한 준비는 이 헌법시행전에 할 수 있다.

제2조 (최초의 대통령선거일·임기) ①이 헌법에 의한 최초의 대통령선거는 이 헌법시행일 40일전까지 실시한다.
②이 헌법에 의한 최초의 대통령의 임기는 이 헌법시행일로부터 개시한다.

제3조 (최초의 국회의원선거·이 헌법시행 당시의 국회의원임기) ①이 헌법에 의한 최초의 국회의원선거는 이 헌법공포일로부터 6월이내에 실시하며, 이 헌법에 의하여 선출된 최초의 국회의원의 임기는 국회의원선거후 이 헌법에 의한 국회의 최초의 집회일로부터 개시한다.
②이 헌법공포 당시의 국회의원의 임기는 제1항에 의한 국회의 최초의 집회일 전일까지로 한다.

제4조 (이 헌법시행 당시의 공무원 등의 지위) ①이 헌법시행 당시의 공무원과 정부가 임명한 기업체의 임원은 이 헌법에 의하여 임명된 것으로 본다. 다만, 이 헌법에 의하여 선임방법이나 임명권자가 변경된 공무원과 대법원장 및 감사원장은 이 헌법에 의하여 후임자가 선임될 때까지 그 직무를 행하며, 이 경우 전임자인 공무원의 임기는 후임자가 선임되는 전일까지로 한다.
②이 헌법시행 당시의 대법원장과 대법원판사가 아닌 법관은 제1항 단서의 규정에 불구하고 이 헌법에 의하여 임명된 것으로 본다.

③이 헌법중 공무원의 임기 또는 중임제한에 관한 규정은 이 헌법에 의하여 그 공무원이 최초로 선출 또는 임명된 때로부터 적용한다.

제5조 (이 헌법시행 당시의 법령과 조약) 이 헌법시행 당시의 법령과 조약은 이 헌법에 위배되지 아니하는 한 그 효력을 지속한다.

제6조 (특설기관에 관한 경과조치) 이 헌법시행 당시에 이 헌법에 의하여 새로 설치될 기관의 권한에 속하는 직무를 행하고 있는 기관은 이 헌법에 의하여 새로운 기관이 설치될 때까지 존속하며 그 직무를 행한다.

상 법

제정
1962. 1.20 법률제1000호
개정
1962.12.12 법률제 1212호
1984. 4.10 법률제 3724호
1991. 5.31 법률제 4372호
1991.12.31 법률제 4470호
1994.12.22 법률제 4796호(도농복합형태의시설치에따른행정특례등에관한법률)
1995.12.29 법률제 5053호
1998.12.28 법률제 5591호
1999. 2. 5 법률제 5809호(해양사고의조사및심판에관한법률)
1999.12.31 법률제 6086호
2001. 7.24 법률제 6488호
2001.12.29 법률제 6545호
2007. 8. 3 법률제 8581호
2007. 8. 3 법률제 8582호(상업등기법)
2009. 1.30 법률제 9362호
2009. 2. 6 법률제 9416호(공증인법)
2009. 5.28 법률제 9746호
2010. 5.14 법률제10281호
2011. 5.23 법률제10696호

제 1 편 총 칙

제 1 장 통 칙

제 1 조 (상사적용법규) 상사에 관하여 본법에 규정이 없으면 상관습법에 의하고 상관습법이 없으면 민법의 규정에 의한다.

제 2 조 (공법인의 상행위) 공법인의 상행위에 대하여는 법령에 다른 규정이 없는 경우에 한하여 본법을 적용한다.

제 3 조 (일방적 상행위) 당사자중 그 1인의 행위가 상행위인 때에는 전원에 대하여 본법을 적용한다.

제 2 장 상 인

제 4 조 (상인－당연상인) 자기명의로 상행위를 하는 자를 상인이라 한다.

제 5 조 (동전－의제상인) ①점포 기타 유사한 설비에 의하여 상인적 방법으로 영업을 하는 자는 상행위를 하지 아니하더라도 상인으로 본다.
②회사는 상행위를 하지 아니하더라도 전항과 같다.

제 6 조 (무능력자의 영업과 등기) 미성년자 또는 한정치산자가 법정대리인의 허락을 얻어 영업을 하는 때에는 등기를 하여야 한다.

제 7 조 (무능력자와 무한책임사원) 미성년자 또는 한정치산자가 법정대리인의 허락을 얻어 회사의 무한책임사원이 된 때에는 그 사원자격으로 인한 행위에는 능력자로 본다.

제 8 조 (법정대리인에 의한 영업의 대리) ①법정대리인이 미성년자, 한정치산자 또는 금치산자를 위하여 영업을 하는 때에는 등기를 하여야 한다.
②법정대리인의 대리권에 대한 제한은 선의의 제삼자에게 대항하지 못한다.

제 9 조 (소상인) 지배인, 상호, 상업장부와 상업등기에 관한 규정은 소상인에게 적용하지 아니한다.

제 3 장 상업사용인

제10조 (지배인의 선임) 상인은 지배인을 선임하여 본점 또는 지점에서 영업을 하게 할 수 있다.

제11조 (지배인의 대리권) ①지배인은 영업주에 갈음하여 그 영업에 관한 재판상 또는 재판외의 모든 행위를 할 수 있다.
②지배인은 지배인이 아닌 점원 기타 사용인을 선임 또는 해임할 수 있다.
③지배인의 대리권에 대한 제한은 선의의 제3자에게 대항하지 못한다.

제12조 (공동지배인) ①상인은 수인의 지배인에게 공동으로 대리권을 행사하게 할 수 있다.

②전항의 경우에 지배인 1인에 대한 의사표시는 영업주에 대하여 그 효력이 있다.

제13조 (지배인의 등기) 상인은 지배인의 선임과 그 대리권의 소멸에 관하여 그 지배인을 둔 본점 또는 지점소재지에서 등기하여야 한다. 전조제1항에 규정한 사항과 그 변경도 같다.

제14조(표현지배인) ① 본점 또는 지점의 본부장, 지점장, 그 밖에 지배인으로 인정될 만한 명칭을 사용하는 자는 본점 또는 지점의 지배인과 동일한 권한이 있는 것으로 본다. 다만, 재판상 행위에 관하여는 그러하지 아니하다.
② 제1항은 상대방이 악의인 경우에는 적용하지 아니한다.
(전부개정 2010·5·14)

제15조 (부분적 포괄대리권을 가진 사용인) ①영업의 특정한 종류 또는 특정한 사항에 대한 위임을 받은 사용인은 이에 관한 재판외의 모든 행위를 할 수 있다.
②제11조제3항의 규정은 전항의 경우에 준용한다.

제16조 (물건판매점포의 사용인) ①물건을 판매하는 점포의 사용인은 그 판매에 관한 모든 권한이 있는 것으로 본다.
②제14조제2항의 규정은 전항의 경우에 준용한다.

제17조 (상업사용인의 의무) ①상업사용인은 영업주의 허락없이 자기 또는 제삼자의 계산으로 영업주의 영업부류에 속한 거래를 하거나 회사의 무한책임사원, 이사 또는 다른 상인의 사용인이 되지 못한다.
②상업사용인이 전항의 규정에 위반하여 거래를 한 경우에 그 거래가 자기의 계산으로 한 것인 때에는 영업주는 이를 영업주의 계산으로 한 것으로 볼 수 있고 제3자의 계산으로 한 것인 때에는 영업주는 사용인에 대하여 이로 인한 이득의 양도를 청구할 수 있다.
③전항의 규정은 영업주로부터 사용인에 대한 계약의 해지 또는 손해배상의 청구에 영향을 미치지 아니한다.
④제2항에 규정한 권리는 영업주가 그 거래를 안 날로부터 2주간을 경과하거나 그 거래가 있은 날로부터 1년을 경과하면 소멸한다.

제4장 상 호

제18조 (상호선정의 자유) 상인은 그 성명 기타의 명칭으로 상호를 정할 수 있다.

제19조 (회사의 상호) 회사의 상호에는 그 종류에 따라 합명회사, 합자회사, 주식회사 또는 유한회사의 문자를 사용하여야 한다.

제20조 (회사상호의 부당사용의 금지) 회사가 아니면 상호에 회사임을 표시하는 문자를 사용하지 못한다. 회사의 영업을 양수한 경우에도 같다.

제21조 (상호의 단일성) ①동일한 영업에는 단일상호를 사용하여야 한다.
②지점의 상호에는 본점과의 종속관계를 표시하여야 한다.

제22조 (상호등기의 효력) 타인이 등기한 상호는 동일한 특별시·광역시·시·군에서 동종영업의 상호로 등기하지 못한다.
(개정 1984·4·10, 1994·12·22, 1995·12·29)

제22조의2 (상호의 가등기) ①주식회사 또는 유한회사를 설립하고자 할 때에는 본점의 소재지를 관할하는 등기소에 상호의 가등기를 신청할 수 있다.
②회사는 상호나 목적, 또는 상호와 목적을 변경하고자 할 때에는 본점의 소재지를 관할하는 등기소에 상호의 가등기를 신청할 수 있다.
③회사는 본점을 이전하고자 할 때에는 이전할 곳을 관할하는 등기소에 상호의 가등기를 신청할 수 있다.
④상호의 가등기는 제22조의 적용에 있어서는 상호의 등기로 본다.
⑤삭제(2007·8·3 법8582)
(본조신설 1995·12·29)

제23조 (주체를 오인시킬 상호의 사용금지) ①누구든지 부정한 목적으로 타인의 영업으로 오인할 수 있는 상호를 사용하지 못한다.
②제1항의 규정에 위반하여 상호를 사용하는 자가 있는 경우에 이로 인하여 손해를 받을 염려가 있는 자 또는 상호를 등기한 자는 그 폐지를 청구할 수 있다.
③제2항의 규정은 손해배상의 청구에 영향을 미치지 아니한다.
④동일한 특별시·광역시·시·군에서 동종영업으로 타인이 등기한 상호를 사용하는 자는 부정한 목적으로 사용하는 것으로 추정한다.(개정 1984·4·10, 1994·12·22, 1995·12·29)

제24조 (명의대여자의 책임) 타인에게 자기의 성명 또는 상호를 사용하여 영업을 할 것을 허락한 자는 자기를 영업주로

오인하여 거래한 제3자에 대하여 그 타인과 연대하여 변제할 책임이 있다.

第25조 (상호의 양도) ①상호는 영업을 폐지하거나 영업과 함께 하는 경우에 한하여 이를 양도할 수 있다.
②상호의 양도는 등기하지 아니하면 제3자에게 대항하지 못한다.

第26조 (상호불사용의 효과) 상호를 등기한 자가 정당한 사유없이 2년간 상호를 사용하지 아니하는 때에는 이를 폐지한 것으로 본다.

第27조 (상호등기의 말소청구) 상호를 변경 또는 폐지한 경우에 2주간내에 그 상호를 등기한 자가 변경 또는 폐지의 등기를 하지 아니하는 때에는 이해관계인은 그 등기의 말소를 청구할 수 있다.

第28조 (상호부정사용에 대한 제재) 제20조와 제23조제1항에 위반한 자는 200만원이하의 과태료에 처한다.(개정 1984·4·10, 1995·12·29)

제 5 장 상업장부

第29조 (상업장부의 종류·작성원칙) ①상인은 영업상의 재산 및 손익의 상황을 명백히 하기 위하여 회계장부 및 대차대조표를 작성하여야 한다.
②상업장부의 작성에 관하여 이 법에 규정한 것을 제외하고는 일반적으로 공정·타당한 회계관행에 의한다.
(전문개정 1984·4·10)

第30조 (상업장부의 작성방법) ①회계장부에는 거래와 기타 영업상의 재산에 영향이 있는 사항을 기재하여야 한다.
②상인은 영업을 개시한 때와 매년 1회이상 일정시기에, 회사는 성립한 때와 매 결산기에 회계장부에 의하여 대차대조표를 작성하고, 작성자가 이에 기명날인 또는 서명하여야 한다.(개정 1995·12·29)
(전문개정 1984·4·10)

第31조 삭제 (2010·5·14)

第32조 (상업장부의 제출) 법원은 신청에 의하여 또는 직권으로 소송당사자에게 상업장부 또는 그 일부분의 제출을 명할 수 있다.

第33조 (상업장부등의 보존) ①상인은 10년간 상업장부와 영업에 관한 중요서류를 보존하여야 한다. 다만, 전표 또는 이와 유사한 서류는 5년간 이를 보존하여야 한다.(개정 1995·12·29)
②전항의 기간은 상업장부에 있어서는 그 폐쇄한 날로부터 기산한다.
③제1항의 장부와 서류는 마이크로필름 기타의 전산정보처리조직에 의하여 이를 보존할 수 있다.(신설 1995·12·29)
④제3항의 규정에 의하여 장부와 서류를 보존하는 경우 그 보존방법 기타 필요한 사항은 대통령령으로 정한다.(신설 1995·12·29)

제 6 장 상업등기

第34조(통칙) 이 법에 따라 등기할 사항은 당사자의 신청에 의하여 영업소의 소재지를 관할하는 법원의 상업등기부에 등기한다.
(전부개정 2010·5·14)

第34조의2 삭제(2007·8·3 법8582)

第35조 (지점소재지에서의 등기) 본점의 소재지에서 등기할 사항은 다른 규정이 없으면 지점의 소재지에서도 등기하여야 한다.

第36조 삭제(1995·12·29)

第37조 (등기의 효력) ①등기할 사항은 이를 등기하지 아니하면 선의의 제3자에게 대항하지 못한다.
②등기한 후라도 제3자가 정당한 사유로 인하여 이를 알지 못한 때에는 제1항과 같다.
(전문개정 1995·12·29)

第38조 (지점소재지에서의 등기의 효력) 지점의 소재지에서 등기할 사항을 등기하지 아니한 때에는 전조의 규정은 그 지점의 거래에 한하여 적용한다.

第39조 (부실의 등기) 고의 또는 과실로 인하여 사실과 상위한 사항을 등기한 자는 그 상위를 선의의 제3자에게 대항하지 못한다.

第40조 (변경, 소멸의 등기) 등기한 사항에 변경이 있거나 그 사항이 소멸한 때에는 당사자는 지체없이 변경 또는 소멸의 등기를 하여야 한다.

제 7 장 영업양도

第41조 (영업양도인의 경업금지) ①영업을 양도한 경우에 다른 약정이 없으면 양도인은 10년간 동일한 특별시·광역시·시·군과 인접 특별시·광역시·시·군에서 동종영업을 하지 못한다.(개정 1984·4·10, 1994·12·22, 1995·12·29)
②양도인이 동종영업을 하지 아니할 것을 약정한 때에는 동일한 특별시·광역시·

시 · 군과 인접 특별시 · 광역시 · 시 · 군에 한하여 20년을 초과하지 아니한 범위내에서 그 효력이 있다.(개정 1984 · 4 · 10, 1994 · 12 · 22, 1995 · 12 · 29)

第42조 (상호를 속용하는 양수인의 책임) ①영업양수인이 양도인의 상호를 계속사용하는 경우에는 양도인의 영업으로 인한 제3자의 채권에 대하여 양수인도 변제할 책임이 있다.

②전항의 규정은 양수인이 영업양도를 받은 후 지체없이 양도인의 채무에 대한 책임이 없음을 등기한 때에는 적용하지 아니한다. 양도인과 양수인이 지체없이 제3자에 대하여 그 뜻을 통지한 경우에 그 통지를 받은 제3자에 대하여도 같다.

第43조 (영업양수인에 대한 변제) 전조 제1항의 경우에 양도인의 영업으로 인한 채권에 대하여 채무자가 선의이며 중대한 과실없이 양수인에게 변제한 때에는 그 효력이 있다.

第44조 (채무인수를 광고한 양수인의 책임) 영업양수인이 양도인의 상호를 계속사용하지 아니하는 경우에 양도인의 영업으로 인한 채무를 인수할 것을 광고한 때에는 양수인도 변제할 책임이 있다.

第45조 (영업양도인의 책임의 존속기간) 영업양수인이 제42조제1항 또는 전조의 규정에 의하여 변제의 책임이 있는 경우에는 양도인의 제3자에 대한 채무는 영업양도 또는 광고후 2년이 경과하면 소멸한다.

제 2 편 상행위

제 1 장 통 칙

第46조 (기본적 상행위) 영업으로 하는 다음의 행위를 상행위라 한다. 그러나 오로지 임금을 받을 목적으로 물건을 제조하거나 노무에 종사하는 자의 행위는 그러하지 아니하다.(개정 1995 · 12 · 29, 2010 · 5 · 14)

1. 동산, 부동산, 유가증권 기타의 재산의 매매
2. 동산, 부동산, 유가증권 기타의 재산의 임대차
3. 제조, 가공 또는 수선에 관한 행위
4. 전기, 전파, 가스 또는 물의 공급에 관한 행위
5. 작업 또는 노무의 도급의 인수
6. 출판, 인쇄 또는 촬영에 관한 행위
7. 광고, 통신 또는 정보에 관한 행위
8. 수신 · 여신 · 환 기타의 금융거래
9. 공중(公衆)이 이용하는 시설에 의한 거래
10. 상행위의 대리의 인수
11. 중개에 관한 행위
12. 위탁매매 기타의 주선에 관한 행위
13. 운송의 인수
14. 임치의 인수
15. 신탁의 인수
16. 상호부금 기타 이와 유사한 행위
17. 보험
18. 광물 또는 토석의 채취에 관한 행위
19. 기계, 시설, 그 밖의 재산의 금융리스에 관한 행위
20. 상호 · 상표등의 사용허락에 의한 영업에 관한 행위
21. 영업상 채권의 매입 · 회수등에 관한 행위
22. 신용카드, 전자화폐 등을 이용한 지급결제 업무의 인수

第47조 (보조적 상행위) ①상인이 영업을 위하여 하는 행위는 상행위로 본다.

②상인의 행위는 영업을 위하여 하는 것으로 추정한다.

第48조 (대리의 방식) 상행위의 대리인이 본인을 위한 것임을 표시하지 아니하여도 그 행위는 본인에 대하여 효력이 있다. 그러나 상대방이 본인을 위한 것임을 알지 못한 때에는 대리인에 대하여도 이행의 청구를 할 수 있다.

第49조 (위임) 상행위의 위임을 받은 자는 위임의 본지에 반하지 아니한 범위내에서 위임을 받지 아니한 행위를 할 수 있다.

第50조(대리권의 존속) 상인이 그 영업에 관하여 수여한 대리권은 본인의 사망으로 인하여 소멸하지 아니한다.
(전부개정 2010 · 5 · 14)

第51조 (대화자간의 청약의 구속력) 대화자간의 계약의 청약은 상대방이 즉시 승낙하지 아니한 때에는 그 효력을 잃는다.

第52조 삭제 (2010 · 5 · 14)

第53조 (청약에 대한 낙부통지의무) 상인이 상시 거래관계에 있는 자로부터 그 영업부류에 속한 계약의 청약을 받은 때에는 지체없이 낙부의 통지를 발송하여야 한다. 이를 해태한 때에는 승낙한 것으로 본다.

第54조 (상사법정이율) 상행위로 인한 채무의 법정이율은 연 6분으로 한다.(개정 1962 · 12 · 12)

第55條(법정이자청구권) ① 상인이 그 영업에 관하여 금전을 대여한 경우에는 법정이자를 청구할 수 있다.
② 상인이 그 영업범위 내에서 타인을 위하여 금전을 체당(替當)하였을 때에는 체당한 날 이후의 법정이자를 청구할 수 있다.
(전부개정 2010·5·14)

第56條(지점거래의 채무이행장소) 채권자의 지점에서의 거래로 인한 채무이행의 장소가 그 행위의 성질 또는 당사자의 의사표시에 의하여 특정되지 아니한 경우 특정물 인도 외의 채무이행은 그 지점을 이행장소로 본다.
(전부개정 2010·5·14)

第57條 (다수채무자간 또는 채무자와 보증인의 연대) ①수인이 그 1인 또는 전원에게 상행위가 되는 행위로 인하여 채무를 부담한 때에는 연대하여 변제할 책임이 있다.
②보증인이 있는 경우에 그 보증이 상행위이거나 주채무가 상행위로 인한 것인 때에는 주채무자와 보증인은 연대하여 변제할 책임이 있다.

第58條 (상사유치권) 상인간의 상행위로 인한 채권이 변제기에 있는 때에는 채권자는 변제를 받을 때까지 그 채무자에 대한 상행위로 인하여 자기가 점유하고 있는 채무자소유의 물건 또는 유가증권을 유치할 수 있다. 그러나 당사자간에 다른 약정이 있으면 그러하지 아니하다.

第59條 (유질계약의 허용) 민법 제339조의 규정은 상행위로 인하여 생긴 채권을 담보하기 위하여 설정한 질권에는 적용하지 아니한다.

第60條 (물건보관의무) 상인이 그 영업부류에 속한 계약의 청약을 받은 경우에 견품 기타의 물건을 받은 때에는 그 청약을 거절한 때에도 청약자의 비용으로 그 물건을 보관하여야 한다. 그러나 그 물건의 가액이 보관의 비용을 상환하기에 부족하거나 보관으로 인하여 손해를 받을 염려가 있는 때에는 그러하지 아니하다.

第61條 (상인의 보수청구권) 상인이 그 영업범위내에서 타인을 위하여 행위를 한 때에는 이에 대하여 상당한 보수를 청구할 수 있다.

第62條 (임치를 받은 상인의 책임) 상인이 그 영업범위내에서 물건의 임치를 받은 경우에는 보수를 받지 아니하는 때에도 선량한 관리자의 주의를 하여야 한다.

第63條 (거래시간과 이행 또는 그 청구) 법령 또는 관습에 의하여 영업시간이 정하여져 있는 때에는 채무의 이행 또는 이행의 청구는 그 시간내에 하여야 한다.

第64條 (상사시효) 상행위로 인한 채권은 본법에 다른 규정이 없는 때에는 5년간 행사하지 아니하면 소멸시효가 완성한다. 그러나 다른 법령에 이보다 단기의 시효의 규정이 있는 때에는 그 규정에 의한다.

第65條 (유가증권과 준용규정) 금전, 물건 또는 유가증권의 지급을 목적으로 하는 유가증권에는 민법 제508조 내지 제525조의 규정을 적용하는 외에 어음법 제12조제1항, 제2항의 규정을 준용한다.
(개정 1962·12·12)

第66條 (준상행위) 본장의 규정은 제5조의 규정에 의한 상인의 행위에 준용한다.

제 2 장 매 매

第67條 (매도인의 목적물의 공탁, 경매권) ①상인간의 매매에 있어서 매수인이 목적물의 수령을 거부하거나 이를 수령할 수 없는 때에는 매도인은 그 물건을 공탁하거나 상당한 기간을 정하여 최고한 후 경매할 수 있다. 이 경우에는 지체없이 매수인에 대하여 그 통지를 발송하여야 한다.
②전항의 경우에 매수인에 대하여 최고를 할 수 없거나 목적물이 멸실 또는 훼손될 염려가 있는 때에는 최고없이 경매할 수 있다.
③전2항의 규정에 의하여 매도인이 그 목적물을 경매한 때에는 그 대금에서 경매비용을 공제한 잔액을 공탁하여야 한다. 그러나 그 전부나 일부를 매매대금에 충당할 수 있다.

第68條 (확정기매매의 해제) 상인간의 매매에 있어서 매매의 성질 또는 당사자의 의사표시에 의하여 일정한 일시 또는 일정한 기간내에 이행하지 아니하면 계약의 목적을 달성할 수 없는 경우에 당사자의 일방이 이행시기를 경과한 때에는 상대방은 즉시 그 이행을 청구하지 아니하면 계약을 해제한 것으로 본다.

第69條 (매수인의 목적물의 검사와 하자 통지의무) ①상인간의 매매에 있어서 매수인이 목적물을 수령한 때에는 지체없이 이를 검사하여야 하며 하자 또는 수량의 부족을 발견한 경우에는 즉시 매도인에게 그 통지를 발송하지 아니하면 이로 인한 계약해제, 대금감액 또는 손해배상을

제3판

사회복지정책론

황선영 · 노병일 · 김세원

창지사

청구하지 못한다. 매매의 목적물에 즉시 발견할 수 없는 하자가 있는 경우에 매수인이 6월내에 이를 발견한 때에도 같다.
②전항의 규정은 매도인이 악의인 경우에는 적용하지 아니한다.

제70조 (매수인의 목적물보관, 공탁의무) ①제69조의 경우에 매수인이 계약을 해제한 때에도 매도인의 비용으로 매매의 목적물을 보관 또는 공탁하여야 한다. 그러나 그 목적물이 멸실 또는 훼손될 염려가 있는 때에는 법원의 허가를 얻어 경매하여 그 대가를 보관 또는 공탁하여야 한다.
②제1항의 규정에 의하여 매수인이 경매한 때에는 지체없이 매도인에게 그 통지를 발송하여야 한다.
③제1항 및 제2항의 규정은 목적물의 인도장소가 매도인의 영업소 또는 주소와 동일한 특별시·광역시·시·군에 있는 때에는 이를 적용하지 아니한다.(개정 1995·12·29)

제71조 (동전-수량초과등의 경우) 전조의 규정은 매도인으로부터 매수인에게 인도한 물건이 매매의 목적물과 상위하거나 수량이 초과한 경우에 그 상위 또는 초과한 부분에 대하여 준용한다.

제 3 장 상호계산

제72조 (의의) 상호계산은 상인간 또는 상인과 비상인간에 상시 거래관계가 있는 경우에 일정한 기간의 거래로 인한 채권채무의 총액에 관하여 상계하고 그 잔액을 지급할 것을 약정함으로써 그 효력이 생긴다.

제73조 (상업증권상의 채권채무에 관한 특칙) 어음 기타의 상업증권으로 인한 채권채무를 상호계산에 계입한 경우에 그 증권채무자가 변제하지 아니한 때에는 당사자는 그 채무의 항목을 상호계산에서 제거할 수 있다.

제74조 (상호계산기간) 당사자가 상계할 기간을 정하지 아니한 때에는 그 기간은 6월로 한다.

제75조 (계산서의 승인과 이의) 당사자가 채권채무의 각 항목을 기재한 계산서를 승인한 때에는 그 각 항목에 대하여 이의를 하지 못한다. 그러나 착오나 탈루가 있는 때에는 그러하지 아니하다.

제76조 (잔액채권의 법정이자) ①상계로 인한 잔액에 대하여는 채권자는 계산폐쇄일 이후의 법정이자를 청구할 수 있다.
②전항의 규정에 불구하고 당사자는 각 항목을 상호계산에 계입한 날로부터 이자를 붙일 것을 약정할 수 있다.

제77조 (해지) 각 당사자는 언제든지 상호계산을 해지할 수 있다. 이 경우에는 즉시 계산을 폐쇄하고 잔액의 지급을 청구할 수 있다.

제 4 장 익명조합

제78조 (의의) 익명조합은 당사자의 일방이 상대방의 영업을 위하여 출자하고 상대방은 그 영업으로 인한 이익을 분배할 것을 약정함으로써 그 효력이 생긴다.

제79조 (익명조합원의 출자) 익명조합원이 출자한 금전 기타의 재산은 영업자의 재산으로 본다.

제80조 (익명조합원의 대외관계) 익명조합원은 영업자의 행위에 관하여서는 제3자에 대하여 권리나 의무가 없다.

제81조 (성명, 상호의 사용허락으로 인한 책임) 익명조합원이 자기의 성명을 영업자의 상호중에 사용하게 하거나 자기의 상호를 영업자의 상호로 사용할 것을 허락한 때에는 그 사용이후의 채무에 대하여 영업자와 연대하여 변제할 책임이 있다.

제82조 (이익배당과 손실분담) ①익명조합원의 출자가 손실로 인하여 감소된 때에는 그 손실을 전보한 후가 아니면 이익배당을 청구하지 못한다.
②손실이 출자액을 초과한 경우에도 익명조합원은 이미 받은 이익의 반환 또는 증자할 의무가 없다.
③전2항의 규정은 당사자간에 다른 약정이 있으면 적용하지 아니한다.

제83조 (계약의 해지) ①조합계약으로 조합의 존속기간을 정하지 아니하거나 어느 당사자의 종신까지 존속할 것을 약정한 때에는 각 당사자는 영업연도말에 계약을 해지할 수 있다. 그러나 이 해지는 6월전에 상대방에게 예고하여야 한다.
②조합의 존속기간의 약정의 유무에 불구하고 부득이한 사정이 있는 때에는 각 당사자는 언제든지 계약을 해지할 수 있다.

제84조 (계약의 종료) 조합계약은 다음의 사유로 인하여 종료한다.

1. 영업의 폐지 또는 양도
2. 영업자의 사망 또는 금치산
3. 영업자 또는 익명조합원의 파산

제85조 (계약종료의 효과) 조합계약이 종료한 때에는 영업자는 익명조합원에게

그 출자의 가액을 반환하여야 한다. 그러나 출자가 손실로 인하여 감소된 때에는 그 잔액을 반환하면 된다.

제86조 (준용규정) 제272조, 제277조와 제278조의 규정은 익명조합원에 준용한다.

제 5 장　대리상

제87조 (의의) 일정한 상인을 위하여 상업사용인이 아니면서 상시 그 영업부류에 속하는 거래의 대리 또는 중개를 영업으로 하는 자를 대리상이라 한다.

제88조 (통지의무) 대리상이 거래의 대리 또는 중개를 한 때에는 지체없이 본인에게 그 통지를 발송하여야 한다.

제89조 (경업금지) ①대리상은 본인의 허락없이 자기나 제3자의 계산으로 본인의 영업부류에 속한 거래를 하거나 동종영업을 목적으로 하는 회사의 무한책임사원 또는 이사가 되지 못한다.
②제17조제 2 항 내지 제 4 항의 규정은 대리상이 전항의 규정에 위반한 경우에 준용한다.

제90조 (통지를 받을 권한) 물건의 판매나 그 중개의 위탁을 받은 대리상은 매매의 목적물의 하자 또는 수량부족 기타 매매의 이행에 관한 통지를 받을 권한이 있다.

제91조 (대리상의 유치권) 대리상은 거래의 대리 또는 중개로 인한 채권이 변제기에 있는 때에는 그 변제를 받을 때까지 본인을 위하여 점유하는 물건 또는 유가증권을 유치할 수 있다. 그러나 당사자간에 다른 약정이 있으면 그러하지 아니하다.

제92조 (계약의 해지) ①당사자가 계약의 존속기간을 약정하지 아니한 때에는 각 당사자는 2월전에 예고하고 계약을 해지할 수 있다.
②제83조제 2 항의 규정은 대리상에 준용한다.

제92조의2 (대리상의 보상청구권) ①대리상의 활동으로 본인이 새로운 고객을 획득하거나 영업상의 거래가 현저하게 증가하고 이로 인하여 계약의 종료후에도 본인이 이익을 얻고 있는 경우에는 대리상은 본인에 대하여 상당한 보상을 청구할 수 있다. 다만, 계약의 종료가 대리상의 책임있는 사유로 인한 경우에는 그러하지 아니하다.
②제 1 항의 규정에 의한 보상금액은 계약의 종료전 5년간의 평균연보수액을 초과할 수 없다. 계약의 존속기간이 5년미만인 경우에는 그 기간의 평균연보수액을 기준으로 한다.
③제 1 항의 규정에 의한 보상청구권은 계약이 종료한 날부터 6월을 경과하면 소멸한다.
(본조신설 1995 · 12 · 29)

제92조의3 (대리상의 영업비밀준수의무) 대리상은 계약의 종료후에도 계약과 관련하여 알게 된 본인의 영업상의 비밀을 준수하여야 한다.
(본조신설 1995 · 12 · 29)

제 6 장　중개업

제93조 (의의) 타인간의 상행위의 중개를 영업으로 하는 자를 중개인이라 한다.

제94조 (중개인의 급여수령대리권) 중개인은 그 중개한 행위에 관하여 당사자를 위하여 지급 기타의 이행을 받지 못한다. 그러나 다른 약정이나 관습이 있으면 그러하지 아니하다.

제95조 (견품보관의무) 중개인이 그 중개한 행위에 관하여 견품을 받은 때에는 그 행위가 완료될 때까지 이를 보관하여야 한다.

제96조 (결약서교부의무) ①당사자간에 계약이 성립된 때에는 중개인은 지체없이 각 당사자의 성명 또는 상호, 계약연월일과 그 요령을 기재한 서면을 작성하여 기명날인 또는 서명한 후 각 당사자에게 교부하여야 한다.(개정 1995 · 12 · 29)
②당사자가 즉시 이행을 하여야 하는 경우를 제외하고 중개인은 각 당사자로 하여금 제 1 항의 서면에 기명날인 또는 서명하게 한 후 그 상대방에게 교부하여야 한다.(개정 1995 · 12 · 29)
③제 1 항 및 제 2 항의 경우에 당사자의 일방이 서면의 수령을 거부하거나 기명날인 또는 서명하지 아니한 때에는 중개인은 지체없이 상대방에게 그 통지를 발송하여야 한다.(개정 1995 · 12 · 29)

제97조 (중개인의 장부작성의무) ①중개인은 전조에 규정한 사항을 장부에 기재하여야 한다.
②당사자는 언제든지 자기를 위하여 중개한 행위에 관한 장부의 등본의 교부를 청구할 수 있다.

제98조 (성명, 상호묵비의 의무) 당사자가 그 성명 또는 상호를 상대방에게 표시하지 아니할 것을 중개인에게 요구한 때에는 중개인은 그 상대방에게 교부할 제96조제 1 항의 서면과 전조제 2 항의 등본에 이를 기재하지 못한다.

제99조 (중개인의 이행책임) 중개인이

임의로 또는 전조의 규정에 의하여 당사자의 일방의 성명 또는 상호를 상대방에게 표시하지 아니한 때에는 상대방은 중개인에 대하여 이행을 청구할 수 있다.

第100條 (보수청구권) ①중개인은 제96조의 절차를 종료하지 아니하면 보수를 청구하지 못한다.
②중개인의 보수는 당사자쌍방이 균분하여 부담한다.

제 7 장 위탁매매업

第101條 (의의) 자기명의로서 타인의 계산으로 물건 또는 유가증권의 매매를 영업으로 하는 자를 위탁매매인이라 한다.

第102條 (위탁매매인의 지위) 위탁매매인은 위탁자를 위한 매매로 인하여 상대방에 대하여 직접 권리를 취득하고 의무를 부담한다.

第103條 (위탁물의 귀속) 위탁매매인이 위탁자로부터 받은 물건 또는 유가증권이나 위탁매매로 인하여 취득한 물건, 유가증권 또는 채권은 위탁자와 위탁매매인 또는 위탁매매인의 채권자간의 관계에서는 이를 위탁자의 소유 또는 채권으로 본다.

第104條 (통지의무, 계산서제출의무) 위탁매매인이 위탁받은 매매를 한 때에는 지체없이 위탁자에 대하여 그 계약의 요령과 상대방의 주소, 성명의 통지를 발송하여야 하며 계산서를 제출하여야 한다.

第105條 (위탁매매인의 이행담보책임) 위탁매매인은 위탁자를 위한 매매에 관하여 상대방이 채무를 이행하지 아니하는 경우에는 위탁자에 대하여 이를 이행할 책임이 있다. 그러나 다른 약정이나 관습이 있으면 그러하지 아니하다.

第106條 (지정가액준수의무) ①위탁자가 지정한 가액보다 염가로 매도하거나 고가로 매수한 경우에도 위탁매매인이 차액을 부담한 때에는 그 매매는 위탁자에 대하여 효력이 있다.
②위탁자가 지정한 가액보다 고가로 매도하거나 염가로 매수한 경우에는 그 차액은 다른 약정이 없으면 위탁자의 이익으로 한다.

第107條(위탁매매인의 개입권) ① 위탁매매인이 거래소의 시세가 있는 물건 또는 유가증권의 매매를 위탁받은 경우에는 직접 그 매도인이나 매수인이 될 수 있다. 이 경우의 매매대가는 위탁매매인이 매매의 통지를 발송할 때의 거래소의 시세에 따른다.
② 제1항의 경우에 위탁매매인은 위탁자에게 보수를 청구할 수 있다.
(전부개정 2010 · 5 · 14)

第108條 (위탁물의 훼손, 하자등의 효과) ①위탁매매인이 위탁매매의 목적물을 인도받은 후에 그 물건의 훼손 또는 하자를 발견하거나 그 물건이 부패할 염려가 있는 때 또는 가격저락의 상황을 안 때에는 지체없이 위탁자에게 그 통지를 발송하여야 한다.
②전항의 경우에 위탁자의 지시를 받을 수 없거나 그 지시가 지연되는 때에는 위탁매매인은 위탁자의 이익을 위하여 적당한 처분을 할 수 있다.

第109條 (매수물의 공탁, 경매권) 제67조의 규정은 위탁매매인이 매수의 위탁을 받은 경우에 위탁자가 매수한 물건의 수령을 거부하거나 이를 수령할 수 없는 때에 준용한다.

第110條 (매수위탁자가 상인인 경우) 상인인 위탁자가 그 영업에 관하여 물건의 매수를 위탁한 경우에는 위탁자와 위탁매매인간의 관계에는 제68조 내지 제71조의 규정을 준용한다.

第111條 (준용규정) 제91조의 규정은 위탁매매인에 준용한다.

第112條 (위임에 관한 규정의 적용) 위탁자와 위탁매매인간의 관계에는 본장의 규정외에 위임에 관한 규정을 적용한다.

第113條 (준위탁매매인) 본장의 규정은 자기명의로써 타인의 계산으로 매매 아닌 행위를 영업으로 하는 자에 준용한다.

제 8 장 운송주선업

第114條 (의의) 자기의 명의로 물건운송의 주선을 영업으로 하는 자를 운송주선인이라 한다.

第115條 (손해배상책임) 운송주선인은 자기나 그 사용인이 운송물의 수령, 인도, 보관, 운송인이나 다른 운송주선인의 선택 기타 운송에 관하여 주의를 해태하지 아니하였음을 증명하지 아니하면 운송물의 멸실, 훼손 또는 연착으로 인한 손해를 배상할 책임을 면하지 못한다.

第116條 (개입권) ①운송주선인은 다른 약정이 없으면 직접운송할 수 있다. 이 경우에는 운송주선인은 운송인과 동일한 권리의무가 있다.
②운송주선인이 위탁자의 청구에 의하여 화물상환증을 작성한 때에는 직접운송하

는 것으로 본다.

제117조 (중간운송주선인의 대위) ①수인이 순차로 운송주선을 하는 경우에는 후자는 전자에 갈음하여 그 권리를 행사할 의무를 부담한다.
②전항의 경우에 후자가 전자에게 변제한 때에는 전자의 권리를 취득한다.

제118조 (운송인의 권리의 취득) 전조의 경우에 운송주선인이 운송인에게 변제한 때에는 운송인의 권리를 취득한다.

제119조 (보수청구권) ①운송주선인은 운송물을 운송인에게 인도한 때에는 즉시 보수를 청구할 수 있다.
②운송주선계약으로 운임의 액을 정한 경우에는 다른 약정이 없으면 따로 보수를 청구하지 못한다.

제120조 (유치권) 운송주선인은 운송물에 관하여 받을 보수, 운임, 기타 위탁자를 위한 체당금이나 선대금에 관하여서만 그 운송물을 유치할 수 있다.

제121조 (운송주선인의 책임의 시효) ①운송주선인의 책임은 수하인이 운송물을 수령한 날로부터 1년을 경과하면 소멸시효가 완성한다.
②전항의 기간은 운송물이 전부 멸실한 경우에는 그 운송물을 인도할 날로부터 기산한다.(개정 1962 · 12 · 12)
③전2항의 규정은 운송주선인이나 그 사용인이 악의인 경우에는 적용하지 아니한다.

제122조 (운송주선인의 채권의 시효) 운송주선인의 위탁자 또는 수하인에 대한 채권은 1년간 행사하지 아니하면 소멸시효가 완성한다.

제123조 (준용규정) 운송주선인에 관하여는 본장의 규정외에 위탁매매인에 관한 규정을 준용한다.

제124조 (동전) 제136조, 제140조와 제141조의 규정은 운송주선업에 준용한다.

제 9 장 운송업

제125조 (의의) 육상 또는 호천, 항만에서 물건 또는 여객의 운송을 영업으로 하는 자를 운송인이라 한다.

제 1 절 물건운송

제126조 (화물명세서) ①송하인은 운송인의 청구에 의하여 화물명세서를 교부하여야 한다.(개정 2007 · 8 · 3 법8581)
②화물명세서에는 다음의 사항을 기재하고 송하인이 기명날인 또는 서명하여야 한다.(개정 1995 · 12 · 29, 2007 · 8 · 3 법8581)

1. 운송물의 종류, 중량 또는 용적, 포장의 종별, 개수와 기호
2. 도착지
3. 수하인과 운송인의 성명 또는 상호, 영업소 또는 주소
4. 운임과 그 선급 또는 착급의 구별
5. 화물명세서의 작성지와 작성연월일

제127조 (화물명세서의 허위기재에 대한 책임) ①송하인이 화물명세서에 허위 또는 부정확한 기재를 한 때에는 운송인에 대하여 이로 인한 손해를 배상할 책임이 있다.(개정 2007 · 8 · 3 법8581)
②전항의 규정은 운송인이 악의인 경우에는 적용하지 아니한다.

제128조 (화물상환증의 발행) ①운송인은 송하인의 청구에 의하여 화물상환증을 교부하여야 한다.
②화물상환증에는 다음의 사항을 기재하고 운송인이 기명날인 또는 서명하여야 한다.(개정 1995 · 12 · 29)

1. 제126조제2항제1호 내지 제3호의 사항
2. 송하인의 성명 또는 상호, 영업소 또는 주소
3. 운임 기타 운송물에 관한 비용과 그 선급 또는 착급의 구별
4. 화물상환증의 작성지와 작성연월일

제129조 (화물상환증의 상환증권성) 화물상환증을 작성한 경우에는 이와 상환하지 아니하면 운송물의 인도를 청구할 수 없다.

제130조 (화물상환증의 당연한 지시증권성) 화물상환증은 기명식인 경우에도 배서에 의하여 양도할 수 있다. 그러나 화물상환증에 배서를 금지하는 뜻을 기재한 때에는 그러하지 아니하다.

제131조(화물상환증 기재의 효력) ① 제128조에 따라 화물상환증이 발행된 경우에는 운송인과 송하인 사이에 화물상환증에 적힌 대로 운송계약이 체결되고 운송물을 수령한 것으로 추정한다.
② 화물상환증을 선의로 취득한 소지인에 대하여 운송인은 화물상환증에 적힌 대로 운송물을 수령한 것으로 보고 화물상환증에 적힌 바에 따라 운송인으로서 책임을 진다.
(전부개정 2010 · 5 · 14)

제132조 (화물상환증의 처분증권성) 화물상환증을 작성한 경우에는 운송물에 관

한 처분은 화물상환증으로써 하여야 한다.

제133조 (화물상환증교부의 물권적 효력) 화물상환증에 의하여 운송물을 받을 수 있는 자에게 화물상환증을 교부한 때에는 운송물 위에 행사하는 권리의 취득에 관하여 운송물을 인도한 것과 동일한 효력이 있다.

제134조 (운송물멸실과 운임) ①운송물의 전부 또는 일부가 송하인의 책임없는 사유로 인하여 멸실한 때에는 운송인은 그 운임을 청구하지 못한다. 운송인이 이미 그 운임의 전부 또는 일부를 받은 때에는 이를 반환하여야 한다.
②운송물의 전부 또는 일부가 그 성질이나 하자 또는 송하인의 과실로 인하여 멸실한 때에는 운송인은 운임의 전액을 청구할 수 있다.

제135조(손해배상책임) 운송인은 자기 또는 운송주선인이나 사용인, 그 밖에 운송을 위하여 사용한 자가 운송물의 수령, 인도, 보관 및 운송에 관하여 주의를 게을리하지 아니하였음을 증명하지 아니하면 운송물의 멸실, 훼손 또는 연착으로 인한 손해를 배상할 책임이 있다.
(전부개정 2010·5·14)

제136조 (고가물에 대한 책임) 화폐, 유가증권 기타의 고가물에 대하여는 송하인이 운송을 위탁할 때에 그 종류와 가액을 명시한 경우에 한하여 운송인이 손해를 배상할 책임이 있다.

제137조 (손해배상의 액) ①운송물이 전부 멸실 또는 연착된 경우의 손해배상액은 인도한 날의 도착지의 가격에 의한다.
②운송물이 일부 멸실 또는 훼손된 경우의 손해배상액은 인도한 날의 도착지의 가격에 의한다.
③운송물의 멸실, 훼손 또는 연착이 운송인의 고의나 중대한 과실로 인한 때에는 운송인은 모든 손해를 배상하여야 한다.
④운송물의 멸실 또는 훼손으로 인하여 지급을 요하지 아니하는 운임 기타 비용은 전 3 항의 배상액에서 공제하여야 한다.

제138조 (순차운송인의 연대책임, 구상권) ①수인이 순차로 운송할 경우에는 각 운송인은 운송물의 멸실, 훼손 또는 연착으로 인한 손해를 연대하여 배상할 책임이 있다.
②운송인중 1인이 전항의 규정에 의하여 손해를 배상한 때에는 그 손해의 원인이 된 행위를 한 운송인에 대하여 구상권이 있다.
③전항의 경우에 그 손해의 원인이 된 행위를 한 운송인을 알 수 없는 때에는 각 운송인은 그 운임액의 비율로 손해를 분담한다. 그러나 그 손해가 자기의 운송구간내에서 발생하지 아니하였음을 증명한 때에는 손해분담의 책임이 없다.

제139조 (운송물의 처분청구권) ①송하인 또는 화물상환증이 발행된 때에는 그 소지인이 운송인에 대하여 운송의 중지, 운송물의 반환 기타의 처분을 청구할 수 있다. 이 경우에 운송인은 이미 운송한 비율에 따른 운임, 체당금과 처분으로 인한 비용의 지급을 청구할 수 있다.
②삭제(1995·12·29)

제140조 (수하인의 지위) ①운송물이 도착지에 도착한 때에는 수하인은 송하인과 동일한 권리를 취득한다.
②운송물이 도착지에 도착한 후 수하인이 그 인도를 청구한 때에는 수하인의 권리가 송하인의 권리에 우선한다.(신설 1995·12·29)

제141조 (수하인의 의무) 수하인이 운송물을 수령한 때에는 운송인에 대하여 운임 기타 운송에 관한 비용과 체당금을 지급할 의무를 부담한다.

제142조 (수하인불명의 경우의 공탁, 경매권) ①수하인을 알 수 없는 때에는 운송인은 운송물을 공탁할 수 있다.
②제 1 항의 경우에 운송인은 송하인에 대하여 상당한 기간을 정하여 운송물의 처분에 대한 지시를 최고하여도 그 기간내에 지시를 하지 아니한 때에는 운송물을 경매할 수 있다.(개정 1995·12·29)
③운송인이 제 1 항 및 제 2 항의 규정에 의하여 운송물의 공탁 또는 경매를 한 때에는 지체없이 송하인에게 그 통지를 발송하여야 한다.(개정 1995·12·29)

제143조 (운송물의 수령거부, 수령불능의 경우) ①전조의 규정은 수하인이 운송물의 수령을 거부하거나 수령할 수 없는 경우에 준용한다.
②운송인이 경매를 함에는 송하인에 대한 최고를 하기 전에 수하인에 대하여 상당한 기간을 정하여 운송물의 수령을 최고하여야 한다.(개정 1995·12·29)

제144조 (공시최고) ①송하인, 화물상환증소지인과 수하인을 알 수 없는 때에는 운송인은 권리자에 대하여 6월이상의 기간을 정하여 그 기간내에 권리를 주장할 것을 공고하여야 한다.
②제 1 항의 공고는 관보나 일간신문에 2회

이상 하여야 한다.(개정 1984 · 4 · 10)
③운송인이 제1항 및 제2항의 규정에 의한 공고를 하여도 그 기간내에 권리를 주장하는 자가 없는 때에는 운송물을 경매할 수 있다.

제145조 (준용규정) 제67조제2항과 제3항의 규정은 전3조의 경매에 준용한다.

제146조 (운송인의 책임소멸) ①운송인의 책임은 수하인 또는 화물상환증소지인이 유보없이 운송물을 수령하고 운임 기타의 비용을 지급한 때에는 소멸한다. 그러나 운송물에 즉시 발견할 수 없는 훼손 또는 일부 멸실이 있는 경우에 운송물을 수령한 날로부터 2주간내에 운송인에게 그 통지를 발송한 때에는 그러하지 아니하다.
②전항의 규정은 운송인 또는 그 사용인이 악의인 경우에는 적용하지 아니한다.

제147조 (준용규정) 제117조, 제120조 내지 제122조의 규정은 운송인에 준용한다.

제2절 여객운송

제148조 (여객이 받은 손해의 배상책임) ①운송인은 자기 또는 사용인이 운송에 관한 주의를 해태하지 아니하였음을 증명하지 아니하면 여객이 운송으로 인하여 받은 손해를 배상할 책임을 면하지 못한다.
②손해배상의 액을 정함에는 법원은 피해자와 그 가족의 정상을 참작하여야 한다.

제149조 (인도를 받은 수하물에 대한 책임) ①운송인은 여객으로부터 인도를 받은 수하물에 관하여는 운임을 받지 아니한 경우에도 물건운송인과 동일한 책임이 있다.
②수하물이 도착지에 도착한 날로부터 10일내에 여객이 그 인도를 청구하지 아니한 때에는 제67조의 규정을 준용한다. 그러나 주소 또는 거소를 알지 못하는 여객에 대하여는 최고와 통지를 요하지 아니한다.

제150조 (인도를 받지 아니한 수하물에 대한 책임) 운송인은 여객으로부터 인도를 받지 아니한 수하물의 멸실 또는 훼손에 대하여는 자기 또는 사용인의 과실이 없으면 손해를 배상할 책임이 없다.

제10장 공중접객업

제151조(의의) 극장, 여관, 음식점, 그 밖의 공중이 이용하는 시설에 의한 거래를 영업으로 하는 자를 공중접객업자(公衆接客業者)라 한다.
(전부개정 2010 · 5 · 14)

제152조(공중접객업자의 책임) ① 공중접객업자는 자기 또는 그 사용인이 고객으로부터 임치(任置)받은 물건의 보관에 관하여 주의를 게을리하지 아니하였음을 증명하지 아니하면 그 물건의 멸실 또는 훼손으로 인한 손해를 배상할 책임이 있다.
② 공중접객업자는 고객으로부터 임치받지 아니한 경우에도 그 시설 내에 휴대한 물건이 자기 또는 그 사용인의 과실로 인하여 멸실 또는 훼손되었을 때에는 그 손해를 배상할 책임이 있다.
③ 고객의 휴대물에 대하여 책임이 없음을 알린 경우에도 공중접객업자는 제1항과 제2항의 책임을 면하지 못한다.
(전부개정 2010 · 5 · 14)

제153조(고가물에 대한 책임) 화폐, 유가증권, 그 밖의 고가물(高價物)에 대하여는 고객이 그 종류와 가액(價額)을 명시하여 임치하지 아니하면 공중접객업자는 그 물건의 멸실 또는 훼손으로 인한 손해를 배상할 책임이 없다.
(전부개정 2010 · 5 · 14)

제154조(공중접객업자의 책임의 시효) ① 제152조와 제153조의 책임은 공중접객업자가 임치물을 반환하거나 고객이 휴대물을 가져간 후 6개월이 지나면 소멸시효가 완성된다.
② 물건이 전부 멸실된 경우에는 제1항의 기간은 고객이 그 시설에서 퇴거한 날부터 기산한다.
③ 제1항과 제2항은 공중접객업자나 그 사용인이 악의인 경우에는 적용하지 아니한다.
(전부개정 2010 · 5 · 14)

제11장 창고업

제155조 (의의) 타인을 위하여 창고에 물건을 보관함을 영업으로 하는 자를 창고업자라 한다.

제156조 (창고증권의 발행) ①창고업자는 임치인의 청구에 의하여 창고증권을 교부하여야 한다.
②창고증권에는 다음의 사항을 기재하고 창고업자가 기명날인 또는 서명하여야 한다.(개정 1995 · 12 · 29)

1. 임치물의 종류, 품질, 수량, 포장의 종별, 개수와 기호
2. 임치인의 성명 또는 상호, 영업소 또

는 주소
3. 보관장소
4. 보관료
5. 보관기간을 정한 때에는 그 기간
6. 임치물을 보험에 붙인 때에는 보험금액, 보험기간과 보험자의 성명 또는 상호, 영업소 또는 주소
7. 창고증권의 작성지와 작성연월일

第157조 (준용규정) 제129조 내지 제133조의 규정은 창고증권에 준용한다.

第158조 (분할부분에 대한 창고증권의 청구) ①창고증권소지인은 창고업자에 대하여 그 증권을 반환하고 임치물을 분할하여 각 부분에 대한 창고증권의 교부를 청구할 수 있다.
②전항의 규정에 의한 임치물의 분할과 증권교부의 비용은 증권소지인이 부담한다.

第159조 (창고증권에 의한 입질과 일부출고) 창고증권으로 임치물을 입질한 경우에도 질권자의 승낙이 있으면 임치인은 채권의 변제기전이라도 임치물의 일부반환을 청구할 수 있다. 이 경우에는 창고업자는 반환한 임치물의 종류, 품질과 수량을 창고증권에 기재하여야 한다.

第160조 (손해배상책임) 창고업자는 자기 또는 사용인이 임치물의 보관에 관하여 주의를 해태하지 아니하였음을 증명하지 아니하면 임치물의 멸실 또는 훼손에 대하여 손해를 배상할 책임을 면하지 못한다.

第161조 (임치물의 검사, 견품적취, 보존처분권) 임치인 또는 창고증권소지인은 영업시간내에 언제든지 창고업자에 대하여 임치물의 검사 또는 견품의 적취를 요구하거나 그 보존에 필요한 처분을 할 수 있다.

第162조 (보관료청구권) ①창고업자는 임치물을 출고할 때가 아니면 보관료 기타의 비용과 체당금의 지급을 청구하지 못한다. 그러나 보관기간경과후에는 출고전이라도 이를 청구할 수 있다.
②임치물의 일부출고의 경우에는 창고업자는 그 비율에 따른 보관료 기타의 비용과 체당금의 지급을 청구할 수 있다.

第163조 (임치기간) ①당사자가 임치기간을 정하지 아니한 때에는 창고업자는 임치물을 받은 날로부터 6월을 경과한 후에는 언제든지 이를 반환할 수 있다.
②전항의 경우에 임치물을 반환함에는 2주간전에 예고하여야 한다.

第164조 (동전－부득이한 사유가 있는 경우) 부득이한 사유가 있는 경우에는 창고업자는 전조의 규정에 불구하고 언제든지 임치물을 반환할 수 있다.

第165조 (준용규정) 제67조제 1 항과 제 2 항의 규정은 임치인 또는 창고증권소지인이 임치물의 수령을 거부하거나 이를 수령할 수 없는 경우에 준용한다.

第166조 (창고업자의 책임의 시효) ①임치물의 멸실 또는 훼손으로 인하여 생긴 창고업자의 책임은 그 물건을 출고한 날로부터 1년이 경과하면 소멸시효가 완성한다.
②전항의 기간은 임치물이 전부 멸실한 경우에는 임치인과 알고 있는 창고증권소지인에게 그 멸실의 통지를 발송한 날로부터 기산한다.
③전 2 항의 규정은 창고업자 또는 그 사용인이 악의인 경우에는 적용하지 아니한다.

第167조 (창고업자의 채권의 시효) 창고업자의 임치인 또는 창고증권소지인에 대한 채권은 그 물건을 출고한 날로부터 1년간 행사하지 아니하면 소멸시효가 완성한다.

第168조 (준용규정) 제108조와 제146조의 규정은 창고업자에 준용한다.(개정 1962·12·12)

第12장　금융리스업

第168조의2(의의) 금융리스이용자가 선정한 기계, 시설, 그 밖의 재산(이하 이 장에서 "금융리스물건"이라 한다)을 제 3 자(이하 이 장에서 "공급자"라 한다)로부터 취득하거나 대여받아 금융리스이용자에게 이용하게 하는 것을 영업으로 하는 자를 금융리스업자라 한다.
(본조신설 2010·5·14)

第168조의3(금융리스업자와 금융리스이용자의 의무) ① 금융리스업자는 금융리스이용자가 금융리스계약에서 정한 시기에 금융리스계약에 적합한 금융리스물건을 수령할 수 있도록 하여야 한다.
② 금융리스이용자는 제 1 항에 따라 금융리스물건을 수령함과 동시에 금융리스료를 지급하여야 한다.
③ 금융리스물건수령증을 발급한 경우에는 제 1 항의 금융리스계약 당사자 사이에 적합한 금융리스물건이 수령된 것으로 추정한다.
④ 금융리스이용자는 금융리스물건을 수령한 이후에는 선량한 관리자의 주의로 금융리스물건을 유지 및 관리하여야 한다.
(본조신설 2010·5·14)

第168조의4(공급자의 의무) ① 금융리스물건의 공급자는 공급계약에서 정한 시

기에 그 물건을 금융리스이용자에게 인도하여야 한다.
② 금융리스물건이 공급계약에서 정한 시기와 내용에 따라 공급되지 아니한 경우 금융리스이용자는 공급자에게 직접 손해배상을 청구하거나 공급계약의 내용에 적합한 금융리스물건의 인도를 청구할 수 있다.
③ 금융리스업자는 금융리스이용자가 제2항의 권리를 행사하는 데 필요한 협력을 하여야 한다.
(본조신설 2010·5·14)

제168조의5(금융리스계약의 해지) ① 금융리스이용자의 책임 있는 사유로 금융리스계약을 해지하는 경우에는 금융리스업자는 잔존 금융리스료 상당액의 일시 지급 또는 금융리스물건의 반환을 청구할 수 있다.
② 제1항에 따른 금융리스업자의 청구는 금융리스업자의 금융리스이용자에 대한 손해배상청구에 영향을 미치지 아니한다.
③ 금융리스이용자는 중대한 사정변경으로 인하여 금융리스물건을 계속 사용할 수 없는 경우에는 3개월 전에 예고하고 금융리스계약을 해지할 수 있다. 이 경우 금융리스이용자는 계약의 해지로 인하여 금융리스업자에게 발생한 손해를 배상하여야 한다.
(본조신설 2010·5·14)

제13장 가맹업

제168조의6(의의) 자신의 상호·상표 등(이하 이 장에서 "상호등"이라 한다)을 제공하는 것을 영업으로 하는 자〔이하 "가맹업자"(加盟業者)라 한다〕로부터 그의 상호등을 사용할 것을 허락받아 가맹업자가 지정하는 품질기준이나 영업방식에 따라 영업을 하는 자를 가맹상(加盟商)이라 한다.
(본조신설 2010·5·14)

제168조의7(가맹업자의 의무) ① 가맹업자는 가맹상의 영업을 위하여 필요한 지원을 하여야 한다.
② 가맹업자는 다른 약정이 없으면 가맹상의 영업지역 내에서 동일 또는 유사한 업종의 영업을 하거나, 동일 또는 유사한 업종의 가맹계약을 체결할 수 없다.
(본조신설 2010·5·14)

제168조의8(가맹상의 의무) ① 가맹상은 가맹업자의 영업에 관한 권리가 침해되지 아니하도록 하여야 한다.
② 가맹상은 계약이 종료한 후에도 가맹계약과 관련하여 알게 된 가맹업자의 영업상의 비밀을 준수하여야 한다.
(본조신설 2010·5·14)

제168조의9(가맹상의 영업양도) ① 가맹상은 가맹업자의 동의를 받아 그 영업을 양도할 수 있다.
② 가맹업자는 특별한 사유가 없으면 제1항의 영업양도에 동의하여야 한다.
(본조신설 2010·5·14)

제168조의10(계약의 해지) 가맹계약상 존속기간에 대한 약정의 유무와 관계없이 부득이한 사정이 있으면 각 당사자는 상당한 기간을 정하여 예고한 후 가맹계약을 해지할 수 있다.
(본조신설 2010·5·14)

제14장 채권매입업

제168조의11(의의) 타인이 물건·유가증권의 판매, 용역의 제공 등에 의하여 취득하였거나 취득할 영업상의 채권(이하 이 장에서 "영업채권"이라 한다)을 매입하여 회수하는 것을 영업으로 하는 자를 채권매입업자라 한다.
(본조신설 2010·5·14)

제168조의12(채권매입업자의 상환청구) 영업채권의 채무자가 그 채무를 이행하지 아니하는 경우 채권매입업자는 채권매입계약의 채무자에게 그 영업채권액의 상환을 청구할 수 있다. 다만, 채권매입계약에서 다르게 정한 경우에는 그러하지 아니하다.
(본조신설 2010·5·14)

제3편 회 사

제1장 통 칙

제169조 (의의) 본법에서 회사라 함은 상행위 기타 영리를 목적으로 하여 설립한 사단을 이른다.

제170조 (회사의 종류) 회사는 합명회사, 합자회사, 주식회사와 유한회사의 4종으로 한다.

제171조 (회사의 법인성, 주소) ①회사는 법인으로 한다.
②회사의 주소는 본점소재지에 있는 것으로 한다.

제172조 (회사의 성립) 회사는 본점소재지에서 설립등기를 함으로써 성립한다.

제173조 (권리능력의 제한) 회사는 다

른 회사의 무한책임사원이 되지 못한다.

제174조 (회사의 합병) ①회사는 합병을 할 수 있다.
②합병을 하는 회사의 일방 또는 쌍방이 주식회사 또는 유한회사인 때에는 합병후 존속하는 회사 또는 합병으로 인하여 설립되는 회사는 주식회사 또는 유한회사이어야 한다.
③해산후의 회사는 존립중의 회사를 존속하는 회사로 하는 경우에 한하여 합병을 할 수 있다.

제175조 (동전-설립위원) ①회사의 합병으로 인하여 신회사를 설립하는 경우에는 정관의 작성 기타 설립에 관한 행위는 각 회사에서 선임한 설립위원이 공동으로 하여야 한다.
②제230조, 제434조와 제585조의 규정은 전항의 선임에 준용한다.

제176조 (회사의 해산명령) ①법원은 다음의 사유가 있는 경우에는 이해관계인이나 검사의 청구에 의하여 또는 직권으로 회사의 해산을 명할 수 있다.
1. 회사의 설립목적이 불법한 것인 때
2. 회사가 정당한 사유없이 설립한 후 1년내에 영업을 개시하지 아니하거나 1년이상 영업을 휴지하는 때
3. 이사 또는 회사의 업무를 집행하는 사원이 법령 또는 정관에 위반하여 회사의 존속을 허용할 수 없는 행위를 한 때

②전항의 청구가 있는 때에는 법원은 해산을 명하기 전일지라도 이해관계인이나 검사의 청구에 의하여 또는 직권으로 관리인의 선임 기타 회사재산의 보전에 필요한 처분을 할 수 있다.
③이해관계인이 제1항의 청구를 한 때에는 법원은 회사의 청구에 의하여 상당한 담보를 제공할 것을 명할 수 있다.
④회사가 전항의 청구를 함에는 이해관계인의 청구가 악의임을 소명하여야 한다.

제177조 (등기기간의 기산점) 본편의 규정에 의하여 등기할 사항으로서 관청의 허가 또는 인가를 요하는 것에 관하여는 그 서류가 도달한 날로부터 등기기간을 기산한다.

제2장 합명회사

제1절 설 립

제178조 (정관의 작성) 합명회사의 설립에는 2인이상의 사원이 공동으로 정관을 작성하여야 한다.

제179조 (정관의 절대적 기재사항) 정관에는 다음의 사항을 기재하고 총사원이 기명날인 또는 서명하여야 한다.(개정 1995·12·29)
1. 목적
2. 상호
3. 사원의 성명·주민등록번호 및 주소
4. 사원의 출자의 목적과 그 가격 또는 평가의 표준
5. 본점의 소재지
6. 정관의 작성연월일

제180조 (설립의 등기) 합명회사의 설립등기에 있어서는 다음의 사항을 등기하여야 한다.(개정 1995·12·29)
1. 제179조제1호 내지 제3호 및 제5호의 사항과 지점을 둔 때에는 그 소재지. 다만, 회사를 대표할 사원을 정한 때에는 그 외의 사원의 주소를 제외한다.
2. 사원의 출자의 목적, 재산출자에는 그 가격과 이행한 부분
3. 존립기간 기타 해산사유를 정한 때에는 그 기간 또는 사유
4. 회사를 대표할 사원을 정한 때에는 그 성명
5. 수인의 사원이 공동으로 회사를 대표할 것을 정한 때에는 그 규정

제181조 (지점설치의 등기) ①회사의 설립과 동시에 지점을 설치하는 경우에는 설립등기를 한 후 2주간내에 지점소재지에서 제180조 각호의 사항(다른 지점의 소재지를 제외한다)을 등기하여야 한다.(개정 1995·12·29)
②회사의 성립후에 지점을 설치하는 경우에는 본점소재지에서는 2주간내에 그 지점소재지와 설치연월일을 등기하고, 그 지점소재지에서는 3주간내에 제180조 각호의 사항(다른 지점의 소재지를 제외한다)을 등기하여야 한다.(개정 1995·12·29)
③삭제(1995·12·29)

제182조 (본점, 지점의 이전등기) ①회사가 본점을 이전하는 경우에는 2주간내에 구소재지에서는 신소재지와 이전연월일을, 신소재지에서는 제180조 각호의 사항을 등기하여야 한다.(개정 1995·12·29)
②회사가 지점을 이전하는 경우에는 2주간내에 본점과 구지점소재지에서는 신지점소재지와 이전년월일을 등기하고, 신지점소재지에서는 제180조 각호의 사항(다

른 지점소재지를 제외한다)을 등기하여야 한다.(개정 1995 · 12 · 29)
③삭제(1995 · 12 · 29)

제183조 (변경등기) 제180조에 게기한 사항에 변경이 있는 때에는 본점소재지에서는 2주간내, 지점소재지에서는 3주간내에 변경등기를 하여야 한다.

제183조의2 (업무집행정지가처분 등의 등기) 사원의 업무집행을 정지하거나 직무대행자를 선임하는 가처분을 하거나 그 가처분을 변경 · 취소하는 경우에는 본점 및 지점이 있는 곳의 등기소에서 이를 등기하여야 한다.
(본조신설 2001 · 12 · 29)

제184조 (설립무효, 취소의 소) ①회사의 설립의 무효는 그 사원에 한하여, 설립의 취소는 그 취소권있는 자에 한하여 회사성립의 날로부터 2년내에 소만으로 이를 주장할 수 있다.
②민법 제140조의 규정은 전항의 설립의 취소에 준용한다.

제185조 (채권자에 의한 설립취소의 소) 사원이 그 채권자를 해할 것을 알고 회사를 설립한 때에는 채권자는 그 사원과 회사에 대한 소로 회사의 설립취소를 청구할 수 있다.

제186조 (전속관할) 전 2 조의 소는 본점소재지의 지방법원의 관할에 전속한다.

제187조 (소제기의 공고) 설립무효의 소 또는 설립취소의 소가 제기된 때에는 회사는 지체없이 공고하여야 한다.

제188조 (소의 병합심리) 수개의 설립무효의 소 또는 설립취소의 소가 제기된 때에는 법원은 이를 병합심리하여야 한다.

제189조 (하자의 보완등과 청구의 기각) 설립무효의 소 또는 설립취소의 소가 그 심리중에 원인이 된 하자가 보완되고 회사의 현황과 제반사정을 참작하여 설립을 무효 또는 취소하는 것이 부적당하다고 인정한 때에는 법원은 그 청구를 기각할 수 있다.

제190조 (판결의 효력) 설립무효의 판결 또는 설립취소의 판결은 제 3 자에 대하여도 그 효력이 있다. 그러나 판결확정전에 생긴 회사와 사원 및 제 3 자간의 권리의무에 영향을 미치지 아니한다.

제191조 (패소원고의 책임) 설립무효의 소 또는 설립취소의 소를 제기한 자가 패소한 경우에 악의 또는 중대한 과실이 있는 때에는 회사에 대하여 연대하여 손해를 배상할 책임이 있다.

제192조 (설립무효, 취소의 등기) 설립무효의 판결 또는 설립취소의 판결이 확정된 때에는 본점과 지점의 소재지에서 등기하여야 한다.

제193조 (설립무효, 취소판결의 효과) ①설립무효의 판결 또는 설립취소의 판결이 확정된 때에는 해산의 경우에 준하여 청산하여야 한다.
②전항의 경우에는 법원은 사원 기타의 이해관계인의 청구에 의하여 청산인을 선임할 수 있다.

제194조 (설립무효, 취소와 회사계속) ①설립무효의 판결 또는 설립취소의 판결이 확정된 경우에 그 무효나 취소의 원인이 특정한 사원에 한한 것인 때에는 다른 사원 전원의 동의로써 회사를 계속할 수 있다.
②전항의 경우에는 그 무효 또는 취소의 원인이 있는 사원은 퇴사한 것으로 본다.
③제229조제 2 항과 제 3 항의 규정은 전 2 항의 경우에 준용한다.

제 2 절 회사의 내부관계

제195조 (준용법규) 합명회사의 내부관계에 관하여는 정관 또는 본법에 다른 규정이 없으면 조합에 관한 민법의 규정을 준용한다.

제196조 (채권출자) 채권을 출자의 목적으로 한 사원은 그 채권이 변제기에 변제되지 아니한 때에는 그 채권액을 변제할 책임을 진다. 이 경우에는 이자를 지급하는 외에 이로 인하여 생긴 손해를 배상하여야 한다.

제197조 (지분의 양도) 사원은 다른 사원의 동의를 얻지 아니하면 그 지분의 전부 또는 일부를 타인에게 양도하지 못한다.

제198조 (사원의 경업의 금지) ①사원은 다른 사원의 동의가 없으면 자기 또는 제3자의 계산으로 회사의 영업부류에 속하는 거래를 하지 못하며 동종영업을 목적으로 하는 다른 회사의 무한책임사원 또는 이사가 되지 못한다.
②사원이 전항의 규정에 위반하여 거래를 한 경우에 그 거래가 자기의 계산으로 한 것인 때에는 회사는 이를 회사의 계산으로 인한 것으로 볼 수 있고 제3자의 계산으로 한 것인 때에는 그 사원에 대하여 회사는 이로 인한 이득의 양도를 청구할 수 있다.(개정 1962 · 12 · 12)
③전항의 규정은 회사의 그 사원에 대한 손해배상의 청구에 영향을 미치지 아니한다.

④제 2 항의 권리는 다른 사원과반수의 결의에 의하여 행사하여야 하며 다른 사원의 1인이 그 거래를 안 날로부터 2주간을 경과하거나 그 거래가 있은 날로부터 1년을 경과하면 소멸한다.

제199조 (사원의 자기거래) 사원은 다른 사원 과반수의 결의가 있는 때에 한하여 자기 또는 제3자의 계산으로 회사와 거래를 할 수 있다. 이 경우에는 민법 제124조의 규정을 적용하지 아니한다.

제200조 (업무집행의 권리의무) ①각 사원은 정관에 다른 규정이 없는 때에는 회사의 업무를 집행할 권리와 의무가 있다.
②각 사원의 업무집행에 관한 행위에 대하여 다른 사원의 이의가 있는 때에는 곧 행위를 중지하고 총사원과반수의 결의에 의하여야 한다.

제200조의2 (직무대행자의 권한) ①제183조의2의 직무대행자는 가처분명령에 다른 정함이 있는 경우 외에는 법인의 통상업무에 속하지 아니한 행위를 하지 못한다. 다만, 법원의 허가를 얻은 경우에는 그러하지 아니하다.
②직무대행자가 제 1 항의 규정에 위반한 행위를 한 경우에도 회사는 선의의 제 3 자에 대하여 책임을 진다.
(본조신설 2001 · 12 · 29)

제201조 (업무집행사원) ①정관으로 사원의 1인 또는 수인을 업무집행사원으로 정한 때에는 그 사원이 회사의 업무를 집행할 권리와 의무가 있다.
②수인의 업무집행사원이 있는 경우에 그 각 사원의 업무집행에 관한 행위에 대하여 다른 업무집행사원의 이의가 있는 때에는 곧 그 행위를 중지하고 업무집행사원과반수의 결의에 의하여야 한다.

제202조 (공동업무집행사원) 정관으로 수인의 사원을 공동업무집행사원으로 정한 때에 그 전원의 동의가 없으면 업무집행에 관한 행위를 하지 못한다. 그러나 지체할 염려가 있는 때에는 그러하지 아니하다.

제203조 (지배인의 선임과 해임) 지배인의 선임과 해임은 정관에 다른 정함이 없으면 업무집행사원이 있는 경우에도 총사원과반수의 결의에 의하여야 한다.

제204조 (정관의 변경) 정관을 변경함에는 총사원의 동의가 있어야 한다.

제205조 (업무집행사원의 권한상실선고) ①사원이 업무를 집행함에 현저하게 부적임하거나 중대한 의무에 위반한 행위가 있는 때에는 법원은 사원의 청구에 의하여 업무집행권한의 상실을 선고할 수 있다.
②전항의 판결이 확정된 때에는 본점과 지점의 소재지에서 등기하여야 한다.

제206조 (준용규정) 제186조의 규정은 전조의 소에 준용한다.

제 3 절 회사의 외부관계

제207조 (회사대표) 정관으로 업무집행사원을 정하지 아니한 때에는 각 사원은 회사를 대표한다. 수인의 업무집행사원을 정한 경우에 각 업무집행사원은 회사를 대표한다. 그러나 정관 또는 총사원의 동의로 업무집행사원중 특히 회사를 대표할 자를 정할 수 있다.

제208조 (공동대표) ①회사는 정관 또는 총사원의 동의로 수인의 사원이 공동으로 회사를 대표할 것을 정할 수 있다.
②전항의 경우에도 제3자의 회사에 대한 의사표시는 공동대표의 권한있는 사원 1인에 대하여 이를 함으로써 그 효력이 생긴다.

제209조 (대표사원의 권한) ①회사를 대표하는 사원은 회사의 영업에 관하여 재판상 또는 재판외의 모든 행위를 할 권한이 있다.
②전항의 권한에 대한 제한은 선의의 제 3 자에게 대항하지 못한다.

제210조 (손해배상책임) 회사를 대표하는 사원이 그 업무집행으로 인하여 타인에게 손해를 가한 때에는 회사는 그 사원과 연대하여 배상할 책임이 있다.

제211조 (회사와 사원간의 소에 관한 대표권) 회사가 사원에 대하여 또는 사원이 회사에 대하여 소를 제기하는 경우에 회사를 대표할 사원이 없을 때에는 다른 사원과반수의 결의로 선정하여야 한다.

제212조 (사원의 책임) ①회사재산으로 회사의 채무를 완제할 수 없는 때에는 각 사원은 연대하여 변제할 책임이 있다.
②회사재산에 대한 강제집행이 주효하지 못한 때에도 전항과 같다.
③전항의 규정은 사원이 회사에 변제의 자력이 있으며 집행이 용이한 것을 증명한 때에는 적용하지 아니한다.

제213조 (신입사원의 책임) 회사성립후에 가입한 사원은 그 가입전에 생긴 회사채무에 대하여 다른 사원과 동일한 책임을 진다.

제214조 (사원의 항변) ①사원이 회사채무에 관하여 변제의 청구를 받은 때에는 회사가 주장할 수 있는 항변으로 그

채권자에게 대항할 수 있다.
②회사가 그 채권자에 대하여 상계, 취소 또는 해제할 권리가 있는 경우에는 사원은 전항의 청구에 대하여 변제를 거부할 수 있다.

제215조 (자칭사원의 책임) 사원이 아닌 자가 타인에게 자기를 사원이라고 오인시키는 행위를 하였을 때에는 오인으로 인하여 회사와 거래한 자에 대하여 사원과 동일한 책임을 진다.

제216조 (준용규정) 제205조와 제206조의 규정은 회사의 대표사원에 준용한다.

제 4 절 사원의 퇴사

제217조 (사원의 퇴사권) ①정관으로 회사의 존립기간을 정하지 아니하거나 어느 사원의 종신까지 존속할 것을 정한 때에는 사원은 영업연도말에 한하여 퇴사할 수 있다. 그러나 6월전에 이를 예고하여야 한다.
②사원이 부득이한 사유가 있을 때에는 언제든지 퇴사할 수 있다.

제218조 (퇴사원인) 사원은 전조의 경우외에 다음의 사유로 인하여 퇴사한다.
1. 정관에 정한 사유의 발생
2. 총사원의 동의
3. 사망
4. 금치산
5. 파산
6. 제명

제219조 (사원사망시 권리승계의 통지) ①정관으로 사원이 사망한 경우에 그 상속인이 회사에 대한 피상속인의 권리의무를 승계하여 사원이 될 수 있음을 정한 때에는 상속인은 상속의 개시를 안 날로부터 3월내에 회사에 대하여 승계 또는 포기의 통지를 발송하여야 한다.
②상속인이 전항의 통지없이 3월을 경과한 때에는 사원이 될 권리를 포기한 것으로 본다.

제220조 (제명의 선고) ①사원에게 다음의 사유가 있는 때에는 회사는 다른 사원과반수의 결의에 의하여 그 사원의 제명의 선고를 법원에 청구할 수 있다.
1. 출자의 의무를 이행하지 아니한 때
2. 제198조제 1 항의 규정에 위반한 행위가 있는 때
3. 회사의 업무집행 또는 대표에 관하여 부정한 행위가 있는 때, 권한없이 업무를 집행하거나 회사를 대표한 때
4 기타 중요한 사유가 있는 때

②제205조제 2 항과 제206조의 규정은 전항의 경우에 준용한다.

제221조 (제명사원과 회사간의 계산) 제명된 사원과 회사와의 계산은 제명의 소를 제기한 때의 회사재산의 상태에 따라서 하며 그 때부터 법정이자를 붙여야 한다.

제222조 (지분의 환급) 퇴사한 사원은 노무 또는 신용으로 출자의 목적으로 한 경우에도 그 지분의 환급을 받을 수 있다. 그러나 정관에 다른 규정이 있는 때에는 그러하지 아니하다.

제223조 (지분의 압류) 사원의 지분의 압류는 사원이 장래이익의 배당과 지분의 환급을 청구하는 권리에 대하여도 그 효력이 있다.

제224조 (지분압류채권자에 의한 퇴사청구) ①사원의 지분을 압류한 채권자는 영업연도말에 그 사원을 퇴사시킬 수 있다. 그러나 회사와 그 사원에 대하여 6월전에 그 예고를 하여야 한다.
②전항단서의 예고는 사원이 변제를 하거나 상당한 담보를 제공한 때에는 그 효력을 잃는다.

제225조 (퇴사원의 책임) ①퇴사한 사원은 본점소재지에서 퇴사등기를 하기 전에 생긴 회사채무에 대하여는 등기후 2년내에는 다른 사원과 동일한 책임이 있다.
②전항의 규정은 지분을 양도한 사원에 준용한다.

제226조 (퇴사원의 상호변경청구권) 퇴사한 사원의 성명이 회사의 상호중에 사용된 경우에는 그 사원은 회사에 대하여 그 사용의 폐지를 청구할 수 있다.

제 5 절 회사의 해산

제227조 (해산원인) 회사는 다음의 사유로 인하여 해산한다.
1. 존립기간의 만료 기타 정관으로 정한 사유의 발생
2. 총사원의 동의
3. 사원이 1인으로 된 때
4. 합병
5. 파산
6. 법원의 명령 또는 판결

제228조 (해산등기) 회사가 해산된 때에는 합병과 파산의 경우외에는 그 해산사유가 있은 날로부터 본점소재지에서는 2주간내, 지점소재지에서는 3주간내에 해산등기를 하여야 한다.

제229조 (회사의 계속) ①제227조제 1 호와 제 2 호의 경우에는 사원의 전부 또

는 일부의 동의로 회사를 계속할 수 있다. 그러나 동의를 하지 아니한 사원은 퇴사한 것으로 본다.
②제227조제3호의 경우에는 새로 사원을 가입시켜 회사를 계속할 수 있다.
③전2항의 경우에 이미 회사의 해산등기를 하였을 때에는 본점소재지에서는 2주간내, 지점소재지에서는 3주간내에 회사의 계속등기를 하여야 한다.
④제213조의 규정은 제2항의 신입사원의 책임에 준용한다.

제230조 (합병의 결의) 회사가 합병을 함에는 총사원의 동의가 있어야 한다.

제231조 삭제(1984·4·10)

제232조 (채권자의 이의) ①회사는 합병의 결의가 있은 날부터 2주내에 회사채권자에 대하여 합병에 이의가 있으면 일정한 기간내에 이를 제출할 것을 공고하고 알고 있는 채권자에 대하여 따로따로 이를 최고하여야 한다. 이 경우 그 기간은 1월 이상이어야 한다.(개정 1984·4·10, 1998·12·28)
②채권자가 제1항의 기간내에 이의를 제출하지 아니한 때에는 합병을 승인한 것으로 본다.
③이의를 제출한 채권자가 있는 때에는 회사는 그 채권자에 대하여 변제 또는 상당한 담보를 제공하거나 이를 목적으로 하여 상당한 재산을 신탁회사에 신탁하여야 한다.

제233조 (합병의 등기) 회사가 합병을 한 때에는 본점소재지에서는 2주간내, 지점소재지에서는 3주간내에 합병후 존속하는 회사의 변경등기, 합병으로 인하여 소멸하는 회사의 해산등기, 합병으로 인하여 설립되는 회사의 설립등기를 하여야 한다.

제234조 (합병의 효력발생) 회사의 합병은 합병후 존속하는 회사 또는 합병으로 인하여 설립되는 회사가 그 본점소유지에서 전조의 등기를 함으로써 그 효력이 생긴다.

제235조 (합병의 효과) 합병후 존속한 회사 또는 합병으로 인하여 설립된 회사는 합병으로 인하여 소멸된 회사의 권리의무를 승계한다.

제236조 (합병무효의 소의 제기) ①회사의 합병의 무효는 각 회사의 사원, 청산인, 파산관재인 또는 합병을 승인하지 아니한 회사채권자에 한하여 소만으로 이를 주장할 수 있다.
②전항의 소는 제233조의 등기가 있은 날로부터 6월내에 제기하여야 한다.

제237조 (준용규정) 제176조제3항과 제4항의 규정은 회사채권자가 전조의 소를 제기한 때에 준용한다.

제238조 (합병무효의 등기) 합병을 무효로 한 판결이 확정된 때에는 본점과 지점의 소재지에서 합병후 존속한 회사의 변경등기, 합병으로 인하여 소멸된 회사의 회복등기, 합병으로 인하여 설립된 회사의 해산등기를 하여야 한다.

제239조 (무효판결확정과 회사의 권리의무의 귀속) ①합병을 무효로 한 판결이 확정된 때에는 합병을 한 회사는 합병후 존속한 회사 또는 합병으로 인하여 설립된 회사의 합병후 부담한 채무에 대하여 연대하여 변제할 책임이 있다.
②합병후 존속한 회사 또는 합병으로 인하여 설립한 회사의 합병후 취득한 재산은 합병을 한 회사의 공유로 한다.
③전2항의 경우에 각 회사의 협의로 그 부담부분 또는 지분을 정하지 못한 때에는 법원은 그 청구에 의하여 합병당시의 각 회사의 재산상태 기타의 사정을 참작하여 이를 정한다.

제240조 (준용규정) 제186조 내지 제191조의 규정은 합병무효의 소에 준용한다.

제241조 (사원에 의한 해산청구) ①부득이한 사유가 있는 때에는 각 사원은 회사의 해산을 법원에 청구할 수 있다.
②제186조와 제191조의 규정은 전항의 경우에 준용한다.

제242조 (조직변경) ①합명회사는 총사원의 동의로 일부사원을 유한책임사원으로 하거나 유한책임사원을 새로 가입시켜서 합자회사로 변경할 수 있다.
②전항의 규정은 제229조제2항의 규정에 의하여 회사를 계속하는 경우에 준용한다.

제243조 (조직변경의 등기) 합명회사를 합자회사로 변경한 때에는 본점소재지에서는 2주간내, 지점소재지에서는 3주간내에 합명회사에 있어서는 해산등기, 합자회사에 있어서는 설립등기를 하여야 한다.

제244조 (조직변경에 의하여 유한책임사원이 된 자의 책임) 합명회사사원으로서 제242조제1항의 규정에 의하여 유한책임사원이 된 자는 전조의 규정에 의한 본점등기를 하기 전에 생긴 회사채무에 대하여는 등기후 2년내에는 무한책임사원의 책임을 면하지 못한다.

제6절 청 산

제245조 (청산중의 회사) 회사는 해산된 후에도 청산의 목적범위내에서 존속하

는 것으로 본다.

第246條 (수인의 지분상속인이 있는 경우) 회사의 해산후 사원이 사망한 경우에 그 상속인이 수인인 때에는 청산에 관한 사원의 권리를 행사할 자 1인을 정하여야 한다. 이를 정하지 아니한 때에는 회사의 통지 또는 최고는 그 중의 1인에 대하여 하면 전원에 대하여 그 효력이 있다.

第247條 (임의청산) ①해산된 회사의 재산처분방법은 정관 또는 총사원의 동의로 이를 정할 수 있다. 이 경우에는 해산사유가 있는 날로부터 2주간내에 재산목록과 대차대조표를 작성하여야 한다.
②전항의 규정은 회사가 제227조제3호 또는 제6호의 사유로 인하여 해산한 경우에는 이를 적용하지 아니한다.
③제232조의 규정은 제1항의 경우에 준용한다.
④제1항의 경우에 사원의 지분을 압류한 자가 있는 때에는 그 동의를 얻어야 한다.
⑤제1항의 회사는 그 재산의 처분을 완료한 날부터 본점소재지에서는 2주간내에, 지점소재지에서는 3주간내에 청산종결의 등기를 하여야 한다.(신설 1995·12·29)

第248條 (임의청산과 채권자보호) ①회사가 전조제3항의 규정에 위반하여 그 재산을 처분함으로써 회사채권자를 해한 때에는 회사채권자는 그 처분의 취소를 법원에 청구할 수 있다.
②제186조와 민법 제406조제1항 단서, 제2항 및 제407조의 규정은 전항의 취소의 청구에 준용한다.

第249條 (지분압류채권자의 보호) 회사가 제247조제4항의 규정에 위반하여 그 재산을 처분한 때에는 사원의 지분을 압류한 자는 회사에 대하여 그 지분에 상당하는 금액의 지급을 청구할 수 있다. 이 경우에는 전조의 규정을 준용한다.

第250條 (법정청산) 제247조제1항의 규정에 의하여 회사재산의 처분방법을 정하지 아니한 때에는 합병과 파산의 경우를 제외하고 제251조 내지 제265조의 규정에 따라서 청산을 하여야 한다.

第251條 (청산인) ①회사가 해산된 때에는 총사원과반수의 결의로 청산인을 선임한다.
②청산인의 선임이 없는 때에는 업무집행사원이 청산인이 된다.

第252條 (법원선임에 의한 청산인) 회사가 제227조제3호 또는 제6호의 사유로 인하여 해산된 때에는 법원은 사원 기타의 이해관계인이나 검사의 청구에 의하여 또는 직권으로 청산인을 선임한다.

第253條 (청산인의 등기) ①청산인이 선임된 때에는 그 선임된 날로부터, 업무집행사원이 청산인이 된 때에는 해산된 날로부터 본점소재지에서는 2주간내, 지점소재지에서는 3주간내에 다음의 사항을 등기하여야 한다.(개정 1995·12·29)

1. 청산인의 성명·주민등록번호 및 주소. 다만, 회사를 대표할 청산인을 정한 때에는 그외의 청산인의 주소를 제외한다.
2. 회사를 대표할 청산인을 정한 때에는 그 성명
3. 수인의 청산인이 공동으로 회사를 대표할 것을 정한 때에는 그 규정

②제183조의 규정은 제1항의 등기에 준용한다.(개정 1995·12·29)

第254條 (청산인의 직무권한) ①청산인의 직무는 다음과 같다.

1. 현존사무의 종결
2. 채권의 추심과 채무의 변제
3. 재산의 환가처분
4. 잔여재산의 분배

②청산인이 수인인 때에는 청산의 직무에 관한 행위는 그 과반수의 결의로 정한다.
③회사를 대표할 청산인은 제1항의 직무에 관하여 재판상 또는 재판외의 모든 행위를 할 권한이 있다.
④민법 제93조의 규정은 합명회사에 준용한다.

第255條 (청산인의 회사대표) ①업무집행사원이 청산인으로 된 경우에는 종전의 정함에 따라 회사를 대표한다.
②법원이 수인의 청산인을 선임하는 경우에는 회사를 대표할 자를 정하거나 수인이 공동하여 회사를 대표할 것을 정할 수 있다.

第256條 (청산인의 의무) ①청산인은 취임한 후 지체없이 회사의 재산상태를 조사하고 재산목록과 대차대조표를 작성하여 각 사원에게 교부하여야 한다.
②청산인은 사원의 청구가 있는 때에는 언제든지 청산의 상황을 보고하여야 한다.

第257條 (영업의 양도) 청산인이 회사의 영업의 전부 또는 일부를 양도함에는 총사원과반수의 결의가 있어야 한다.

第258條 (채무완제불능과 출자청구) ①회사의 현존재산이 그 채무를 변제함에 부족한 때에는 청산인은 변제기에 불구하고 각 사원에 대하여 출자를 청구할 수 있다.
②전항의 출자액은 각 사원의 출자의 비율로 이를 정한다.

第259條 (채무의 변제) ①청산인은 변

제기에 이르지 아니한 회사채무에 대하여도 이를 변제할 수 있다.
②전항의 경우에 이자없는 채권에 관하여는 변제기에 이르기까지의 법정이자를 가산하여 그 채권액에 달할 금액을 변제하여야 한다.
③전항의 규정은 이자있는 채권으로서 그 이율이 법정이율에 달하지 못하는 것에 이를 준용한다.
④제1항의 경우에는 조건부채권, 존속기간이 불확정한 채권 기타 가액이 불확정한 채권에 대하여는 법원이 선임한 감정인의 평가에 의하여 변제하여야 한다.

제260조 (잔여재산의 분배) 청산인은 회사의 채무를 완제한 후가 아니면 회사재산을 사원에게 분배하지 못한다. 그러나 다툼이 있는 채무에 대하여는 그 변제에 필요한 재산을 보류하고 잔여재산을 분배할 수 있다.

제261조 (청산인의 해임) 사원이 선임한 청산인은 총사원과반수의 결의로 해임할 수 있다.

제262조 (동전) 청산인이 그 직무를 집행함에 현저하게 부적임하거나 중대한 임무에 위반한 행위가 있는 때에는 법원은 사원 기타의 이해관계인의 청구에 의하여 청산인을 해임할 수 있다.

제263조 (청산인의 임무종료) ①청산인은 그 임무가 종료한 때에는 지체없이 계산서를 작성하여 각 사원에게 교부하고 그 승인을 얻어야 한다.
②전항의 계산서를 받은 사원이 1월내에 이의를 하지 아니한 때에는 그 계산을 승인한 것으로 본다. 그러나 청산인에게 부정행위가 있는 경우에는 그러하지 아니하다.

제264조 (청산종결의 등기) 청산이 종결된 때에는 청산인은 전조의 규정에 의한 총사원의 승인이 있은 날로부터 본점소재지에서는 2주간내, 지점소재지에서는 3주간내에 청산종결의 등기를 하여야 한다.

제265조 (준용규정) 제183조의2 · 제199조 · 제200조의2 · 제207조 · 제208조 · 제209조제2항 · 제210조 · 제382조제2항 · 제399조 및 제401조의 규정은 청산인에 준용한다.(전문개정 2001 · 12 · 29)

제266조 (장부, 서류의 보존) ①회사의 장부와 영업 및 청산에 관한 중요서류는 본점소재지에서 청산종결의 등기를 한 후 10년간 이를 보존하여야 한다. 다만, 전표 또는 이와 유사한 서류는 5년간 이를 보존하여야 한다.(개정 1995 · 12 · 29)
②제1항의 경우에는 총사원과반수의 결의로 보존인과 보존방법을 정하여야 한다.(개정 1995 · 12 · 29)

제267조 (사원의 책임의 소멸시기) ①제212조의 규정에 의한 사원의 책임은 본점소재지에서 해산등기를 한 후 5년을 경과하면 소멸한다.
②전항의 기간경과후에도 분배하지 아니한 잔여재산이 있는 때에는 회사채권자는 이에 대하여 변제를 청구할 수 있다.

제3장 합자회사

제268조 (회사의 조직) 합자회사는 무한책임사원과 유한책임사원으로 조직한다.

제269조 (준용규정) 합자회사에는 본장에 다른 규정이 없는 사항은 합명회사에 관한 규정을 준용한다.

제270조 (정관의 절대적 기재사항) 합자회사의 정관에는 제179조에 게기한 사항외에 각 사원의 무한책임 또는 유한책임인 것을 기재하여야 한다.

제271조 (등기사항) 합자회사의 설립등기에 있어서는 제180조 각호의 사항외에 각 사원의 무한책임 또는 유한책임인 것을 등기하여야 한다.
(전문개정 1995 · 12 · 29)

제272조 (유한책임사원의 출자) 유한책임사원은 신용 또는 노무를 출자의 목적으로 하지 못한다.

제273조 (업무집행의 권리의무) 무한책임사원은 정관에 다른 규정이 없는 때에는 각자가 회사의 업무를 집행할 권리와 의무가 있다.

제274조 (지배인의 선임, 해임) 지배인의 선임과 해임은 업무집행사원이 있는 경우에도 무한책임사원과반수의 결의에 의하여야 한다.

제275조 (유한책임사원의 경업의 자유) 유한책임사원은 다른 사원의 동의없이 자기 또는 제3자의 계산으로 회사의 영업부류에 속하는 거래를 할 수 있고 동종영업을 목적으로 하는 다른 회사의 무한책임사원 또는 이사가 될 수 있다.

제276조 (유한책임사원의 지분양도) 유한책임사원은 무한책임사원 전원의 동의가 있으면 그 지분의 전부 또는 일부를 타인에게 양도할 수 있다. 지분의 양도에 따라 정관을 변경하여야 할 경우에도 같다.

제277조 (유한책임사원의 감시권) ①유한책임사원은 영업연도말에 있어서 영업시간내에 한하여 회사의 회계장부 · 대차대조표 기타의 서류를 열람할 수 있고 회사

의 업무와 재산상태를 검사할 수 있다.(개정 1984 · 4 · 10)
②중요한 사유가 있는 때에는 유한책임사원은 언제든지 법원의 허가를 얻어 제1항의 열람과 검사를 할 수 있다.

제278조 (유한책임사원의 업무집행, 회사대표의 금지) 유한책임사원은 회사의 업무집행이나 대표행위를 하지 못한다.

제279조 (유한책임사원의 책임) ①유한책임사원은 그 출자가액에서 이미 이행한 부분을 공제한 가액을 한도로 하여 회사채무를 변제할 책임이 있다.
②회사에 이익이 없음에도 불구하고 배당을 받은 금액은 변제책임을 정함에 있어서 이를 가산한다.

제280조 (출자감소의 경우의 책임) 유한책임사원은 그 출자를 감소한 후에도 본점소재지에서 등기를 하기 전에 생긴 회사채무에 대하여는 등기후 2년내에는 전조의 책임을 면하지 못한다.

제281조 (자칭무한책임사원의 책임) ①유한책임사원이 타인에게 자기를 무한책임사원이라고 오인시키는 행위를 한 때에는 오인으로 인하여 회사와 거래를 한 자에 대하여 무한책임사원과 동일한 책임이 있다.
②전항의 규정은 유한책임사원이 그 책임의 한도를 오인시키는 행위를 한 경우에 준용한다.

제282조 (책임을 변경한 사원의 책임) 제213조의 규정은 유한책임사원이 무한책임사원으로 된 경우에, 제225조의 규정은 무한책임사원이 유한책임사원으로 된 경우에 준용한다.

제283조 (유한책임사원의 사망) ①유한책임사원이 사망한 때에는 그 상속인이 그 지분을 승계하여 사원이 된다.
②전항의 경우에 상속인이 수인인 때에는 사원의 권리를 행사할 자 1인을 정하여야 한다. 이를 정하지 아니한 때에는 회사의 통지 또는 최고는 그 중의 1인에 대하여 하면 전원에 대하여 그 효력이 있다.

제284조 (유한책임사원의 금치산) 유한책임사원은 금치산의 선고를 받은 경우에도 퇴사되지 아니한다.

제285조 (해산, 계속) ①합자회사는 무한책임사원 또는 유한책임사원의 전원이 퇴사한 때에는 해산된다.
②전항의 경우에 잔존한 무한책임사원 또는 유한책임사원은 전원의 동의로 새로 유한책임사원 또는 무한책임사원을 가입시켜서 회사를 계속할 수 있다.
③제213조와 제229조제3항의 규정은 전항의 경우에 준용한다.

제286조 (조직변경) ①합자회사는 사원전원의 동의로 그 조직을 합명회사로 변경하여 계속할 수 있다.
②유한책임사원전원이 퇴사한 경우에도 무한책임사원은 그 전원의 동의로 합명회사로 변경하여 계속할 수 있다.
③전2항의 경우에는 본점소재지에서는 2주간내, 지점소재지에서는 3주간내에 합자회사에 있어서는 해산등기를, 합명회사에 있어서는 설립등기를 하여야 한다.

제287조 (청산인) 합자회사의 청산인은 무한책임사원과반수의 결의로 선임한다. 이를 선임하지 아니한 때에는 업무집행사원이 청산인이 된다.

제4장 주식회사

제1절 설 립

제288조 (발기인) 주식회사를 설립함에는 발기인이 정관을 작성하여야 한다.(전문개정 2001 · 7 · 24)

제289조 (정관의 작성, 절대적 기재사항) ①발기인은 정관을 작성하여 이에 다음의 사항을 기재하고 각 발기인이 기명날인 또는 서명하여야 한다.(개정 1984 · 4 · 10, 1995 · 12 · 29, 2001 · 7 · 24)
1. 목적
2. 상호
3. 회사가 발행할 주식의 총수
4. 1주의 금액
5. 회사의 설립시에 발행하는 주식의 총수
6. 본점의 소재지
7. 회사가 공고를 하는 방법
8. 발기인의 성명 · 주민등록번호 및 주소
9. 삭제(1984 · 4 · 10)

②회사의 설립시에 발행하는 주식의 총수는 회사가 발행할 주식의 총수의 4분의 1 이상이어야 한다.(개정 1984 · 4 · 10)
③ 회사의 공고는 관보 또는 시사에 관한 사항을 게재하는 일간신문에 하여야 한다. 다만, 회사는 그 공고를 정관으로 정하는 바에 따라 전자적 방법으로 할 수 있다.(개정 2009 · 5 · 28)
④ 회사는 제3항에 따라 전자적 방법으로 공고할 경우 대통령령으로 정하는 기간까지 계속 공고하고, 재무제표를 전자적 방법으로 공고할 경우에는 제450조에서 정한 기간까지 계속 공고하여야 한다. 다만,

공고기간 이후에도 누구나 그 내용을 열람할 수 있도록 하여야 한다.(신설 2009·5·28)
⑤ 회사가 전자적 방법으로 공고를 할 경우에는 게시 기간과 게시 내용에 대하여 증명하여야 한다.(신설 2009·5·28)
⑥ 회사의 전자적 방법으로 하는 공고에 관하여 필요한 사항은 대통령령으로 정한다.(신설 2009·5·28)

제290조 (변태설립사항) 다음의 사항은 정관에 기재함으로써 그 효력이 있다.

1. 발기인이 받을 특별이익과 이를 받을 자의 성명
2. 현물출자를 하는 자의 성명과 그 목적인 재산의 종류, 수량, 가격과 이에 대하여 부여할 주식의 종류와 수
3. 회사성립후에 양수할 것을 약정한 재산의 종류, 수량, 가격과 그 양도인의 성명
4. 회사가 부담할 설립비용과 발기인이 받을 보수액

제291조 (설립당시의 주식발행사항의 결정) 회사설립시에 발행하는 주식에 관하여 다음의 사항은 정관에 다른 정함이 없으면 발기인전원의 동의로 이를 정한다.

1. 주식의 종류와 수
2. 액면이상의 주식을 발행하는 때에는 그 수와 금액

제292조(정관의 효력발생) 정관은 공증인의 인증을 받음으로써 효력이 생긴다. 다만, 자본금 총액이 10억원 미만인 회사를 제295조제1항에 따라 발기설립(발기설립)하는 경우에는 제289조제1항에 따라 각 발기인이 정관에 기명날인 또는 서명함으로써 효력이 생긴다.
(전문개정 2009·5·28)

제293조 (발기인의 주식인수) 각 발기인은 서면에 의하여 주식을 인수하여야 한다.

제294조 삭제(1995·12·29)

제295조 (발기설립의 경우의 납입과 현물출자의 이행) ①발기인이 회사의 설립시에 발행하는 주식의 총수를 인수한 때에는 지체없이 각 주식에 대하여 그 인수가액의 전액을 납입하여야 한다. 이 경우 발기인은 납입을 맡을 은행 기타 금융기관과 납입장소를 지정하여야 한다.(개정 1995·12·29)
②현물출자를 하는 발기인은 납입기일에 지체없이 출자의 목적인 재산을 인도하고 등기, 등록 기타 권리의 설정 또는 이전을 요할 경우에는 이에 관한 서류를 완비하여 교부하여야 한다.

제296조 (발기설립의 경우의 임원선임) ①전조의 규정에 의한 납입과 현물출자의 이행이 완료된 때에는 발기인은 지체없이 의결권의 과반수로 이사와 감사를 선임하여야 한다.
②발기인의 의결권은 그 인수주식의 1주에 대하여 1개로 한다.

제297조 (발기인의 의사록작성) 발기인은 의사록을 작성하여 의사의 경과와 그 결과를 기재하고 기명날인 또는 서명하여야 한다.(개정 1995·12·29)

제298조 (이사·감사의 조사·보고와 검사인의 선임청구) ①이사와 감사는 취임후 지체없이 회사의 설립에 관한 모든 사항이 법령 또는 정관의 규정에 위반되지 아니하는지의 여부를 조사하여 발기인에게 보고하여야 한다.
②이사와 감사중 발기인이었던 자·현물출자자 또는 회사성립후 양수할 재산의 계약당사자인 자는 제1항의 조사·보고에 참가하지 못한다.
③이사와 감사의 전원이 제2항에 해당하는 때에는 이사는 공증인으로 하여금 제1항의 조사·보고를 하게 하여야 한다.
④정관으로 제290조 각호의 사항을 정한 때에는 이사는 이에 관한 조사를 하게 하기 위하여 검사인의 선임을 법원에 청구하여야 한다. 다만, 제299조의2의 경우에는 그러하지 아니하다.
(전문개정 1995·12·29)

제299조 (검사인의 조사, 보고) ①검사인은 제290조 각호의 사항과 제295조의 규정에 의한 현물출자의 이행을 조사하여 법원에 보고하여야 한다.(개정 1995·12·29)
②검사인은 전항의 조사보고서를 작성한 후 지체없이 그 등본을 각 발기인에게 교부하여야 한다.
③검사인의 조사보고서에 사실과 상위한 사항이 있는 때에는 발기인은 이에 대한 설명서를 법원에 제출할 수 있다.

제299조의2 (현물출자등의 증명) 제290조제1호 및 제4호에 기재한 사항에 관하여는 공증인의 조사·보고로, 제290조제2호 및 제3호의 규정에 의한 사항과 제295조의 규정에 의한 현물출자의 이행에 관하여는 공인된 감정인의 감정으로 제299조제1항의 규정에 의한 검사인의 조사에 갈음할 수 있다. 이 경우 공증인 또는 감정인은 조사 또는 감정결과를 법원에 보고하여야 한다.(개정 1998·12·28)
(본조신설 1995·12·29)

제300조 (법원의 변경처분) ①법원은

검사인 또는 공증인의 조사보고서 또는 감정인의 감정결과와 발기인의 설명서를 심사하여 제290조의 규정에 의한 사항을 부당하다고 인정한 때에는 이를 변경하여 각 기인에게 통고할 수 있다.(개정 1998·12·28)
②제1항의 변경에 불복하는 발기인은 그 주식의 인수를 취소할 수 있다. 이 경우에는 정관을 변경하여 설립에 관한 절차를 속행할 수 있다.(개정 1998·12·28)
③법원의 통고가 있은 후 2주내에 주식의 인수를 취소한 발기인이 없는 때에는 정관은 통고에 따라서 변경된 것으로 본다.(개정 1998·12·28)

제301조 (모집설립의 경우의 주주모집) 발기인이 회사의 설립시에 발행하는 주식의 총수를 인수하지 아니하는 때에는 주주를 모집하여야 한다.

제302조 (주식인수의 청약, 주식청약서의 기재사항) ①주식인수의 청약을 하고자 하는 자는 주식청약서 2통에 인수할 주식의 종류 및 수와 주소를 기재하고 기명날인 또는 서명하여야 한다.(개정 1995·12·29)
②주식청약서는 발기인이 이를 작성하고 다음의 사항을 기재하여야 한다.(개정 1962·12·12, 1984·4·10, 1995·12·29)
1. 정관의 인증연월일과 공증인의 성명
2. 제289조제1항과 제290조에 게기한 사항
3. 회사의 존립기간 또는 해산사유를 정한 때에는 그 규정
4. 각 발기인이 인수한 주식의 종류와 수
5. 제291조에 게기한 사항
5의2. 주식의 양도에 관하여 이사회의 승인을 얻도록 정한 때에는 그 규정
6. 개업전에 이자를 배당할 것을 정한 때에는 그 규정
7. 주주에게 배당할 이익으로 주식을 소각할 것을 정한 때에는 그 규정
8. 일정한 시기까지 창립총회를 종결하지 아니한 때에는 주식의 인수를 취소할 수 있다는 뜻
9. 납입을 맡을 은행 기타 금융기관과 납입장소
10. 명의개서대리인을 둔 때에는 그 성명·주소 및 영업소

③민법 제107조제1항 단서의 규정은 주식인수의 청약에는 적용하지 아니한다.(개정 1962·12·12)

제303조 (주식인수인의 의무) 주식인수를 청약한 자는 발기인이 배정한 주식의 수에 따라서 인수가액을 납입할 의무를 부담한다.

제304조 (주식인수인등에 대한 통지, 최고) ①주식인수인 또는 주식청약인에 대한 통지나 최고는 주식인수증 또는 주식청약서에 기재한 주소 또는 그 자로부터 회사에 통지한 주소로 하면 된다.
②전항의 통지 또는 최고는 보통 그 도달할 시기에 도달한 것으로 본다.

제305조 (주식에 대한 납입) ①회사설립시에 발행하는 주식의 총수가 인수된 때에는 발기인은 지체없이 주식인수인에 대하여 각주식에 대한 인수가액의 전액을 납입시켜야 한다.
②전항의 납입은 주식청약서에 기재한 납입장소에서 하여야 한다.
③제295조제2항의 규정은 제1항의 경우에 준용한다.

제306조 (납입금의 보관자등의 변경) 납입금의 보관자 또는 납입장소를 변경할 때에는 법원의 허가를 얻어야 한다.

제307조 (주식인수인의 실권절차) ①주식인수인이 제305조의 규정에 의한 납입을 하지 아니한 때에는 발기인은 일정한 기일을 정하여 그 기일내에 납입을 하지 아니하면 그 권리를 잃는다는 뜻을 기일의 2주간전에 그 주식인수인에게 통지하여야 한다.
②전항의 통지를 받은 주식인수인이 그 기일내에 납입의 이행을 하지 아니한 때에는 그 권리를 잃는다. 이 경우에는 발기인은 다시 그 주식에 대한 주주를 모집할 수 있다.
③전2항의 규정은 그 주식인수인에 대한 손해배상의 청구에 영향을 미치지 아니한다.

제308조 (창립총회) ①제305조의 규정에 의한 납입과 현물출자의 이행을 완료한 때에는 발기인은 지체없이 창립총회를 소집하여야 한다.
②제363조제1항·제2항, 제364조, 제368조제3항·제4항, 제368조의2, 제369조제1항, 제371조제2항, 제372조, 제373조, 제376조 내지 제381조와 제435조의 규정은 창립총회에 준용한다.(개정 1984·4·10)

제309조 (창립총회의 결의) 창립총회의 결의는 출석한 주식인수인의 의결권의 3분의 2이상이며 인수된 주식의 총수의 과반수에 해당하는 다수로 하여야 한다.

제310조 (변태설립의 경우의 조사) ①정관으로 제290조에 게기한 사항을 정한 때에는 발기인은 이에 관한 조사를 하게 하기 위하여 검사인의 선임을 법원에 청구하여야 한다.
②전항의 검사인의 보고서는 이를 창립총

회에 제출하여야 한다.
③제298조제4항 단서 및 제299조의2의 규정은 제1항의 조사에 관하여 이를 준용한다.(신설 1995·12·29)

제311조 (발기인의 보고) ①발기인은 회사의 창립에 관한 사항을 서면에 의하여 창립총회에 보고하여야 한다.
②전항의 보고서에는 다음의 사항을 명확히 기재하여야 한다.

1. 주식인수와 납입에 관한 제반상황
2. 제290조에 게기한 사항에 관한 실태

제312조 (임원의 선임) 창립총회에서는 이사와 감사를 선임하여야 한다.

제313조 (이사, 감사의 조사, 보고) ①이사와 감사는 취임후 지체없이 회사의 설립에 관한 모든 사항이 법령 또는 정관의 규정에 위반되지 아니하는지의 여부를 조사하여 창립총회에 보고하여야 한다.(개정 1995·12·29)
②제298조제2항 및 제3항의 규정은 제1항의 조사와 보고에 관하여 이를 준용한다.(개정 1995·12·29)
③삭제(1995·12·29)

제314조 (변태설립사항의 변경) ①창립총회에서는 제290조에 게기한 사항이 부당하다고 인정한 때에는 이를 변경할 수 있다.
②제300조제2항과 제3항의 규정은 전항의 경우에 준용한다.

제315조 (발기인에 대한 손해배상청구) 전조의 규정은 발기인에 대한 손해배상의 청구에 영향을 미치지 아니한다.

제316조 (정관변경, 설립폐지의 결의) ①창립총회에서는 정관의 변경 또는 설립의 폐지를 결의할 수 있다.
②전항의 결의는 소집통지서에 그 뜻의 기재가 없는 경우에도 이를 할 수 있다.

제317조 (설립의 등기) ①주식회사의 설립등기는 발기인이 회사설립시에 발행한 주식의 총수를 인수한 경우에는 제299조와 제300조의 규정에 의한 절차가 종료한 날로부터, 발기인이 주주를 모집한 경우에는 창립총회가 종결한 날 또는 제314조의 규정에 의한 절차가 종료한 날로부터 2주간내에 이를 하여야 한다.
②제1항의 설립등기에 있어서는 다음의 사항을 등기하여야 한다.(개정 84·4·10, 95·12·29, 99·12·31, 2009·1·30)

1. 제289조제1항제1호 내지 제4호, 제6호와 제7호에 게기한 사항
2. 자본의 총액
3. 발행주식의 총수, 그 종류와 각종주식의 내용과 수

3의2. 주식의 양도에 관하여 이사회의 승인을 얻도록 정한 때에는 그 규정
3의3. 주식매수선택권을 부여하도록 정한 때에는 그 규정
3의4. 지점의 소재지

4. 회사의 존립기간 또는 해산사유를 정한 때에는 그 기간 또는 사유
5. 개업전에 이자를 배당할 것을 정한 때에는 그 규정
6. 주주에게 배당할 이익으로 주식을 소각할 것을 정한 때에는 그 규정
7. 전환주식을 발행하는 경우에는 제347조에 게기한 사항
8. 사내이사, 사외이사, 그 밖에 상무(상무)에 종사하지 아니하는 이사, 감사의 성명과 주민등록번호
9. 회사를 대표할 이사의 성명·주민등록번호 및 주소
10. 수인의 대표이사가 공동으로 회사를 대표할 것을 정한 때에는 그 규정
11. 명의개서대리인을 둔 때에는 그 상호 및 본점소재지
12. 감사위원회를 설치한 때에는 감사위원회 위원의 성명 및 주민등록번호

③주식회사의 지점설치 및 이전시 지점소재지 또는 신지점소재지에서 하는 등기에 있어서는 제2항제1호·제4호·제9호 및 제10호의 규정에 의한 사항을 등기하여야 한다.(신설 1995·12·29)
④제181조 내지 제183조의 규정은 주식회사의 등기에 준용한다.

제318조(납입금 보관자의 증명과 책임) ① 납입금을 보관한 은행이나 그 밖의 금융기관은 발기인 또는 이사의 청구를 받으면 그 보관금액에 관하여 증명서를 발급하여야 한다.
② 제1항의 은행이나 그 밖의 금융기관은 증명한 보관금액에 대하여는 납입이 부실하거나 그 금액의 반환에 제한이 있다는 것을 이유로 회사에 대항하지 못한다.
③ 자본금 총액이 10억원 미만인 회사를 제295조제1항에 따라 발기설립하는 경우에는 제1항의 증명서를 은행이나 그 밖의 금융기관의 잔고증명서로 대체할 수 있다.
(전문개정 2009·5·28)

제319조 (권리주의 양도) 주식의 인수로 인한 권리의 양도는 회사에 대하여 효력이 없다.

제320조 (주식인수의 무효주장, 취소의 제한) ①회사성립후에는 주식을 인수한 자는 주식청약서의 요건의 흠결을 이유로 하여 그 인수의 무효를 주장하거나 사기, 강

박 또는 착오를 이유로 하여 그 인수를 취소하지 못한다.
②창립총회에 출석하여 그 권리를 행사한 자는 회사의 성립전에도 전항과 같다.

제321조 (발기인의 인수, 납입담보책임) ①회사설립시에 발행한 주식으로서 회사성립후에 아직 인수되지 아니한 주식이 있거나 주식인수의 청약이 취소된 때에는 발기인이 이를 공동으로 인수한 것으로 본다.
②회사성립후 제295조제1항 또는 제305조제1항의 규정에 의한 납입을 완료하지 아니한 주식이 있는 때에는 발기인은 연대하여 그 납입을 하여야 한다.
③제315조의 규정은 전2항의 경우에 준용한다.

제322조 (발기인의 손해배상책임) ①발기인이 회사의 설립에 관하여 그 임무를 해태한 때에는 그 발기인은 회사에 대하여 연대하여 손해를 배상할 책임이 있다.
②발기인이 악의 또는 중대한 과실로 인하여 그 임무를 해태한 때에는 그 발기인은 제3자에 대하여도 연대하여 손해를 배상할 책임이 있다.

제323조 (발기인, 임원의 연대책임) 이사 또는 감사가 제313조제1항의 규정에 의한 임무를 해태하여 회사 또는 제3자에 대하여 손해를 배상할 책임을 지는 경우에 발기인도 책임질 때에는 그 이사, 감사와 발기인은 연대하여 손해를 배상할 책임이 있다.

제324조 (발기인의 책임면제, 주주의 대표소송) 제400조와 제403조 내지 제406조의 규정은 발기인에 준용한다.

제325조 (검사인의 손해배상책임) 법원이 선임한 검사인이 악의 또는 중대한 과실로 인하여 그 임무를 해태한 때에는 회사 또는 제3자에 대하여 손해를 배상할 책임이 있다.

제326조 (회사불성립의 경우의 발기인의 책임) ①회사가 성립하지 못한 경우에는 발기인은 그 설립에 관한 행위에 대하여 연대하여 책임을 진다.
②전항의 경우에 회사의 설립에 관하여 지급한 비용은 발기인이 부담한다.

제327조 (유사발기인의 책임) 주식청약서 기타 주식모집에 관한 서면에 성명과 회사의 설립에 찬조하는 뜻을 기재할 것을 승낙한 자는 발기인과 동일한 책임이 있다.

제328조 (설립무효의 소) ①회사설립의 무효는 주주·이사 또는 감사에 한하여 회사성립의 날로부터 2년내에 소만으로 이를 주장할 수 있다.(개정 1984·4·10)
②제186조 내지 제193조의 규정은 제1항의 소에 준용한다.

제2절 주 식

제1관 주식과 주권

제329조 (자본의 구성, 주식의 권면액) ① 삭제(2009·5·28)
②주식회사의 자본은 이를 주식으로 분할하여야 한다.
③주식의 금액은 균일하여야 한다.
④1주의 금액은 100원이상으로 하여야 한다.(개정 1998·12·28)

제329조의2 (주식의 분할) ①회사는 제434조의 규정에 의한 주주총회의 결의로 주식을 분할할 수 있다.
②제1항의 경우에 분할후의 1주의 금액은 제329조제4항의 규정에 의한 금액미만으로 하지 못한다.
③제440조 내지 제444조의 규정은 제1항의 규정에 의한 주식분할의 경우에 이를 준용한다.
(본조신설 1998·12·28)

제330조 (액면미달발행의 제한) 주식은 액면미달의 가액으로 발행하지 못한다. 그러나 제417조의 경우에는 그러하지 아니하다.(개정 1962·12·12)

제331조 (주주의 책임) 주주의 책임은 그가 가진 주식의 인수가액을 한도로 한다.

제332조 (가설인, 타인의 명의에 의한 인수인의 책임) ①가설인의 명의로 주식을 인수하거나 타인의 승낙없이 그 명의로 주식을 인수한 자는 주식인수인으로서의 책임이 있다.
②타인의 승낙을 얻어 그 명의로 주식을 인수한 자는 그 타인과 연대하여 납입할 책임이 있다.

제333조 (주식의 공유) ①수인이 공동으로 주식을 인수한 자는 연대하여 납입할 책임이 있다.
②주식이 수인의 공유에 속하는 때에는 공유자는 주주의 권리를 행사할 자 1인을 정하여야 한다.
③주주의 권리를 행사할 자가 없는 때에는 공유자에 대한 통지나 최고는 그 1인에 대하여 하면 된다.

제334조 (주주의 회사에 대한 상계금지) 주주는 납입에 관하여 상계로써 회사에 대항하지 못한다.

제335조 (주식의 양도성) ①주식은 타인에게 이를 양도할 수 있다. 다만, 주식의 양

도는 정관이 정하는 바에 따라 이사회의 승인을 얻도록 할 수 있다.(개정 1995·12·29)
②제1항 단서의 규정에 위반하여 이사회의 승인을 얻지 아니한 주식의 양도는 회사에 대하여 효력이 없다.(신설 1995·12·29)
③주권발행전에 한 주식의 양도는 회사에 대하여 효력이 없다. 그러나 회사성립후 또는 신주의 납입기일후 6월이 경과한 때에는 그러하지 아니하다.(개정 1984·4·10)

제335조의2 (양도승인의 청구) ①주식의 양도에 관하여 이사회의 승인을 얻어야 하는 경우에는 주식을 양도하고자 하는 주주는 회사에 대하여 양도의 상대방 및 양도하고자 하는 주식의 종류와 수를 기재한 서면으로 양도의 승인을 청구할 수 있다.
②회사는 제1항의 청구가 있는 날부터 1월이내에 주주에게 그 승인여부를 서면으로 통지하여야 한다.
③회사가 제2항의 기간내에 주주에게 거부의 통지를 하지 아니한 때에는 주식의 양도에 관하여 이사회의 승인이 있는 것으로 본다.
④제2항의 양도승인거부의 통지를 받은 주주는 통지를 받은 날부터 20일내에 회사에 대하여 양도의 상대방의 지정 또는 그 주식의 매수를 청구할 수 있다.
(본조신설 1995·12·29)

제335조의3 (양도상대방의 지정청구) ①주주가 양도의 상대방을 지정하여 줄 것을 청구한 경우에는 이사회는 이를 지정하고, 그 청구가 있은 날부터 2주간내에 주주 및 지정된 상대방에게 서면으로 이를 통지하여야 한다.
②제1항의 기간내에 주주에게 상대방지정의 통지를 하지 아니한 때에는 주식의 양도에 관하여 이사회의 승인이 있는 것으로 본다.
(본조신설 1995·12·29)

제335조의4 (지정된 자의 매도청구권) ①제335조의3제1항의 규정에 의하여 상대방으로 지정된 자는 지정통지를 받은 날부터 10일이내에 지정청구를 한 주주에 대하여 서면으로 그 주식을 자기에게 매도할 것을 청구할 수 있다.(개정 2001·7·24)
②제335조의3제2항의 규정은 주식의 양도상대방으로 지정된 자가 제1항의 기간내에 매도의 청구를 하지 아니한 때에 이를 준용한다.
(본조신설 1995·12·29)

제335조의5 (매도가액의 결정) ①제335조의4의 경우에 그 주식의 매도가액은 주주와 매도청구인간의 협의로 이를 결정한다.(개정 2001·7·24)
②제374조의2제4항 및 제5항의 규정은 제335조의4제1항의 규정에 의한 청구를 받은 날부터 30일 이내에 제1항의 규정에 의한 협의가 이루어지지 아니하는 경우에 이를 준용한다.(개정 2001·7·24)
(본조신설 1995·12·29)

제335조의6 (주식의 매수청구) 제374조의2제2항 내지 제5항의 규정은 제335조의2제4항의 규정에 의하여 주주가 회사에 대하여 주식의 매수를 청구한 경우에 이를 준용한다.
(본조신설 1995·12·29, 2001·7·24)

제335조의7 (주식의 양수인에 의한 승인청구) ①주식의 양도에 관하여 이사회의 승인을 얻어야 하는 경우에 주식을 취득한 자는 회사에 대하여 그 주식의 종류와 수를 기재한 서면으로 그 취득의 승인을 청구할 수 있다.
②제335조의2제2항 내지 제4항, 제335조의3 내지 제335조의6의 규정은 제1항의 경우에 이를 준용한다.
(본조신설 1995·12·29)

제336조 (주식의 양도방법) ①주식의 양도에 있어서는 주권을 교부하여야 한다.
②주권의 점유자는 이를 적법한 소지인으로 추정한다.
(전문개정 1984·4·10)

제337조 (기명주식의 이전의 대항요건) ①기명주식의 이전은 취득자의 성명과 주소를 주주명부에 기재하지 아니하면 회사에 대항하지 못한다.
②회사는 정관이 정하는 바에 의하여 명의개서대리인을 둘 수 있다. 이 경우 명의개서대리인이 취득자의 성명과 주소를 주주명부의 복본에 기재한 때에는 제1항의 명의개서가 있는 것으로 본다.(신설 1984·4·10)

제338조 (기명주식의 입질) ①기명주식을 질권의 목적으로 하는 때에는 주권을 질권자에게 교부하여야 한다.
②질권자는 계속하여 주권을 점유하지 아니하면 그 질권으로써 제삼자에게 대항하지 못한다.

제339조 (질권의 물상대위) 주식의 소각, 병합, 분할 또는 전환이 있는 때에는 이로 인하여 종전의 주주가 받을 금전이나 주식에 대하여도 종전의 주식을 목적으로 한 질권을 행사할 수 있다.(개정 1998·12·28)

제340조 (기명주식의 등록질) ①기명주식을 질권의 목적으로 한 경우에 회사가 질

권설정자의 청구에 의하여 그 성명과 주소를 주주명부에 부기하고 그 성명을 주권에 기재한 때에는 질권자는 회사로부터 이익이나 이자의 배당, 잔여재산의 분배 또는 전조의 규정에 의한 금전의 지급을 받아 다른 채권자에 우선하여 자기채권의 변제에 충당할 수 있다.
②민법 제353조제3항의 규정은 전항의 경우에 준용한다.
③제1항의 질권자는 회사에 대하여 전조의 주식에 대한 주권의 교부를 청구할 수 있다.

제340조의2 (주식매수선택권) ①회사는 정관이 정한 바에 따라 제434조의 규정에 의한 주주총회의 결의로 회사의 설립·경영과 기술혁신등에 기여하거나 기여할 수 있는 회사의 이사·감사 또는 피용자에게 미리 정한 가액(이하 "주식매수선택권의 행사가액"이라 한다)으로 신주를 인수하거나 자기의 주식을 매수할 수 있는 권리(이하 "주식매수선택권"이라 한다)를 부여할 수 있다. 다만, 주식매수선택권의 행사가액이 주식의 실질가액보다 낮은 경우에 회사는 그 차액을 금전으로 지급하거나 그 차액에 상당하는 자기의 주식을 양도할 수 있다. 이 경우 주식의 실질가액은 주식매수선택권의 행사일을 기준으로 평가한다.
②다음 각호의 1에 해당하는 자에 대하여는 제1항에 규정된 주식매수선택권을 부여할 수 없다.
1. 의결권없는 주식을 제외한 발행주식총수의 100분의 10이상의 주식을 가진 주주
2. 이사·감사의 선임과 해임등 회사의 주요경영사항에 대하여 사실상 영향력을 행사하는 자
3. 제1호와 제2호에 규정된 자의 배우자와 직계존·비속

③제1항의 규정에 의하여 발행할 신주 또는 양도할 자기의 주식은 회사의 발행주식총수의 100분의 10을 초과할 수 없다.
④제1항에 규정한 주식매수선택권의 행사가액은 다음 각호의 가액이상이어야 한다.
1. 신주를 발행하는 경우에는 주식매수선택권의 부여일을 기준으로 한 주식의 실질가액과 주식의 권면액중 높은 금액
2. 자기의 주식을 양도하는 경우에는 주식매수선택권의 부여일을 기준으로 한 주식의 실질가액

(본조신설 1999·12·31)

제340조의3 (주식매수선택권의 부여) ①제340조의2제1항의 주식매수선택권에 관한 정관의 규정에는 다음 각호의 사항을 기재하여야 한다.
1. 일정한 경우 주식매수선택권을 부여할 수 있다는 뜻
2. 주식매수선택권의 행사로 발행하거나 양도할 주식의 종류와 수
3. 주식매수선택권을 부여받을 자의 자격요건
4. 주식매수선택권의 행사기간
5. 일정한 경우 이사회결의로 주식매수선택권의 부여를 취소할 수 있다는 뜻

②제340조의2제1항의 주식매수선택권에 관한 주주총회의 결의에 있어서는 다음 각호의 사항을 정하여야 한다.
1. 주식매수선택권을 부여받을 자의 성명
2. 주식매수선택권의 부여방법
3. 주식매수선택권의 행사가액과 그 조정에 관한 사항
4. 주식매수선택권의 행사기간
5. 주식매수선택권을 부여받을 자 각각에 대하여 주식매수선택권의 행사로 발행하거나 양도할 주식의 종류와 수

③회사는 제2항의 주주총회결의에 의하여 주식매수선택권을 부여받은 자와 계약을 체결하고 상당한 기간내에 그에 관한 계약서를 작성하여야 한다.
④회사는 제3항의 계약서를 주식매수선택권의 행사기간이 종료할 때까지 본점에 비치하고 주주로 하여금 영업시간내에 이를 열람할 수 있도록 하여야 한다.
(본조신설 1999·12·31)

제340조의4 (주식매수선택권의 행사) ①제340조의2제1항의 주식매수선택권은 제340조의3제2항 각호의 사항을 정하는 주주총회결의일부터 2년이상 재임 또는 재직하여야 이를 행사할 수 있다.
②제340조의2제1항의 주식매수선택권은 이를 양도할 수 없다. 다만, 동조제2항의 규정에 의하여 주식매수선택권을 행사할 수 있는 자가 사망한 경우에는 그 상속인이 이를 행사할 수 있다.
(본조신설 1999·12·31)

제340조의5 (준용규정) 제350조제2항, 제350조제3항 후단, 제351조, 제516조의8제1항·제3항·제4항 및 제516조의9 전단의 규정은 주식매수선택권의 행사로 신주를 발행하는 경우에 이를 준용한다.
(본조신설 1999·12·31)

제341조 (자기주식의 취득) 회사는다음의경우외에는 자기의 계산으로 자기의 주식을 취득하지 못한다.(개정 1984·4·10, 1995·12·29)
1. 주식을 소각하기 위한 때

2. 회사의 합병 또는 다른 회사의 영업 전부의 양수로 인한 때
3. 회사의 권리를 실행함에 있어 그 목적을 달성하기 위하여 필요한 때
4. 단주의 처리를 위하여 필요한 때
5. 주주가 주식매수청구권을 행사한 때

제341조의2 (주식매수선택권부여목적등의 자기주식취득) ①회사는 제340조의2제1항의 규정에 의하여 자기의 주식을 양도할 목적으로 취득하거나 퇴직하는 이사·감사 또는 피용자의 주식을 양수함으로써 자기의 주식을 취득함에 있어서는 발행주식총수의 100분의 10을 초과하지 아니하는 범위안에서 자기의 계산으로 자기의 주식을 취득할 수 있다. 다만, 그 취득금액은 제462조제1항에 규정된 이익배당이 가능한 한도이내이어야 한다.
②회사가 제1항의 주식을 발행주식총수의 100분의 10이상의 주식을 가진 주주로부터 유상으로 취득하는 경우에는 다음 각호의 사항에 관하여 제434조의 규정에 의한 주주총회의 결의가 있어야 한다. 이 경우 회사는 주주총회결의후 6월이내에 주식을 취득하여야 한다.
1. 주식을 양도하고자 하는 주주의 성명
2. 취득할 주식의 종류와 수
3. 취득할 주식의 가액

③회사가 제1항의 규정에 의하여 자기의 주식을 취득한 경우에는 상당한 시기에 이를 처분하여야 한다.
④제433조제2항의 규정은 제2항의 주주총회에 관하여 이를 준용한다.
(본조신설 1999·12·31)

제341조의3 (자기주식의 질취) 회사는 발행주식의 총수의 20분의 1을 초과하여 자기의 주식을 질권의 목적으로 받지 못한다. 그러나 제341조제2호 및 제3호의 경우에는 그 한도를 초과하여 질권의 목적으로 할 수 있다.
(본조신설 1984·4·10)

제342조 (자기주식의 처분) 회사는 제341조제1호의 경우에는 지체없이 주식실효의 절차를 밟아야 하며 동조제2호 내지 제5호와 제341조의3 단서의 경우에는 상당한 시기에 주식 또는 질권의 처분을 하여야 한다.(개정 1984·4·10, 1995·12·29, 1999·12·31)

제342조의2 (자회사에 의한 모회사주식의 취득) ①다른 회사의 발행주식의 총수의 100분의 50을 초과하는 주식을 가진 회사(이하 "모회사"라 한다)의 주식은 다음의 경우를 제외하고는 그 다른 회사(이하 "자회사"라 한다)가 이를 취득할 수 없다.(개정 2001·7·24)
1. 주식의 포괄적 교환, 주식의 포괄적 이전, 회사의 합병 또는 다른 회사의 영업전부의 양수로 인한 때
2. 회사의 권리를 실행함에 있어 그 목적을 달성하기 위하여 필요한 때

②제1항 각호의 경우 자회사는 그 주식을 취득한 날로부터 6월이내에 모회사의 주식을 처분하여야 한다.
③다른 회사의 발행주식의 총수의 100분의 50을 초과하는 주식을 모회사 및 자회사 또는 자회사가 가지고 있는 경우 그 다른 회사는 이 법의 적용에 있어 그 모회사의 자회사로 본다.(개정 2001·7·24)
(본조신설 1984·4·10)

제342조의3 (다른 회사의 주식취득) 회사가 다른 회사의 발행주식총수의 10분의 1을 초과하여 취득한 때에는 그 다른 회사에 대하여 지체없이 이를 통지하여야 한다.
(본조신설 1995·12·29)

제343조 (주식의 소각) ①주식은 자본감소에 관한 규정에 의하여서만 소각할 수 있다. 그러나 정관의 정한 바에 의하여 주주에게 배당할 이익으로써 주식을 소각하는 경우에는 그러하지 아니하다.
②제440조와 제441조의 규정은 주식을 소각하는 경우에 준용한다.

제343조의2 (총회의 결의에 의한 주식소각) ①회사는 제343조의 규정에 의하는 경우 외에 정기총회에서 제434조의 규정에 의한 결의에 의하여 주식을 매수하여 이를 소각할 수 있다.
②제1항의 규정에 의한 총회의 결의에서는 매수할 주식의 종류, 총수, 취득가액의 총액 및 주식을 매수할 수 있는 기간을 정하여야 한다.
③제2항의 경우에 매수할 수 있는 주식의 취득가액의 총액은 대차대조표상의 순자산액에서 제462조제1항 각호의 금액을 공제한 액을 초과하지 못한다.
④제2항의 경우에 주식을 매수할 수 있는 기간은 제1항의 결의후 최초의 결산기에 관한 정기총회가 종결한 후로 정하지 못한다.
⑤회사는 당해 영업연도의 결산기에 대차대조표상의 순자산액이 제462조제1항 각호의 금액의 합계액에 미치지 못할 우려가 있는 때에는 제1항의 규정에 의한 주식의 매수를 하여서는 아니된다.
⑥당해 영업연도의 결산기에 대차대조표상의 순자산액이 제462조제1항 각호의 금

액의 합계액에 미치지 못함에도 불구하고 회사가 제1항의 규정에 의하여 주식을 매수하여 소각한 경우 이사는 회사에 대하여 연대하여 그 미치지 못한 금액을 배상할 책임이 있다. 이 경우 제462조의3제4항 단서의 규정을 준용한다.
(본조신설 2001·7·24)

제344조 (수종의 주식) ①회사는 이익이나 이자의 배당 또는 잔여재산의 분배에 관하여 내용이 다른 수종의 주식을 발행할 수 있다.
②제1항의 경우에는 정관으로 각종의 주식의 내용과 수를 정하여야 하며, 이익배당에 관하여 우선적 내용이 있는 종류의 주식에 대하여는 정관으로 최저배당률을 정하여야 한다.(개정 1995·12·29)
③회사가 수종의 주식을 발행하는 때에는 정관에 다른 정함이 없는 경우에도 주식의 종류에 따라 신주의 인수, 주식의 병합·분할·소각 또는 회사의 합병·분할로 인한 주식의 배정에 관하여 특수한 정함을 할 수 있다.(개정 1998·12·28)

제345조 (상환주식) ①전조의 경우에는 이익배당에 관하여 우선적 내용이 있는 종류의 주식에 대하여 이익으로써 소각할 수 있는 것으로 할 수 있다.
②전항의 경우에는 상환가액, 상환기간, 상환방법과 수를 정관에 기재하여야 한다.

제346조 (전환주식의 발행) ①회사가 수종의 주식을 발행하는 경우에는 정관으로 주주는 인수한 주식을 다른 종류의 주식으로 전환을 청구할 수 있음을 정할 수 있다. 이 경우에는 전환의 조건, 전환의 청구기간과 전환으로 인하여 발행할 주식의 수와 내용을 정하여야 한다.
②제344조제2항의 규정에 의한 수종의 주식의 수중전환으로 인하여 행할 주식의 수는 전항의 기간내에는 그 발행을 보류하여야 한다.

제347조 (전환주식발행의 절차) 제346조제1항의 경우에는 주식청약서 또는 신주인수권증서에 다음의 사항을 기재하여야 한다.(개정 1984·4·10)
1. 주식을 다른 종류의 주식으로 전환할 수 있다는 뜻
2. 전환의 조건
3. 전환으로 인하여 발행할 주식의 내용
4. 전환을 청구할 수 있는 기간

제348조 (전환으로 인하여 발행하는 주식의 발행가액) 전환으로 인하여 신주식을발행하는 경우에는 전환전의 주식의 발행가액을 신주식의 발행가액으로 한다.

제349조 (전환의 청구) ①주식의 전환을 청구하는 자는 청구서 2통에 주권을 첨부하여 회사에 제출하여야 한다.
②제1항의 청구서에는 전환하고자 하는 주식의 종류, 수와 청구연월일을 기재하고 기명날인 또는 서명하여야 한다.(개정 1995·12·29)
③삭제(1995·12·29)

제350조 (전환의 효력발생) ①주식의 전환은 그 청구를 한 때에 효력이 생긴다.
②제354조제1항의 기간중에 전환된 주식의 주주는 그 기간중의 총회의 결의에 관하여는 의결권을 행사할 수 없다.
③제1항의 전환권을 행사한 주식의 이익이나 이자의 배당에 관하여는 그 청구를 한 때가 속하는 영업연도말에 전환된 것으로 본다. 이 경우 신주에 대한 이익이나 이자의 배당에 관하여는 정관이 정하는 바에 따라 그 청구를 한 때가 속하는 영업연도의 직전 영업연도말에 전환된 것으로 할 수 있다.
(전문개정 1995·12·29)

제351조 (전환의 등기) 주식의 전환으로 인한 변경등기는 전환을 청구한 날이 속하는 달의 말일부터 2주간내에 본점소재지에서 이를 하여야 한다.
(전문개정 1995·12·29)

제352조 (주주명부의 기재사항) ①기명주식을 발행한 때에는 주주명부에 다음의 사항을 기재하여야 한다.(개정 1984·4·10)
1. 주주의 성명과 주소
2. 각 주주가 가진 주식의 종류와 그 수
2의2. 각 주주가 가진 주식의 주권을 발행한 때에는 그 주권의 번호
3. 각 주식의 취득연월일

②무기명식의 주권을 발행한 때에는 주주명부에 그 종류, 수, 번호와 발행연월일을 기재하여야 한다.
③제1항 및 제2항의 경우에 전환주식을 발행한 때에는 제347조에 게기한 사항도 주주명부에 기재하여야 한다.

제352조의2(전자주주명부) ① 회사는 정관으로 정하는 바에 따라 전자문서로 주주명부(이하 "전자주주명부"라 한다)를 작성할 수 있다.
② 전자주주명부에는 제352조제1항의 기재사항 외에 전자우편주소를 적어야 한다.
③ 전자주주명부의 비치·공시 및 열람의 방법에 관하여 필요한 사항은 대통령령으로 정한다.
(본조신설 2009·5·28)

제353조 (주주명부의 효력) ①주주 또

는 질권자에 대한 회사의 통지 또는 최고는 주주명부에 기재한 주소 또는 그 자로부터 회사에 통지한 주소로 하면 된다.
②제304조제2항의 규정은 전항의 통지 또는 최고에 준용한다.

제354조 (주주명부의 폐쇄, 기준일) ①회사는 의결권을 행사하거나 배당을 받을 자 기타 주주 또는 질권자로서 권리를 행사할 자를 정하기 위하여 일정한 기간을 정하여 주주명부의 기재변경을 정지하거나 일정한 날에 주주명부에 기재된 주주 또는 질권자를 그 권리를 행사할 주주 또는 질권자로 볼 수 있다.(개정 1984·4·10)
②제1항의 기간은 3월을 초과하지 못한다.(개정 1984·4·10)
③제1항의 날은 주주 또는 질권자로서 권리를 행사할 날에 앞선 3월내의 날로 정하여야 한다.(개정 1984·4·10)
④회사가 제1항의 기간 또는 날을 정한 때에는 그 기간 또는 날의 2주간전에 이를 공고하여야 한다. 그러나 정관으로 그 기간 또는 날을 지정한 때에는 그러하지 아니하다.

제355조 (주권발행의 시기) ①회사는 성립후 또는 신주의 납입기일후 지체없이 주권을 발행하여야 한다.
②주권은 회사의 성립후 또는 신주의 납입기일후가 아니면 발행하지 못한다.
③전항의 규정에 위반하여 발행한 주권은 무효로 한다. 그러나 발행한 자에 대한 손해배상의 청구에 영향을 미치지 아니한다.

제356조 (주권의 기재사항) 주권에는 다음의 사항과 번호를 기재하고 대표이사가 기명날인 또는 서명하여야 한다.(개정 1995·12·29)

1. 회사의 상호
2. 회사의 성립연월일
3. 회사가 발행할 주식의 총수
4. 1주의 금액
5. 회사의 성립후 발행된 주식에 관하여는 그 발행연월일
6. 수종의 주식이 있는 때에는 그 주식의 종류와 내용

6의2. 주식의 양도에 관하여 이사회의 승인을 얻도록 정한 때에는 그 규정

7. 상환주식이 있는 때에는 제345조제2항에 정한 사항
8. 전환주식이 있는 때에는 제347조에 게기한 사항

제357조 (무기명식의 주권의 발행) ①무기명식의 주권은 정관에 정한 경우에 한하여 이를 발행할 수 있다.
②주주는 언제든지 무기명식의 주권을 기명식으로 할 것을 회사에 청구할 수 있다.

제358조 (무기명주주의 권리행사) 무기명식의 주권을 가진 자는 그 주권을 회사에 공탁하지 아니하면 주주의 권리를 행사하지 못한다.

제358조의2 (주권의 불소지) ①주주는 정관에 다른 정함이 있는 경우를 제외하고는 그 기명주식에 대하여 주권의 소지를 하지 아니하겠다는 뜻을 회사에 신고할 수 있다.
②제1항의 신고가 있는 때에는 회사는 지체없이 주권을 발행하지 아니한다는 뜻을 주주명부와 그 복본에 기재하고, 그 사실을 주주에게 통지하여야 한다. 이 경우 회사는 그 주권을 발행할 수 없다.
③제1항의 경우 이미 발행된 주권이 있는 때에는 이를 회사에 제출하여야 하며, 회사는 제출된 주권을 무효로 하거나 명의개서대리인에게 임치하여야 한다.
④제1항 내지 제3항의 규정에 불구하고 주주는 언제든지 회사에 대하여 주권의 발행 또는 반환을 청구할 수 있다.
(전문개정 1995·12·29)

제359조 (주권의 선의취득) 수표법 제21조의 규정은 주권에 관하여 이를 준용한다.
(전문개정 1984·4·10)

제360조 (주권의 제권판결, 재발행) ①주권은 공시최고의 절차에 의하여 이를 무효로 할 수 있다.
②주권을 상실한 자는 제권판결을 얻지 아니하면 회사에 대하여 주권의 재발행을 청구하지 못한다.

제2관 주식의 포괄적 교환

제360조의2 (주식의 포괄적 교환에 의한 완전모회사의 설립) ①회사는 이 관의 규정에 의한 주식의 포괄적 교환에 의하여 다른 회사의 발행주식의 총수를 소유하는 회사(이하 "완전모회사"라 한다)가 될 수 있다. 이 경우 그 다른 회사를 "완전자회사"라 한다.
②주식의 포괄적 교환(이하 이 관에서 "주식교환"이라 한다)에 의하여 완전자회사가 되는 회사의 주주가 가지는 그 회사의 주식은 주식을 교환하는 날에 주식교환에 의하여 완전모회사가 되는 회사에 이전하고, 그 완전자회사가 되는 회사의 주주는 그 완전모회사가 되는 회사가 주식교환을 위하여 발행하는 신주의 배정을 받음으로써 그 회사의 주주가 된다.
(본조신설 2001·7·24)

제360조의3 (주식교환계약서의 작성과 주주총회의 승인) ①주식교환을 하고자 하는 회사는 주식교환계약서를 작성하여 주주총회의 승인을 얻어야 한다.
②제1항의 승인결의는 제434조의 규정에 의하여야 한다.
③주식교환계약서에는 다음 각호의 사항을 기재하여야 한다.
1. 완전모회사가 되는 회사가 주식교환으로 인하여 정관을 변경하는 경우에는 그 규정
2. 완전모회사가 되는 회사가 주식교환을 위하여 발행하는 신주의 총수·종류와 종류별 주식의 수 및 완전자회사가 되는 회사의 주주에 대한 신주의 배정에 관한 사항
3. 완전모회사가 되는 회사의 증가할 자본의 액과 자본준비금에 관한 사항
4. 완전자회사가 되는 회사의 주주에게 지급할 금액을 정한 때에는 그 규정
5. 각 회사가 제1항의 결의를 할 주주총회의 기일
6. 주식교환을 할 날
7. 각 회사가 주식교환을 할 날까지 이익을 배당하거나 제462조의3의 규정에 의하여 금전으로 이익배당을 할 때에는 그 한도액
8. 제360조의6의 규정에 의하여 회사가 자기의 주식을 이전하는 경우에는 이전할 주식의 총수·종류 및 종류별 주식의 수
9. 완전모회사가 되는 회사에 취임할 이사와 감사 또는 감사위원회의 위원을 정한 때에는 그 성명 및 주민등록번호

④회사는 제363조의 규정에 의한 통지와 공고에 다음 각호의 사항을 기재하여야 한다.
1. 주식교환계약서의 주요내용
2. 제360조의5제1항의 규정에 의한 주식매수청구권의 내용 및 행사방법
3. 일방회사의 정관에 주식의 양도에 관하여 이사회의 승인을 요한다는 뜻의 규정이 있고 다른 회사의 정관에 그 규정이 없는 경우 그 뜻

(본조신설 2001·7·24)

제360조의4 (주식교환계약서등의 공시) ①이사는 제360조의3제1항의 주주총회의 회일의 2주전부터 주식교환의 날이후 6월이 경과하는 날까지 다음 각호의 서류를 본점에 비치하여야 한다.
1. 주식교환계약서
2. 완전자회사가 되는 회사의 주주에 대한 주식의 배정에 관하여 그 이유를 기재한 서면
3. 제360조의3제1항의 주주총회의 회일(제360조의9의 규정에 의한 간이주식교환의 경우에는 동조제2항의 규정에 의하여 공고 또는 통지를 한 날)전 6월이내의 날에 작성한 주식교환을 하는 각 회사의 최종 대차대조표 및 손익계산서

②제1항의 서류에 관하여는 제391조의3제3항의 규정을 준용한다.
(본조신설 2001·7·24)

제360조의5 (반대주주의 주식매수청구권) ①제360조의3제1항의 규정에 의한 승인사항에 관하여 이사회의 결의가 있는 때에 그 결의에 반대하는 주주는 주주총회전에 회사에 대하여 서면으로 그 결의에 반대하는 의사를 통지한 경우에는 그 총회의 결의일부터 20일이내에 주식의 종류와 수를 기재한 서면으로 회사에 대하여 자기가 소유하고 있는 주식의 매수를 청구할 수 있다.
②제360조의9제2항의 공고 또는 통지를 한 날부터 2주내에 회사에 대하여 서면으로 주식교환에 반대하는 의사를 통지한 주주는 그 기간이 경과한 날부터 20일이내에 주식의 종류와 수를 기재한 서면으로 회사에 대하여 자기가 소유하고 있는 주식의 매수를 청구할 수 있다.
③제1항 및 제2항의 매수청구에 관하여는 제374조의2제2항 내지 제5항의 규정을 준용한다.
(본조신설 2001·7·24)

제360조의6 (신주발행에 갈음할 자기주식의 이전) 완전모회사가 되는 회사는 주식교환을 함에 있어서 신주발행에 갈음하여 회사가 소유하는 자기의 주식으로서 제342조의 규정에 의하여 상당한 시기에 처분하여야 할 주식을 완전자회사가 되는 회사의 주주에게 이전할 수 있다.
(본조신설 2001·7·24)

제360조의7 (완전모회사의 자본증가의 한도액) ①완전모회사가 되는 회사의 자본은 주식교환의 날에 완전자회사가 되는 회사에 현존하는 순자산액에서 다음 각호의 금액을 공제한 금액을 초과하여 증가시킬 수 없다.
1. 완전자회사가 되는 회사의 주주에게 지급할 금액
2. 제360조의6의 규정에 의하여 완전자회사가 되는 회사의 주주에게 이전하는 주식의 회계장부가액의 합계액

②완전모회사가 되는 회사가 주식교환 이전에 완전자회사가 되는 회사의 주식을 이

미 소유하고 있는 경우에는 완전모회사가 되는 회사의 자본은 주식교환의 날에 완전자회사가 되는 회사에 현존하는 순자산액에 그 회사의 발행주식총수에 대한 주식교환으로 인하여 완전모회사가 되는 회사에 이전하는 주식의 수의 비율을 곱한 금액에서 제1항 각호의 금액을 공제한 금액의 한도를 초과하여 이를 증가시킬 수 없다.
(본조신설 2001 · 7 · 24)

제360조의8 (주권의 실효절차) ①주식교환에 의하여 완전자회사가 되는 회사는 주주총회에서 제360조의3제1항의 규정에 의한 승인을 한 때에는 다음 각호의 사항을 주식교환의 날 1월전에 공고하고, 주주명부에 기재된 주주와 질권자에 대하여 따로 따로 그 통지를 하여야 한다.

1. 제360조의3제1항의 규정에 의한 승인을 한 뜻
2. 주식교환의 날의 전날까지 주권을 회사에 제출하여야 한다는 뜻
3. 주식교환의 날에 주권이 무효가 된다는 뜻

②제442조 및 제444조의 규정은 제360조의3제1항의 규정에 의한 승인을 한 경우에 이를 준용한다.
(본조신설 2001 · 7 · 24)

제360조의9 (간이주식교환) ①완전자회사가 되는 회사의 총주주의 동의가 있거나 그 회사의 발행주식총수의 100분의 90이상을 완전모회사가 되는 회사가 소유하고 있는 때에는 완전자회사가 되는 회사의 주주총회의 승인은 이를 이사회의 승인으로 갈음할 수 있다.
②제1항의 경우에 완전자회사가 되는 회사는 주식교환계약서를 작성한 날부터 2주내에 주주총회의 승인을 얻지 아니하고 주식교환을 한다는 뜻을 공고하거나 주주에게 통지하여야 한다. 다만, 총주주의 동의가 있는 때에는 그러하지 아니하다.
(본조신설 2001 · 7 · 24)

제360조의10 (소규모 주식교환) ①완전모회사가 되는 회사가 주식교환을 위하여 발행하는 신주의 총수가 그 회사의 발행주식총수의 100분의 5를 초과하지 아니하는 경우에는 그 회사에서의 제360조의3제1항의 규정에 의한 주주총회의 승인은 이를 이사회의 승인으로 갈음할 수 있다. 다만, 완전자회사가 되는 회사의 주주에게 지급할 금액을 정한 경우에 그 금액이 제360조의4제1항제3호에서 규정한 최종 대차대조표에 의하여 완전모회사가 되는 회사에 현존하는 순자산액의 100분의 2를 초과하는 때에는 그러하지 아니하다.
②제360조의6의 규정에 의하여 완전자회사가 되는 회사의 주주에게 이전하는 주식은 제1항의 규정을 적용함에 있어서 이를 주식교환을 위하여 발행하는 신주로 본다.
③제1항 본문의 경우에는 주식교환계약서에 완전모회사가 되는 회사에 관하여는 제360조의3제1항의 규정에 의한 주주총회의 승인을 얻지 아니하고 주식교환을 할 수 있는 뜻을 기재하여야 하며, 동조제3항제1호의 사항은 이를 기재하지 못한다.
④완전모회사가 되는 회사는 주식교환계약서를 작성한 날부터 2주내에 완전자회사가 되는 회사의 상호와 본점, 주식교환을 할 날 및 제360조의3제1항의 승인을 얻지 아니하고 주식교환을 한다는 뜻을 공고하거나 주주에게 통지하여야 한다.
⑤완전모회사가 되는 회사의 발행주식총수의 100분의 20이상에 해당하는 주식을 가지는 주주가 제1항 본문의 규정에 의한 주식교환에 반대하는 의사를 통지한 때에는 이 조에 의한 주식교환을 할 수 없다.
⑥제1항 본문의 경우에 완전모회사가 되는 회사에 관하여 제360조의4제1항의 규정을 적용함에 있어서는 동조동항 각호외의 부분중 "제360조의3제1항의 주주총회의 회일의 2주전" 및 동조동항제3호중 "제360조의3제1항의 주주총회의 회일"은 각각 "이 조제4항의 규정에 의한 공고 또는 통지의 날"로 한다.
⑦제1항 본문의 경우에는 제360조의5의 규정은 이를 적용하지 아니한다.
(본조신설 2001 · 7 · 24)

제360조의11 (단주처리등에 관한 규정의 준용) ①제443조의 규정은 회사의 주식교환의 경우에 이를 준용한다.
②제339조 및 제340조제3항의 규정은 주식교환의 경우에 완전자회사가 되는 회사의 주식을 목적으로 하는 질권에 이를 준용한다.
(본조신설 2001 · 7 · 24)

제360조의12 (주식교환사항을 기재한 서면의 사후공시) ①이사는 다음 각호의 사항을 기재한 서면을 주식교환의 날부터 6월간 본점에 비치하여야 한다.

1. 주식교환의 날
2. 주식교환의 날에 완전자회사가 되는 회사에 현존하는 순자산액
3. 주식교환으로 인하여 완전모회사에 이전한 완전자회사의 주식의 수
4. 그밖의 주식교환에 관한 사항

②제1항의 서면에 관하여는 제391조의3제

3항의 규정을 준용한다.
(본조신설 2001·7·24)

제360조의13 (완전모회사의 이사·감사의 임기) 주식교환에 의하여 완전모회사가 되는 회사의 이사 및 감사로서 주식교환전에 취임한 자는 주식교환계약서에 다른 정함이 있는 경우를 제외하고는 주식교환후 최초로 도래하는 결산기에 관한 정기총회가 종료하는 때에 퇴임한다.
(본조신설 2001·7·24)

제360조의14 (주식교환무효의 소) ①주식교환의 무효는 각 회사의 주주·이사·감사·감사위원회의 위원 또는 청산인에 한하여 주식교환의 날부터 6월내에 소만으로 이를 주장할 수 있다.
②제1항의 소는 완전모회사가 되는 회사의 본점소재지의 지방법원의 관할에 전속한다.
③주식교환을 무효로 하는 판결이 확정된 때에는 완전모회사가 된 회사는 주식교환을 위하여 발행한 신주 또는 제360조의6의 규정에 의하여 이전한 주식의 주주에 대하여 그가 소유하였던 완전자회사가 된 회사의 주식을 이전하여야 한다.
④제187조 내지 제189조, 제190조 본문, 제191조, 제192조, 제377조 및 제431조의 규정은 제1항의 소에, 제339조 및 제340조 제3항의 규정은 제3항의 경우에 각각 이를 준용한다.
(본조신설 2001·7·24)

제3관 주식의 포괄적 이전

제360조의15 (주식의 포괄적 이전에 의한 완전모회사의 설립) ①회사는 이 관의 규정에 의한 주식의 포괄적 이전(이하 이 관에서 "주식이전"이라 한다)에 의하여 완전모회사를 설립하고 완전자회사가 될 수 있다.
②주식이전에 의하여 완전자회사가 되는 회사의 주주가 소유하는 그 회사의 주식은 주식이전에 의하여 설립하는 완전모회사에 이전하고, 그 완전자회사가 되는 회사의 주주는 그 완전모회사가 주식이전을 위하여 발행하는 주식의 배정을 받음으로써 그 완전모회사의 주주가 된다.
(본조신설 2001·7·24)

제360조의16 (주주총회에 의한 주식이전의 승인) ①주식이전을 하고자 하는 회사는 다음 각호의 사항을 기재한 주식이전계획서를 작성하여 주주총회의 승인을 얻어야 한다.
1. 설립하는 완전모회사의 정관의 규정
2. 설립하는 완전모회사가 주식이전에 있어서 발행하는 주식의 종류와 수 및 완전자회사가 되는 회사의 주주에 대한 주식의 배정에 관한 사항
3. 설립하는 완전모회사의 자본의 액 및 자본준비금에 관한 사항
4. 완전자회사가 되는 회사의 주주에 대하여 지급할 금액을 정한 때에는 그 규정
5. 주식이전을 할 시기
6. 완전자회사가 되는 회사가 주식이전의 날까지 이익을 배당하거나 제462조의3의 규정에 의하여 금전으로 이익배당을 할 때에는 그 한도액
7. 설립하는 완전모회사의 이사와 감사 또는 감사위원회의 위원의 성명 및 주민등록번호
8. 회사가 공동으로 주식이전에 의하여 완전모회사를 설립하는 때에는 그 뜻

②제1항의 승인결의는 제434조의 규정에 의하여야 한다.
③제360조의3제4항의 규정은 제1항의 경우의 주주총회의 승인에 이를 준용한다.
(본조신설 2001·7·24)

제360조의17 (주식이전계획서등의 서류의 공시) ①이사는 제360조의16제1항의 규정에 의한 주주총회의 회일의 2주전부터 주식이전의 날이후 6월을 경과하는 날까지 다음 각호의 서류를 본점에 비치하여야 한다.
1. 제360조의16제1항의 규정에 의한 주식이전계획서
2. 완전자회사가 되는 회사의 주주에 대한 주식의 배정에 관하여 그 이유를 기재한 서면
3. 제360조의16제1항의 주주총회의 회일전 6월이내의 날에 작성한 완전자회사가 되는 회사의 최종 대차대조표 및 손익계산서

②제1항의 서류에 관하여는 제391조의3제3항의 규정을 준용한다.
(본조신설 2001·7·24)

제360조의18 (완전모회사의 자본의 한도액) 설립하는 완전모회사의 자본은 주식이전의 날에 완전자회사가 되는 회사에 현존하는 순자산액에서 그 회사의 주주에게 지급할 금액을 공제한 액을 초과하지 못한다.
(본조신설 2001·7·24)

제360조의19 (주권의 실효절차) ①주식이전에 의하여 완전자회사가 되는 회사는 제360조의16제1항의 규정에 의한 결의를 한 때에는 다음 각호의 사항을 공고하고, 주주명부에 기재된 주주와 질권자에

대하여 따로 따로 그 통지를 하여야 한다.
1. 제360조의16제1항의 규정에 의한 결의를 한 뜻
2. 1월을 초과하여 정한 기간내에 주권을 회사에 제출하여야 한다는 뜻
3. 주식이전의 날에 주권이 무효가 된다는 뜻

②제442조 및 제444조의 규정은 제360조의16제1항의 규정에 의한 결의를 한 경우에 이를 준용한다.
(본조신설 2001·7·24)

제360조의20 (주식이전에 의한 등기) 주식이전을 한 때에는 설립한 완전모회사의 본점의 소재지에서는 2주내에, 지점의 소재지에서는 3주내에 제317조제2항에서 정하는 사항을 등기하여야 한다.
(본조신설 2001·7·24)

제360조의21 (주식이전의 효력발생시기) 주식이전은 이로 인하여 설립한 완전모회사가 그 본점소재지에서 제360조의20의 규정에 의한 등기를 함으로써 그 효력이 발생한다.
(본조신설 2001·7·24)

제360조의22 (주식교환 규정의 준용) 제360조의5, 제360조의11 및 제360조의12의 규정은 주식이전의 경우에 이를 준용한다.
(본조신설 2001·7·24)

제360조의23 (주식이전무효의 소) ①주식이전의 무효는 각 회사의 주주·이사·감사·감사위원회의 위원 또는 청산인에 한하여 주식이전의 날부터 6월내에 소만으로 이를 주장할 수 있다.
②제1항의 소는 완전모회사가 되는 회사의 본점소재지의 지방법원의 관할에 전속한다.
③주식이전을 무효로 하는 판결이 확정된 때에는 완전모회사가 된 회사는 주식이전을 위하여 발행한 주식의 주주에 대하여 그가 소유하였던 완전자회사가 된 회사의 주식을 이전하여야 한다.
④제187조 내지 제193조 및 제377조의 규정은 제1항의 소에, 제339조 및 제340조제3항의 규정은 제3항의 경우에 각각 이를 준용한다.
(본조신설 2001·7·24)

제3절 회사의 기관

제1관 주주총회

제361조 (총회의 권한) 주주총회는 본법 또는 정관에 정하는 사항에 한하여 결의할 수 있다.

제362조 (소집의 결정) 총회의 소집은 본법에 다른 규정이 있는 경우외에는 이사회가 이를 결정한다.

제363조(소집의 통지, 공고) ① 주주총회를 소집할 때에는 주주총회일의 2주 전에 각 주주에게 서면으로 통지를 발송하거나 각 주주의 동의를 받아 전자문서로 통지를 발송하여야 한다. 다만, 그 통지가 주주명부상 주주의 주소에 계속 3년간 도달하지 아니한 경우에는 회사는 해당 주주에게 총회의 소집을 통지하지 아니할 수 있다.
② 제1항의 통지서에는 회의의 목적사항을 적어야 한다.
③ 회사가 무기명식 주권을 발행한 경우에는 주주총회일의 3주 전에 총회를 소집하는 뜻과 회의의 목적사항을 공고하여야 한다.
④ 제1항 및 제3항에도 불구하고 자본금 총액이 10억원 미만인 회사가 주주총회를 소집하는 경우에는 주주총회일의 10일 전에 각 주주에게 서면으로 통지를 발송하거나 각 주주의 동의를 받아 전자문서로 통지를 발송할 수 있고, 무기명식의 주권을 발행한 경우에는 주주총회일의 2주 전에 주주총회를 소집하는 뜻과 회의의 목적사항을 공고할 수 있다.
⑤ 자본금 총액이 10억원 미만인 회사는 주주 전원의 동의가 있을 경우에는 소집절차 없이 주주총회를 개최할 수 있고, 서면에 의한 결의로써 주주총회의 결의를 갈음할 수 있다. 결의의 목적사항에 대하여 주주 전원이 서면으로 동의를 한 때에는 서면에 의한 결의가 있는 것으로 본다.
⑥ 제5항의 서면에 의한 결의는 주주총회의 결의와 같은 효력이 있다.
⑦ 서면에 의한 결의에 대하여는 주주총회에 관한 규정을 준용한다.
⑧ 제1항부터 제5항까지의 규정은 의결권 없는 주주에게는 적용하지 아니한다.
(전문개정 2009·5·28)

제363조의2 (주주제안권) ①의결권없는 주식을 제외한 발행주식총수의 100분의 3 이상에 해당하는 주식을 가진 주주는 이사에게 주주총회일(정기주주총회의 경우 직전 연도의 정기주주총회일에 해당하는 그 해의 해당일. 이하 이 조에서 같다)의 6주 전에 서면 또는 전자문서로 일정한 사항을 주주총회의 목적사항으로 할 것을 제안(이하 '주주제안'이라 한다)할 수 있다.(개정 2009·1·30)
②제1항의 주주는 이사에게 주주총회일의 6주 전에 서면 또는 전자문서로 회의의 목적으로 할 사항에 추가하여 당해 주주가 제

출하는 의안의 요령을 제363조에서 정하는 통지와 공고에 기재할 것을 청구할 수 있다.(개정 2009·1·30)
③이사는 제1항에 의한 주주제안이 있는 경우에는 이를 이사회에 보고하고, 이사회는 주주제안의 내용이 법령 또는 정관을 위반하는 경우와 그 밖에 대통령령으로 정하는 경우를 제외하고는 이를 주주총회의 목적사항으로 하여야 한다. 이 경우 주주제안을 한 자의 청구가 있는 때에는 주주총회에서 당해 의안을 설명할 기회를 주어야 한다.(개정 2009·1·30)

제364조 (소집지) 총회는 정관에 다른 정함이 없으면 본점소재지 또는 이에 인접한 지에 소집하여야 한다.

제365조 (총회의 소집) ①정기총회는 매년 1회 일정한 시기에 이를 소집하여야 한다.
②년 2회이상의 결산기를 정한 회사는 매기에 총회를 소집하여야 한다.
③임시총회는 필요있는 경우에 수시 이를 소집한다.

제366조 (소수주주에 의한 소집청구) ①발행주식총수의 100분의 3 이상에 해당하는 주식을 가진 주주는 회의의 목적사항과 소집의 이유를 적은 서면 또는 전자문서를 이사회에 제출하여 임시총회의 소집을 청구할 수 있다.(개정 2009·5·28)
②제1항의 청구가 있은 후 지체없이 총회소집의 절차를 밟지 아니한 때에는 청구한 주주는 법원의 허가를 얻어 총회를 소집할 수 있다.(개정 1998·12·28)
③제1항 및 제2항의 규정에 의한 총회는 회사의 업무와 재산상태를 조사하게 하기 위하여 검사인을 선임할 수 있다.(개정 1998·12·28)

제366조의2 (총회의 질서유지) ①총회의 의장은 정관에서 정함이 없는 때에는 총회에서 선임한다.
②총회의 의장은 총회의 질서를 유지하고 의사를 정리한다.
③총회의 의장은 고의로 의사진행을 방해하기 위한 발언·행동을 하는 등 현저히 질서를 문란하게 하는 자에 대하여 그 발언의 정지 또는 퇴장을 명할 수 있다.
(본조신설 1999·12·31)

제367조 (검사인의 선임) 총회는 이사가 제출한 서류와 감사의 보고서를 조사하게 하기 위하여 검사인을 선임할 수 있다.

제368조 (총회의 결의방법과 의결권의 행사) ①총회의 결의는 이 법 또는 정관에 다른 정함이 있는 경우를 제외하고는 출석한 주주의 의결권의 과반수와 발행주식총수의 4분의 1이상의 수로써 하여야 한다.(개정 1995·12·29)
②무기명식의 주권을 가진 자는 회일의 1주간전에 그 주권을 회사에 공탁하여야 한다.
③주주는 대리인으로 하여금 그 의결권을 행사하게 할 수 있다. 이 경우에는 그 대리인은 대리권을 증명하는 서면을 총회에 제출하여야 한다.
④총회의 결의에 관하여 특별한 이해관계가 있는 자는 의결권을 행사하지 못한다.

제368조의2 (의결권의 불통일행사) ①주주가 2이상의 의결권을 가지고 있는 때에는 이를 통일하지 아니하고 행사할 수 있다. 이 경우 주주총회일의 3일전에 회사에 대하여 서면 또는 전자문서로 그 뜻과 이유를 통지하여야 한다.(개정 2009·5·28)
②주주가 주식의 신탁을 인수하였거나 기타 타인을 위하여 주식을 가지고 있는 경우외에는 회사는 주주의 의결권의 불통일행사를 거부할 수 있다.
(본조신설 1984·4·10)

제368조의3 (서면에 의한 의결권의 행사) ①주주는 정관이 정한 바에 따라 총회에 출석하지 아니하고 서면에 의하여 의결권을 행사할 수 있다.
②회사는 총회의 소집통지서에 주주가 제1항의 규정에 의한 의결권을 행사하는데 필요한 서면과 참고자료를 첨부하여야 한다.
(본조신설 1999·12·31)

제368조의4(전자적 방법에 의한 의결권의 행사) ① 회사는 이사회의 결의로 주주가 총회에 출석하지 아니하고 전자적 방법으로 의결권을 행사할 수 있음을 정할 수 있다.
② 회사는 제363조에 따라 소집통지나 공고를 할 때에는 주주가 제1항에 따른 방법으로 의결권을 행사할 수 있다는 내용을 통지하거나 공고하여야 한다.
③ 회사가 제1항에 따라 전자적 방법에 의한 의결권행사를 정한 경우에 주주는 주주 확인절차 등 대통령령으로 정하는 바에 따라 의결권을 행사하여야 한다. 이 경우 회사는 의결권행사에 필요한 양식과 참고자료를 주주에게 전자적 방법으로 제공하여야 한다.
④ 동일한 주식에 관하여 제1항 또는 제368조의3제1항에 따라 의결권을 행사하는 경우 전자적 방법 또는 서면 중 어느 하나의 방법을 선택하여야 한다.
⑤ 회사는 의결권행사에 관한 전자적 기록을 총회가 끝난 날부터 3개월간 본점에

갖추어 두어 열람하게 하고 총회가 끝난 날부터 5년간 보존하여야 한다.
⑥ 주주 확인절차 등 전자적 방법에 의한 의결권행사의 절차와 그 밖에 필요한 사항은 대통령령으로 정한다.
(본조신설 2009 · 5 · 28)

제369조 (의결권) ①의결권은 1주마다 1개로 한다.
②회사가 가진 자기 주식은 의결권이 없다.
③회사, 모회사 및 자회사 또는 자회사가 다른 회사의 발행주식의 총수의 10분의 1을 초과하는 주식을 가지고 있는 경우 그 다른 회사가 가지고 있는 회사 또는 모회사의 주식은 의결권이 없다.(신설 1984 · 4 · 10)

제370조 (의결권없는 주식) ①회사가 수종의 주식을 발행하는 경우에는 정관으로 이익배당에 관한 우선적 내용이 있는 종류의 주식에 대하여 주주에게 의결권없는 것으로 할 수 있다. 그러나 그 주주는 정관에 정한 우선적 배당을 받지 아니한다는 결의가 있는 총회의 다음 총회부터 그 우선적 배당을 받는다는 결의가 있는 총회의 종료시까지에는 의결권이 있다.
②전항의 의결권없는 주식의 총수는 발행주식의 총수의 4분의 1을 초과하지 못한다.

제371조 (정족수, 의결권수의 계산) ①총회의 결의에 관하여는 의결권없는 주주가 가진 주식의 수는 발행주식의 총수에 산입하지 아니한다.
②총회의 결의에 관하여는 제368조제4항의 규정에 의하여 행사할 수 없는 의결권의 수는 출석한 주주의 의결권의 수에 산입하지 아니한다.

제372조 (총회의 연기, 속행의 결의) ①총회에서는 회의의 속행 또는 연기의 결의를 할 수 있다.
②전항의 경우에는 제363조의 규정을 적용하지 아니한다.

제373조 (총회의 의사록) ①총회의 의사에는 의사록을 작성하여야 한다.
②의사록에는 의사의 경과요령과 그 결과를 기재하고 의장과 출석한 이사가 기명날인 또는 서명하여야 한다.(개정 1995 · 12 · 29)

제374조 (영업양도, 양수, 임대등) ①회사가 다음의 행위를 함에는 제434조에 정하는 결의가 있어야 한다.(개정 2001 · 7 · 24)
1. 영업의 전부 또는 중요한 일부의 양도
2. 영업전부의 임대 또는 경영위임, 타인과 영업의 손익전부를 같이하는 계약 기타 이에 준할 계약의 체결, 변경 또는 해약
3. 다른 회사의 영업전부의 양수
4. 회사의 영업에 중대한 영향을 미치는 다른 회사의 영업 일부의 양수

②제1항의 행위에 관한 주주총회의 소집의 통지 또는 공고를 하는 때에는 제374조의2제1항 및 제2항의 규정에 의한 주식매수청구권의 내용 및 행사방법을 명시하여야 한다.(신설 1995 · 12 · 29)

제374조의2 (반대주주의 주식매수청구권) ①제374조의 규정에 의한 결의사항에 반대하는 주주는 주주총회전에 회사에 대하여 서면으로 그 결의에 반대하는 의사를 통지한 경우에는 그 총회의 결의일부터 20일내에 주식의 종류와 수를 기재한 서면으로 회사에 대하여 자기가 소유하고 있는 주식의 매수를 청구할 수 있다.
②회사는 제1항의 청구를 받은 날부터 2월이내에 그 주식을 매수하여야 한다.
③제2항의 규정에 의한 주식의 매수가액은 주주와 회사간의 협의에 의하여 결정한다.(개정 2001 · 7 · 24)
④제1항의 청구를 받은 날부터 30일이내에 제3항의 규정에 의한 협의가 이루어지지 아니한 경우에는 회사 또는 주식의 매수를 청구한 주주는 법원에 대하여 매수가액의 결정을 청구할 수 있다.(개정 2001 · 7 · 24)
⑤법원이 제4항의 규정에 의하여 주식의 매수가액을 결정하는 경우에는 회사의 재산상태 그밖의 사정을 참작하여 공정한 가액으로 이를 산정하여야 한다.(신설 2001 · 7 · 24)
(본조신설 1995 · 12 · 29)

제375조 (사후설립) 제374조의 규정은 회사가 그 성립후 2년내에 그 성립전부터 존재하는 재산으로서 영업을 위하여 계속하여 사용하여야 할 것을 자본의 100분의 5이상에 해당하는 대가로 취득하는 계약을 하는 경우에 이를 준용한다.(개정 1998 · 12 · 28)

제376조 (결의취소의 소) ①총회의 소집절차 또는 결의방법이 법령 또는 정관에 위반하거나 현저하게 불공정한 때 또는 그 결의의 내용이 정관에 위반한 때에는 주주 · 이사 또는 감사는 결의의 날로부터 2월내에 결의취소의 소를 제기할 수 있다.(개정 1984 · 4 · 10, 1995 · 12 · 29)
②제186조 내지 제188조, 제190조 본문과 제191조의 규정은 제1항의 소에 준용한다.(개정 1995 · 12 · 29)

제377조 (제소주주의 담보제공의무) ①주주가 결의취소의 소를 제기한 때에는 법원은 회사의 청구에 의하여 상당한 담보를 제공할 것을 명할 수 있다. 그러나 그 주주가 이사 또는 감사인 때에는 그러하지 아

니하다.(개정 1984 · 4 · 10)
②제176조제 4 항의 규정은 제 1 항의 청구에 준용한다.

제378조 (결의취소의 등기) 결의한 사항이 등기된 경우에 결의취소의 판결이 확정된 때에는 본점과 지점의 소재지에서 등기하여야 한다.

제379조 (법원의 재량에 의한 청구기각) 결의취소의 소가 제기된 경우에 결의의 내용, 회사의 현황과 제반사정을 참작하여 그 취소가 부적당하다고 인정한 때에는 법원은그 청구를 기각할 수 있다.

제380조 (결의무효 및 부존재확인의 소) 제186조 내지 제188조, 제190조 본문, 제191조, 제377조와 제378조의 규정은 총회의 결의의 내용이 법령에 위반한 것을 이유로 하여 결의무효의 확인을 청구하는 소와 총회의 소집절차 또는 결의방법에 총회결의가 존재한다고 볼 수 없을 정도의 중대한 하자가 있는 것을 이유로 하여 결의부존재의 확인을 청구하는 소에 이를 준용한다.(개정 1984 · 4 · 10, 1995 · 12 · 29)

제381조 (부당결의의 취소, 변경의 소) ①주주가 제368조제 4 항의 규정에 의하여 의결권을 행사할 수 없었던 경우에 결의가 현저하게 부당하고 그 주주가 의결권을 행사하였더라면 이를 저지할 수 있었을 때에는 그 주주는 그 결의의 날로부터 2월내에 결의의 취소의 소 또는 변경의 소를 제기할 수 있다.
②제186조 내지 제188조, 제190조 본문, 제191조, 제377조와 제378조의 규정은 제 1 항의 소에 준용한다.(개정 1998 · 12 · 28)

제 2 관 이사와 이사회

제382조(이사의 선임, 회사와의 관계 및 사외이사) ① 이사는 주주총회에서 선임한다.
② 회사와 이사의 관계는 「민법」의 위임에 관한 규정을 준용한다.
③ 사외이사(사외이사)는 해당 회사의 상무(상무)에 종사하지 아니하는 이사로서 다음 각 호의 어느 하나에 해당하지 아니하는 자를 말한다. 사외이사가 다음 각 호의 어느 하나에 해당하는 경우에는 그 직을 상실한다.

1. 회사의 상무에 종사하는 이사 및 피용자 또는 최근 2년 이내에 회사의 상무에 종사한 이사 · 감사 및 피용자
2. 최대주주가 자연인인 경우 본인과 그 배우자 및 직계 존속 · 비속
3. 최대주주가 법인인 경우 그 법인의 이사 · 감사 및 피용자
4. 이사 · 감사의 배우자 및 직계 존속 · 비속
5. 회사의 모회사 또는 자회사의 이사 · 감사 및 피용자
6. 회사와 거래관계 등 중요한 이해관계에 있는 법인의 이사 · 감사 및 피용자
7. 회사의 이사 및 피용자가 이사로 있는 다른 회사의 이사 · 감사 및 피용자

(전문개정 2009 · 1 · 30)

제382조의2 (집중투표) ①2인이상의 이사의 선임을 목적으로 하는 총회의 소집이 있는 때에는 의결권없는 주식을 제외한 발행주식총수의 100분의 3이상에 해당하는 주식을 가진 주주는 정관에서 달리 정하는 경우를 제외하고는 회사에 대하여 집중투표의 방법으로 이사를 선임할 것을 청구할 수 있다.
②제 1 항의 청구는 회일의 주주총회일의 7일 전까지 서면 또는 전자문서로 하여야 한다.(개정 2009 · 5 · 28)
③제 1 항의 청구가 있는 경우에 이사의 선임결의에 관하여 각 주주는 1주마다 선임할 이사의 수와 동일한 수의 의결권을 가지며, 그 의결권은 이사 후보자 1인 또는 수인에게 집중하여 투표하는 방법으로 행사할 수 있다.
④제 3 항의 규정에 의한 투표의 방법으로 이사를 선임하는 경우에는 투표의 최다수를 얻은 자부터 순차적으로 이사에 선임되는 것으로 한다.
⑤제 1 항의 청구가 있는 경우에는 의장은 의결에 앞서 그러한 청구가 있다는 취지를 알려야 한다.
⑥제 2 항의 서면은 총회가 종결될 때까지 이를 본점에 비치하고 주주로 하여금 영업시간내에 열람할 수 있게 하여야 한다.
(본조신설 1998 · 12 · 28)

제382조의3 (이사의 충실의무) 이사는 법령과 정관의 규정에 따라 회사를 위하여 그 직무를 충실하게 수행하여야 한다.
(본조신설 1998 · 12 · 28)

제382조의4 (이사의 비밀유지의무) 이사는 재임중 뿐만 아니라 퇴임후에도 직무상 알게된 회사의 영업상 비밀을 누설하여서는 아니된다.
(본조신설 2001 · 7 · 24)

제383조 (원수, 임기) ① 이사는 3명 이상이어야 한다. 다만, 자본금 총액이 10억원 미만인 회사는 1명 또는 2명으로 할 수 있다.(개정 2009 · 5 · 28)
② 이사의 임기는 3년을 초과하지 못한다.

(개정 1984 · 4 · 10)
③ 제 2 항의 임기는 정관으로 그 임기중의 최종의 결산기에 관한 정기주주총회의 종결에 이르기까지 연장할 수 있다.(개정 1984 · 4 · 10)
④ 제 1 항 단서의 경우에는 제302조제 2 항제 5 호의2, 제317조제 2 항제 3 호의2, 제335조제 1 항 단서 및 제 2 항, 제335조의2제 1 항 · 제 3 항, 제335조의3제 1 항 · 제 2항, 제335조의7제 1 항, 제340조의3제 1 항제 5 호, 제356조제 6 호의2, 제397조제 1 항 · 제 2 항, 제398조, 제416조 본문, 제461조제 1 항 본문 및 제 3 항, 제462조의3제 1 항, 제464조의2제 1 항, 제469조, 제513조제 2 항 본문 및 제516조의2제 2 항 본문(준용되는 경우를 포함한다) 중 "이사회"는 각각 "주주총회"로 보며, 제360조의5제 1 항 및 제522조의3제 1 항 중 "이사회의 결의가 있는 때"는 "제363조제 1 항에 따른 주주총회의 소집통지가 있는 때"로 본다.(개정 2009 · 5 · 28)
⑤ 제 1 항 단서의 경우에는 제390조, 제391조, 제391조의2, 제391조의3, 제392조, 제393조제 2 항부터 제 4 항까지, 제399조제 2 항, 제526조제 3 항, 제527조제 4 항, 제527조의2, 제527조의3제 1 항 및 제527조의5제 2 항은 적용하지 아니한다.(개정 2009 · 5 · 28)
⑥ 제 1 항 단서의 경우에는 각 이사(정관에 따라 대표이사를 정한 경우에는 그 대표이사를 말한다)가 회사를 대표하며 제362조, 제363조의2제 3 항, 제366조제 1 항, 제368조의4제 1 항, 제393조제 1 항 및 제412조의3제 1 항에 따른 이사회의 기능을 담당한다.(개정 2009 · 5 · 28)

제384조 삭제(1995 · 12 · 29)

제385조 (해임) ①이사는 언제든지 제434조의 규정에 의한 주주총회의 결의로 이를 해임할 수 있다. 그러나 이사의 임기를 정한 경우에 정당한 이유없이 그 임기만료전에 이를 해임한 때에는 그 이사는 회사에 대하여 해임으로 인한 손해의 배상을 청구할 수 있다.
②이사가 그 직무에 관하여 부정행위 또는 법령이나 정관에 위반한 중대한 사실이 있음에도 불구하고 주주총회에서 그 해임을 부결한 때에는 발행주식의 총수의 100분의 3이상에 해당하는 주식을 가진 주주는 총회의 결의가 있은 날부터 1월내에 그 이사의 해임을 법원에 청구할 수 있다.(개정 1998 · 12 · 28)
③제186조의 규정은 전항의 경우에 준용한다.

제386조 (결원의 경우) ①법률 또는 정관에 정한 이사의 원수를 결한 경우에는 임기의 만료 또는 사임으로 인하여 퇴임한 이사는 새로 선임된 이사가 취임할 때까지 이사의 권리의무가 있다.
②제 1 항의 경우에 필요하다고 인정할 때에는 법원은 이사, 감사 기타의 이해관계인의 청구에 의하여 일시 이사의 직무를 행할 자를 선임 할 수 있다. 이 경우에는 본점의 소재지에서 그 등기를 하여야 한다.(개정 1995 · 12 · 29)

제387조 (자격주) 정관으로 이사가 가질 주식의 수를 정한 경우에 다른 규정이 없는 때에는 이사는 그 수의 주권을 감사에게 공탁하여야 한다.

제388조 (이사의 보수) 이사의 보수는 정관에 그 액을 정하지 아니한 때에는 주주총회의 결의로 이를 정한다.

제389조 (대표이사) ①회사는 이사회의 결의로 회사를 대표할 이사를 선정하여야 한다. 그러나 정관으로 주주총회에서 이를 선정할 것을 정할 수 있다.
②전항의 경우에는 수인의 대표이사가 공동으로 회사를 대표할 것을 정할 수 있다.
③제208조제 2 항, 제209조, 제210조와 제386조의 규정은 대표이사에 준용한다.(개정 1962 · 12 · 12)

제390조 (이사회의 소집) ①이사회는 각 이사가 소집한다. 그러나 이사회의 결의로 소집할 이사를 정한 때에는 그러하지 아니하다.
②제 1 항 단서의 규정에 의하여 소집권자로 지정되지 않은 다른 이사는 소집권자인 이사에게 이사회 소집을 요구할 수 있다. 소집권자인 이사가 정당한 이유없이 이사회 소집을 거절하는 경우에는 다른 이사가 이사회를 소집할 수 있다.(신설 2001 · 7 · 24)
③이사회를 소집함에는 회일을 정하고 그 1주간전에 각 이사 및 감사에 대하여 통지를 발송하여야 한다. 그러나 그 기간은 정관으로 단축할 수 있다.(개정 1984 · 4 · 10)
④이사회는 이사 및 감사전원의 동의가 있는 때에는 제 3 항의 절차없이 언제든지 회의할 수 있다.(개정 1984 · 4 · 10, 2001 · 7 · 24)

제391조 (이사회의 결의방법) ①이사회의 결의는 이사과반수의 출석과 출석이사의 과반수로 하여야 한다. 그러나 정관으로 그 비율을 높게 정할 수 있다.
②정관에서 달리 정하는 경우를 제외하고 이사회는 이사의 전부 또는 일부가 직접 회의에 출석하지 아니하고 모든 이사가 동영

상 및 음성을 동시에 송·수신하는 통신수단에 의하여 결의에 참가하는 것을 허용할 수 있다. 이 경우 당해 이사는 이사회에 직접 출석한 것으로 본다.(신설 1999·12·31)
③제368조제4항 및 제371조제2항의 규정은 제1항의 경우에 이를 준용한다.
(전문개정 1984·4·10)

제391조의2 (감사의 이사회출석·의견진술권) ①감사는 이사회에 출석하여 의견을 진술할 수 있다.
②감사는 이사가 법령 또는 정관에 위반한 행위를 하거나 그 행위를 할 염려가 있다고 인정한 때에는 이사회에 이를 보고하여야 한다.
(본조신설 1984·4·10)

제391조의3 (이사회의 의사록) ①이사회의 의사에 관하여는 의사록을 작성하여야 한다.
②의사록에는 의사의 안건, 경과요령, 그 결과, 반대하는 자와 그 반대이유를 기재하고 출석한 이사 및 감사가 기명날인 또는 서명하여야 한다.(개정 1995·12·29, 1999·12·31)
③주주는 영업시간내에 이사회의사록의 열람 또는 등사를 청구할 수 있다.(신설 1999·12·31)
④회사는 제3항의 청구에 대하여 이유를 붙여 이를 거절할 수 있다. 이 경우 주주는 법원의 허가를 얻어 이사회의사록을 열람 또는 등사할 수 있다.(신설 1999·12·31)
(본조신설 1984·4·10)

제392조 (이사회의 연기·속행) 제372조의 규정은 이사회에 관하여 이를 준용한다.
(전문개정 1984·4·10)

제393조 (이사회의 권한) ①중요한 자산의 처분 및 양도, 대규모 재산의 차입, 지배인의 선임 또는 해임과 지점의 설치·이전 또는 폐지 등 회사의 업무집행은 이사회의 결의로 한다.(개정 2001·7·24)
②이사회는 이사의 직무의 집행을 감독한다.
③이사는 대표이사로 하여금 다른 이사 또는 피용자의 업무에 관하여 이사회에 보고할 것을 요구할 수 있다.(신설 2001·7·24)
④이사는 3월에 1회이상 업무의 집행상황을 이사회에 보고하여야 한다.(신설 2001·7·24)
(전문개정 1984·4·10)

제393조의2 (이사회내 위원회) ①이사회는 정관이 정한 바에 따라 위원회를 설치할 수 있다.
②이사회는 다음 각호의 사항을 제외하고는 그 권한을 위원회에 위임할 수 있다.
1. 주주총회의 승인을 요하는 사항의 제안
2. 대표이사의 선임 및 해임
3. 위원회의 설치와 그 위원의 선임 및 해임
4. 정관에서 정하는 사항
③위원회는 2인이상의 이사로 구성한다.
④위원회는 결의된 사항을 각 이사에게 통지하여야 한다. 이 경우 이를 통지받은 각 이사는 이사회의 소집을 요구할 수 있으며, 이사회는 위원회가 결의한 사항에 대하여 다시 결의할 수 있다.
⑤제386조제1항·제390조·제391조·제391조의3 및 제392조의 규정은 위원회에 관하여 이를 준용한다.
(본조신설 1999·12·31)

제394조 (이사와 회사간의 소에 관한 대표) ①회사가 이사에 대하여 또는 이사가 회사에 대하여 소를 제기하는 경우에 감사는 그 소에 관하여 회사를 대표한다. 회사가 제403조제1항의 청구를 받음에 있어서도 같다.
②제415조의2의 규정에 의한 감사위원회의 위원이 소의 당사자인 경우에는 감사위원회 또는 이사는 법원에 회사를 대표할 자를 선임하여 줄 것을 신청하여야 한다.(신설 1999·12·31)
(전문개정 1984·4·10)

제395조 (표현대표이사의 행위와 회사의 책임) 사장, 부사장, 전무, 상무 기타 회사를 대표할 권한이 있는 것으로 인정될 만한 명칭을 사용한 이사의 행위에 대하여는 그 이사가 회사를 대표할 권한이 없는 경우에도 회사는 선의의 제삼자에 대하여 그 책임을 진다.

제396조 (정관등의 비치, 공시의무) ①이사는 회사의 정관, 주주총회의 의사록을 본점과 지점에, 주주명부, 사채원부를 본점에 비치하여야 한다. 이 경우 명의개서대리인을 둔 때에는 주주명부나 사채원부 또는 그 복본을 명의개서대리인의 영업소에 비치할 수 있다.(개정 1984·4·10, 1999·12·31)
②주주와 회사채권자는 영업시간내에 언제든지 제1항의 서류의 열람 또는 등사를 청구할 수 있다.

제397조 (경업금지) ①이사는 이사회의 승인이 없으면 자기 또는 제삼자의 계산으로 회사의 영업부류에 속한 거래를 하거나 동종영업을 목적으로 하는 다른 회사의 무한책임사원이나 이사가 되지 못한다.(개정 1995·12·29)
②이사가 제1항의 규정에 위반하여 거래

를 한 경우에 회사는 이사회의 결의로 그 이사의 거래가 자기의 계산으로 한 것인 때에는 이를 회사의 계산으로 한 것으로 볼 수 있고 제삼자의 계산으로 한 것인 때에는 그 이사에 대하여 이로 인한 이득의 양도를 청구할 수 있다.(개정 1962·12·12, 1995·12·29)
③제2항의 권리는 거래가 있은 날로부터 1년을 경과하면 소멸한다.(개정 1995·12·29)

제398조 (이사와 회사간의 거래) 이사는 이사회의 승인이 있는 때에 한하여 자기 또는 제삼자의 계산으로 회사와 거래를 할 수 있다. 이 경우에는 민법 제124조의 규정을 적용하지 아니한다.

제399조 (회사에 대한 책임) ①이사가 법령 또는 정관에 위반한 행위를 하거나 그 임무를 해태한 때에는 그 이사는 회사에 대하여 연대하여 손해를 배상할 책임이 있다.
②전항의 행위가 이사회의 결의에 의한 것인 때에는 그 결의에 찬성한 이사도 전항의 책임이 있다.
③전항의 결의에 참가한 이사로서 이의를 한 기재가 의사록에 없는 자는 그 결의에 찬성한 것으로 추정한다.

제400조 (회사에 대한 책임의 면제) 전조의 규정에 의한 이사의 책임은 총주주의 동의로 면제할 수 있다.

제401조 (제삼자에 대한 책임) ①이사가 악의 또는 중대한 과실로 인하여 그 임무를 해태한 때에는 그 이사는 제삼자에 대하여 연대하여 손해를 배상할 책임이 있다.
②제399조제2항, 제3항의 규정은 전항의 경우에 준용한다.

제401조의2 (업무집행지시자등의 책임) ①다음 각호의 1에 해당하는 자는 그 지시하거나 집행한 업무에 관하여 제399조·제401조 및 제403조의 적용에 있어서 이를 이사로 본다.
1. 회사에 대한 자신의 영향력을 이용하여 이사에게 업무집행을 지시한 자
2. 이사의 이름으로 직접 업무를 집행한 자
3. 이사가 아니면서 명예회장·회장·사장·부사장·전무·상무·이사 기타 회사의 업무를 집행할 권한이 있는 것으로 인정될 만한 명칭을 사용하여 회사의 업무를 집행한 자

②제1항의 경우에 회사 또는 제3자에 대하여 손해를 배상할 책임이 있는 이사는 제1항에 규정된 자와 연대하여 그 책임을 진다.
(본조신설 1998·12·28)

제402조 (유지청구권) 이사가 법령 또는 정관에 위반한 행위를 하여 이로 인하여회사에 회복할 수 없는 손해가 생길 염려가 있는 경우에는 감사 또는 발행주식의 총수의 100분의 1이상에 해당하는 주식을 가진 주주는 회사를 위하여 이사에 대하여 그 행위를 유지할 것을 청구할 수 있다.(개정 1984·4·10, 1998·12·28)

제403조 (주주의 대표소송) ①발행주식의 총수의 100분의 1이상에 해당하는 주식을 가진 주주는 회사에 대하여 이사의 책임을 추궁할 소의 제기를 청구할 수 있다.(개정 1998·12·28)
②제1항의 청구는 그 이유를 기재한 서면으로 하여야 한다.(개정 1998·12·28)
③회사가 전항의 청구를 받은 날로부터 30일내에 소를 제기하지 아니한 때에는 제1항의 주주는 즉시 회사를 위하여 소를 제기할 수 있다.
④제3항의 기간의 경과로 인하여 회사에 회복할 수 없는 손해가 생길 염려가 있는 경우에는 전항의 규정에 불구하고 제1항의 주주는 즉시 소를 제기할 수 있다.(개정 1998·12·28)
⑤제3항과 제4항의 소를 제기한 주주의 보유주식이 제소후 발행주식총수의 100분의 1미만으로 감소한 경우(발행주식을 보유하지 아니하게 된 경우를 제외한다)에도 제소의 효력에는 영향이 없다.(개정 1998·12·28)
⑥제3항과 제4항의 소를 제기한 경우 당사자는 법원의 허가를 얻지 아니하고는 소의 취하, 청구의 포기·인낙, 화해를 할 수 없다.(개정 1998·12·28)
⑦제176조제3항, 제4항과 제186조의 규정은 본조의 소에 준용한다.

제404조 (대표소송과 소송참가, 소송고지) ①회사는 전조 제3항과 제4항의 소송에 참가할 수 있다.
②전조 제3항과 제4항의 소를 제기한 주주는 소를 제기한 후 지체없이 회사에대하여 그 소송의 고지를 하여야 한다.

제405조 (제소주주의 권리의무) ①제403조제3항과 제4항의 규정에 의하여 소를 제기한 주주가 승소한 때에는 그 주주는 회사에 대하여 소송비용 및 그밖에 소송으로 인하여 지출한 비용중 상당한 금액의 지급을 청구할 수 있다. 이 경우 소송비용을 지급한 회사는 이사 또는 감사에 대하여 구상권이 있다.(개정 1962·12·12, 2001·7·24)

②제403조제3항과 제4항의 규정에 의하여 소를 제기한 주주가 패소한 때에는 악의인 경우외에는 회사에 대하여 손해를 배상할 책임이 없다.

제406조 (대표소송과 재심의 소) ①제403조의 소가 제기된 경우에 원고와 피고의 공모로 인하여 소송의 목적인 회사의 권리를 사해할 목적으로써 판결을 하게 한 때에는 회사 또는 주주는 확정한 종국판결에 대하여 재심의 소를 제기할 수 있다.
②전조의 규정은 전항의 소에 준용한다.

제407조 (직무집행정지, 직무대행자선임) ①이사선임결의의 무효나 취소 또는 이사해임의 소가 제기된 경우에는 법원은 당사자의 신청에 의하여 가처분으로써 이사의 직무집행을 정지할 수 있고 또는 직무대행자를 선임할 수 있다. 급박한 사정이 있는 때에는 본안소송의 제기전에도 그 처분을 할 수 있다.
②법원은 당사자의 신청에 의하여 전항의 가처분을 변경 또는 취소할 수 있다.
③전2항의 처분이 있는 때에는 본점과 지점의 소재지에서 그 등기를 하여야 한다.

제408조 (직무대행자의 권한) ①전조의 직무대행자는 가처분명령에 다른 정함이 있는 경우외에는 회사의 상무에 속하지 아니한 행위를 하지 못한다. 그러나 법원의 허가를 얻은 경우에는 그러하지 아니하다.
②직무대행자가 전항의 규정에 위반한 행위를 한 경우에도 회사는 선의의 제삼자에 대하여 책임을 진다.

제3관 감사 및 감사위원회

제409조 (선임) ①감사는 주주총회에서 선임한다.
②의결권없는 주식을 제외한 발행주식의 총수의 100분의 3을 초과하는 수의 주식을 가진 주주는 그 초과하는 주식에 관하여 제1항의 감사의 선임에 있어서는 의결권을 행사하지 못한다.(개정 1984·4·10)
③회사는 정관으로 제2항의 비율보다 낮은 비율을 정할 수 있다.(신설 1984·4·10)
④ 제1항, 제296조제1항 및 제312조에도 불구하고 자본금의 총액이 10억원 미만인 회사의 경우에는 감사를 선임하지 아니할 수 있다.(신설 2009·5·28)
⑤ 제4항에 따라 감사를 선임하지 아니한 회사가 이사에 대하여 또는 이사가 그 회사에 대하여 소를 제기하는 경우에 회사, 이사 또는 이해관계인은 법원에 회사를 대표할 자를 선임하여 줄 것을 신청하여야 한다.(신설 2009·5·28)
⑥ 제4항에 따라 감사를 선임하지 아니한 경우에는 제412조, 제412조의2 및 제412조의4제1항·제2항 중 "감사"는 각각 "주주총회"로 본다.(신설 2009·5·28)

제409조의2 (감사의 해임에 관한 의견진술의 권리) 감사는 주주총회에서 감사의 해임에 관하여 의견을 진술할 수 있다.
(본조신설 1995·12·29)

제410조 (임기) 감사의 임기는 취임후 3년내의 최종의 결산기에 관한 정기총회의 종결시까지로 한다.(개정 1995·12·29)
(전문개정 1984·4·10)

제411조 (겸임금지) 감사는 회사 및 자회사의 이사 또는 지배인 기타의 사용인의 직무를 겸하지 못한다.(개정 1995·12·29)

제412조 (직무와 보고요구·조사의 권한) ①감사는 이사의 직무의 집행을 감사한다.
②감사는 언제든지 이사에 대하여 영업에 관한 보고를 요구하거나 회사의 업무와 재산상태를 조사할 수 있다.
(전문개정 1984·4·10)

제412조의2 (이사의 보고의무) 이사는 회사에 현저하게 손해를 미칠 염려가 있는 사실을 발견한 때에는 즉시 감사에게 이를 보고하여야 한다.
(본조신설 1995·12·29)

제412조의3 (총회의 소집청구) ①감사는 회의의 목적사항과 소집의 이유를 기재한 서면을 이사회에 제출하여 임시총회의 소집을 청구할 수 있다.
②제366조제2항의 규정은 감사가 총회를 소집하는 경우에 이를 준용한다.
(본조신설 1995·12·29)

제412조의4 (자회사의 조사권) ①모회사의 감사는 그 직무를 수행하기 위하여 필요한 때에는 자회사에 대하여 영업의 보고를 요구할 수 있다.
②모회사의 감사는 제1항의 경우에 자회사가 지체없이 보고를 하지 아니할 때 또는 그 보고의 내용을 확인할 필요가 있는 때에는 자회사의 업무와 재산상태를 조사할 수 있다.
③자회사는 정당한 이유가 없는 한 제1항의 규정에 의한 보고 또는 제2항의 규정에 의한 조사를 거부하지 못한다.
(본조신설 1995·12·29)

제413조 (조사·보고의 의무) 감사는 이사가 주주총회에 제출할 의안 및 서류를 조사하여 법령 또는 정관에 위반하거나 현저하게 부당한 사항이 있는지의 여부에 관하여 주주총회에 그 의견을 진술하여야 한다.

(전문개정 1984 · 4 · 10)

제413조의2 (감사록의 작성) ①감사는 감사에 관하여 감사록을 작성하여야 한다.
②감사록에는 감사의 실시요령과 그 결과를 기재하고 감사를 실시한 감사가 기명날인 또는 서명하여야 한다.(개정 1995 · 12 · 29)
(본조신설 1984 · 4 · 10)

제414조 (감사의 책임) ①감사가 그 임무를 해태한 때에는 그 감사는 회사에 대하여 연대하여 손해를 배상할 책임이 있다.
②감사가 악의 또는 중대한 과실로 인하여 그 임무를 해태한 때에는 그 감사는 제삼자에 대하여 연대하여 손해를 배상할 책임이 있다.
③감사가 회사 또는 제삼자에 대하여 손해를 배상할 책임이 있는 경우에 이사도 그 책임이 있는 때에는 그 감사와 이사는 연대하여 배상할 책임이 있다.

제415조 (준용규정) 제382조제 2 항, 제382조의4, 제385조, 제386조, 제388조, 제400조, 제401조와 제403조 내지 제407조의 규정은 감사에 준용한다.(개정 1984 · 4 · 10, 2001 · 7 · 24)

제415조의2 (감사위원회) ①회사는 정관이 정한 바에 따라 감사에 갈음하여 제393조의2의 규정에 의한 위원회로서 감사위원회를 설치할 수 있다. 감사위원회를 설치한 경우에는 감사를 둘 수 없다.
② 감사위원회는 제393조의2제 3 항에도 불구하고 3명 이상의 이사로 구성한다. 다만, 사외이사가 위원의 3분의 2 이상이어야 한다.(개정 2009 · 1 · 30)
③감사위원회의 위원의 해임에 관한 이사회의 결의는 이사총수의 3분의 2이상의 결의로 하여야 한다.
④감사위원회는 그 결의로 위원회를 대표할 자를 선정하여야 한다. 이 경우 수인의 위원이 공동으로 위원회를 대표할 것을 정할 수 있다.
⑤감사위원회는 회사의 비용으로 전문가의 조력을 구할 수 있다.
⑥ 감사위원회에 대하여는 제393조의2제 4 항 후단을 적용하지 아니한다.(신설 2009 · 1 · 30)
(본조신설 1999 · 12 · 31)

제 4 절 신주의 발행

제416조 (발행사항의 결정) 회사가 그 성립후에 주식을 발행하는 경우에는 다음의 사항으로서 정관에 규정이 없는 것은 이사회가 이를 결정한다. 그러나 본법에 다른 규정이 있거나 정관으로 주주총회에서 결정하기로 정한 경우에는 그러하지 아니하다.(개정 1984 · 4 · 10)

1. 신주의 종류와 수
2. 신주의 발행가액과 납입기일
3. 신주의 인수방법
4. 현물출자를 하는 자의 성명과 그 목적인 재산의 종류, 수량, 가액과 이에 대하여 부여할 주식의 종류와 수
5. 주주가 가지는 신주인수권을 양도할 수 있는 것에 관한 사항
6. 주주의 청구가 있는 때에만 신주인수권증서를 발행한다는 것과 그 청구기간

제417조 (액면미달의 발행) ①회사가 성립한 날로부터 2년을 경과한 후에 주식을 발행하는 경우에는 회사는 제434조의 규정에 의한 주주총회의 결의와 법원의 인가를 얻어서 주식을 액면미달의 가액으로 발행할 수 있다.
②전항의 주주총회의 결의에서는 주식의 최저발행가액을 정하여야 한다.
③법원은 회사의 현황과 제반사정을 참작하여 최저발행가액을 변경하여 인가할 수 있다. 이 경우에 법원은 회사의 재산상태 기타 필요한 사항을 조사하기 위하여 검사인을 선임할 수 있다.
④제 1 항의 주식은 법원의 인가를 얻은 날로부터 1월내에 발행하여야 한다. 법원은 이 기간을 연장하여 인가할 수 있다.

제418조 (신주인수권의 내용 및 배정일의 지정 · 공고) ①주주는 그가 가진 주식수에 따라서 신주의 배정을 받을 권리가 있다.(개정 2001 · 7 · 24)
②회사는 일정한 날을 정하여 그날에 주주명부에 기재된 주주가 제 1 항의 권리를 가진다는 뜻과 신주인수권을 양도할 수 있을 경우에는 그 뜻을 그 날의 2주간전에 공고하여야 한다. 그러나 그날이 제354조제 1 항의 기간중인 때에는 그 기간의 초일의 2주간전에 이를 공고하여야 한다.(신설 1984 · 4 · 10)
②회사는 제 1 항의 규정에 불구하고 정관에 정하는 바에 따라 주주 외의 자에게 신주를 배정할 수 있다. 다만, 이 경우에는 신기술의 도입, 재무구조의 개선 등 회사의 경영상 목적을 달성하기 위하여 필요한 경우에 한한다.(신설 2001 · 7 · 24)

제419조 (신주인수권자에 대한 최고) ①회사는 신주의 인수권을 가진 자에 대하여 그 인수권을 가지는 주식의 종류 및 수와 일정한 기일까지 주식인수의 청약을 하지 아니하면 그 권리를 잃는다는 뜻을 통지하

여야 한다. 이 경우 제416조제5호 및 제6호에 규정한 사항의 정함이 있는 때에는 그 내용도 통지하여야 한다.
②회사가 무기명식의 주권을 발행한 때에는 제1항의 사항을 공고하여야 한다.
③제1항의 통지 또는 제2항의 공고는 제1항의 기일의 2주간전에 이를 하여야 한다.
④제1항의 통지 또는 제2항의 공고에도 불구하고 그 기일까지 주식인수의 청약을 하지 아니한 때에는 신주의 인수권을 가진 자는 그 권리를 잃는다.
(전문개정 1984·4·10)

제420조 (주식청약서) 이사는 주식청약서를 작성하여 다음의 사항을 기재하여야 한다.(개정 1984·4·10)

1. 제289조제1항제2호 내지 제4호에 게기한 사항
2. 제302조제2항제7호·제9호 및 제10호에 게기한 사항
3. 제416조제1호 내지 제4호에 게기한 사항
4. 제417조의 규정에 의한 주식을 발행한 때에는 그 발행조건과 제455조의 규정에 의한 미상각액
5. 주주에 대한 신주인수권의 제한에 관한 사항 또는 특정한 제3자에게 이를 부여할 것을 정한 때에는 그 사항
6. 주식발행의 결의연월일

제420조의2 (신주인수권증서의 발행) ①제416조제5호에 규정한 사항을 정한 경우에 회사는 동조제6호의 정함이 있는 때에는 그 정함에 따라, 그 정함이 없는 때에는 제419조제1항의 기일의 2주간전에 신주인수권증서를 발행하여야 한다.
②신주인수권증서에는 다음 사항과 번호를 기재하고 이사가 기명날인 또는 서명하여야 한다.(개정 1995·12·29)

1. 신주인수권증서라는 뜻의 표시
2. 제420조에 규정한 사항
3. 신주인수권의 목적인 주식의 종류와 수
4. 일정기일까지 주식의 청약을 하지 아니할 때에는 그 권리를 잃는다는 뜻

(본조신설 1984·4·10)

제420조의3 (신주인수권의 양도) ①신주인수권의 양도는 신주인수권증서의 교부에 의하여서만 이를 행한다.
②제336조제2항 및 수표법 제21조의 규정은 신주인수권증서에 관하여 이를 준용한다.
(본조신설 1984·4·10)

제420조의4 (신주인수권증서에 의한 청약) ①신주인수권증서를 발행한 경우에는 신주인수권증서에 의하여 주식의 청약을 한다. 이 경우에는 제302조제1항의 규정을 준용한다.
②신주인수권증서를 상실한 자는 주식청약서에 의하여 주식의 청약을 할 수 있다. 그러나 그 청약은 신주인수권증서에 의한 청약이 있는 때에는 그 효력을 잃는다.
(본조신설 1984·4·10)

제421조 (주식에 대한 납입) 이사는 신주의 인수인으로 하여금 그 배정한 주수에 따라 납입기일에 그 인수한 각주에 대한 인수가액의 전액을 납입시켜야 한다.

제422조 (현물출자의 검사) ①현물출자를 하는 자가 있는 경우에는 이사는 제416조제4호의 사항을 조사하게 하기 위하여 검사인의 선임을 법원에 청구하여야 한다. 이 경우 공인된 감정인의 감정으로 검사인의 조사에 갈음할 수 있다.(개정 1998·12·28)
②법원은 검사인의 조사보고서 또는 감정인 감정결과를 심사하여 제1항의 사항을 부당하다고 인정한 때에는 이를 변경하여 이사와 현물출자를 한 자에게 통고할 수 있다.(개정 1998·12·28)
③전항의 변경에 불복하는 현물출자를 한 자는 그 주식의 인수를 취소할 수 있다.
④법원의 통고가 있은 후 2주내에 주식의 인수를 취소한 현물출자를 한 자가 없는 때에는 제1항의 사항은 통고에 따라 변경된 것으로 본다.(개정 1998·12·28)

제423조 (주주가 되는 시기, 납입해태의 효과) ①신주의 인수인은 납입 또는 현물출자의 이행을 한 때에는 납입기일의 다음날로부터 주주의 권리의무가 있다. 이 경우 제350조제3항 후단의 규정을 준용한다.(개정 1984·4·10, 1995·12·29)
②신주의 인수인이 납입기일에 납입 또는 현물출자의 이행을 하지 아니한 때에는 그 권리를 잃는다.
③제2항의 규정은 신주의 인수인에 대한 손해배상의 청구에 영향을 미치지 아니한다.

제424조 (유지청구권) 회사가 법령 또는 정관에 위반하거나 현저하게 불공정한 방법에 의하여 주식을 발행함으로써 주주가 불이익을 받을 염려가 있는 경우에는 그 주주는 회사에 대하여 그 발행을 유지할 것을 청구할 수 있다.

제424조의2 (불공정한 가액으로 주식을 인수한 자의 책임) ①이사와 통모하여 현저하게 불공정한 발행가액으로 주식을 인수한 자는 회사에 대하여 공정한 발행가액과의 차액에 상당한 금액을 지급할 의무가 있다.
②제403조 내지 제406조의 규정은 제1항의 지급을 청구하는 소에 관하여 이를 준용한

다.
③제 1 항 및 제 2 항의 규정은 이사의 회사 또는 주주에 대한 손해배상의 책임에 영향을 미치지 아니한다.
(본조신설 1984 · 4 · 10)

제425조 (준용규정) ①제302조제 1 항, 제 3 항, 제303조, 제305조제 2 항, 제 3 항, 제306조, 제318조와 제319조의 규정은 신주의 발행에 준용한다.
②제305조제 2 항의 규정은 신주인수권증서를 발행하는 경우에 이를 준용한다.(신설 1984 · 4 · 10)

제426조 (미상각액의 등기) 제417조의 규정에 의한 주식을 발행한 경우에 주식의 발행으로 인한 변경등기에는 제455조의 규정에 의한 미상각액을 등기하여야 한다.

제427조 (인수의 무효주장, 취소의 제한) 신주의 발행으로 인한 변경등기를 한 날로부터 1년을 경과한 후에는 신주를 인수한 자는 주식청약서 또는 신주인수권증서의 요건의 흠결을 이유로 하여 그 인수의 무효를 주장하거나 사기, 강박 또는착오를 이유로 하여 인수를 취소하지 못한다. 그 주식에 대하여 주주의 권리를 행사한 때에도 같다.(개정 1962 · 12 · 12, 1984 · 4 · 10)

제428조 (이사의 인수담보책임) ①신주의 발행으로 인한 변경등기가 있은 후에 아직 인수하지 아니한 주식이 있거나 주식인수의 청약이 취소된 때에는 이사가 이를 공동으로 인수한 것으로 본다.
②전항의 규정은 이사에 대한 손해배상의 청구에 영향을 미치지 아니한다.

제429조 (신주발행 무효의 소) 신주발행의 무효는 주주 · 이사 또는 감사에 한하여 신주를 발행한 날로부터 6월내에 소만으로 이를 주장할 수 있다.(개정 1984 · 4 · 10)

제430조 (준용규정) 제186조 내지 제189조 · 제190조 본문 · 제191조 · 제192조 및 제377조의 규정은 제429조의 소에 관하여 이를 준용한다.
(전문개정 1995 · 12 · 29)

제431조 (신주발행무효판결의 효력) ①신주발행무효의 판결이 확정된 때에는 신주는 장래에 대하여 그 효력을 잃는다.
②전항의 경우에는 회사는 지체없이 그 뜻과 일정한 기간내에 신주의 주권을 회사에 제출할 것을 공고하고 주주명부에 기재된 주주와 질권자에 대하여는 각별로 그 통지를 하여야 한다. 그러나 그 기간은 3월 이상으로 하여야 한다.

제432조 (무효판결과 주주에의 환급) ①신주발행무효의 판결이 확정된 때에는 회사는 신주의 주주에 대하여 그 납입한 금액을 반환하여야 한다.
②전항의 금액이 전조제 1 항의 판결확정시의 회사의 재산상태에 비추어 현저하게 부당한 때에는 법원은 회사 또는 전항의 주주의 청구에 의하여 그 금액의 증감을 명할 수 있다.
③제339조와 제340조제 1 항, 제 2 항의 규정은 제 1 항의 경우에 준용한다.

제 5 절 정관의 변경

제433조 (정관변경의 방법) ①정관의 변경은 주주총회의 결의에 의하여야 한다.
②정관의 변경에 관한 의안의 요령은 제363조의 규정에 의한 통지와 공고에 기재하여야 한다.

제434조 (정관변경의 특별결의) 제433조제 1 항의 결의는 출석한 주주의 의결권의 3분의 2이상의 수와 발행주식총수의 3분의 1이상의 수로써 하여야 한다.
(전문개정 1995 · 12 · 29)

제435조 (종류주주총회) ①회사가 수종의 주식을 발행한 경우에 정관을 변경함으로써 어느 종류의 주주에게 손해를 미치게 될 때에는 주주총회의 결의외에 그 종류의 주주의 총회의 결의가 있어야 한다.
②제 1 항의 결의는 출석한 주주의 의결권의 3분의 2이상의 수와 그 종류의 발행주식총수의 3분의 1이상의 수로써 하여야 한다.(개정 1995 · 12 · 29)
③주주총회에 관한 규정은 의결권없는 종류의 주식에 관한 것을 제외하고 제 1 항의 총회에 준용한다.

제436조 (동전) 전조의 규정은 제344조제 3 항의 규정에 의하여 주식의 종류에 따라 특수한 정함을 하는 경우와 주식교환, 주식이전 및 회사의 합병으로 인하여 어느 종류의 주주에게 손해를 미치게 될 경우에 준용한다.(개정 2001 · 7 · 24)

제437조 삭제(1995 · 12 · 29)

제 6 절 자본의 감소

제438조 (자본감소의 결의) ①자본의 감소에는 제434조의 규정에 의한 결의가 있어야 한다.
②자본의 감소에 관한 의안의 요령은 제363조의 규정에 의한 통지와 공고에 기재하여야 한다.

제439조 (자본감소의 방법, 절차) ①자본감소의 결의에서는 그 감소의 방법을 정

하여야 한다.
②제232조의 규정은 자본감소의 경우에 준용한다.(개정 1984·4·10)
③사채권자가 이의를 함에는 사채권자집회의 결의가 있어야 한다. 이 경우에는 법원은 이해관계인의 청구에 의하여 사채권자를 위하여 이의의 기간을 연장할 수 있다.

제440조 (주식병합의 절차) 주식을 병합할 경우에는 회사는 1월이상의 기간을 정하여 그 뜻과 그 기간내에 주권을 회사에 제출할 것을 공고하고 주주명부에 기재된 주주와 질권자에 대하여는 각별로 그 통지를 하여야 한다.(개정 1995·12·29)

제441조 (동전) 주식의 병합은 전조의 기간이 만료한 때에 그 효력이 생긴다. 그러나 제232조의 규정에 의한 절차가 종료하지 아니한 때에는 그 종료한 때에 효력이 생긴다.

제442조 (신주권의 교부) ①주식을 병합하는 경우에 구주권을 회사에 제출할 수 없는 자가 있는 때에는 회사는 그 자의 청구에 의하여 3월이상의 기간을 정하고 이해관계인에 대하여 그 주권에 대한 이의가 있으면 그 기간내에 제출할 뜻을 공고하고 그 기간이 경과한 후에 신주권을 청구자에게 교부할 수 있다.
②전항의 공고의 비용은 청구자의 부담으로 한다.

제443조 (단주의 처리) ①병합에 적당하지 아니한 수의 주식이 있는 때에는 그 병합에 적당하지 아니한 부분에 대하여 발행한 신주를 경매하여 각 주수에 따라 그 대금을 종전의 주주에게 지급하여야 한다. 그러나 거래소의 시세있는 주식은 거래소를 통하여 매각하고, 거래소의 시세없는 주식은 법원의 허가를 받아 경매외의 방법으로 매각할 수 있다.(개정 1984·4·10)
②제442조의 규정은 제1항의 경우에 준용한다.

제444조 (동전) 전조의 규정은 무기명식의 주권으로서 제440조의 규정에 의한 제출이 없는 것에 준용한다.

제445조 (감자무효의 소) 자본감소의 무효는 주주·이사·감사·청산인·파산관재인 또는 자본감소를 승인하지 아니한 채권자에 한하여 자본감소로 인한 변경등기가 있은 날로부터 6월내에 소만으로 주장할 수 있다.(개정 1984·4·10)

제446조 (준용규정) 제186조 내지 제189조·제190조 본문·제191조·제192조 및 제377조의 규정은 제445조의 소에 관하여 이를 준용한다.
(전문개정 1995·12·29)

제 7 절 회사의 계산

제447조 (재무제표의 작성) 이사는 매결산기에 다음의 서류와 그 부속명세서를 작성하여 이사회의 승인을 얻어야 한다.
1. 대차대조표
2. 손익계산서
3. 이익잉여금처분계산서 또는 결손금처리계산서

(전문개정 1984·4·10)

제447조의2 (영업보고서의 작성) ①이사는 매결산기에 영업보고서를 작성하여 이사회의 승인을 얻어야 한다.
②영업보고서에는 대통령령이 정하는 바에 의하여 영업에 관한 중요한 사항을 기재하여야 한다.
(본조신설 1984·4·10)

제447조의3 (재무제표등의 제출) 이사는 정기총회회일의 6주간전에 제447조 및 제447조의2의 서류를 감사에게 제출하여야 한다.
(본조신설 1984·4·10)

제447조의4 (감사보고서) ①감사는 제447조의3의 서류를 받은 날로부터 4주간내에 감사보고서를 이사에게 제출하여야 한다.
②제1항의 감사보고서에는 다음의 사항을 기재하여야 한다.
1. 감사방법의 개요
2. 회계장부에 기재할 사항의 기재가 없거나 부실기재된 경우 또는 대차대조표나 손익계산서의 기재가 회계장부의 기재와 합치되지 아니하는 경우에는 그 뜻
3. 대차대조표 및 손익계산서가 법령 및 정관에 따라 회사의 재산 및 손익상태를 정확하게 표시하고 있는 경우에는 그 뜻
4. 대차대조표 또는 손익계산서가 법령 또는 정관에 위반하여 회사의 재산 및 손익상태가 정확하게 표시되지 아니하는 경우에는 그 뜻과 사유
5. 대차대조표 또는 손익계산서의 작성에 관한 회계방침의 변경이 타당한지의 여부와 그 이유
6. 영업보고서가 법령 및 정관에 따라 회사의 상황을 정확하게 표시하고 있는지의 여부
7. 이익잉여금처분계산서 또는 결손금처리계산서가 법령 및 정관에 적합한지의 여부
8. 이익잉여금처분계산서 또는 결손금처리계산서가 회사재산의 상태 기타의

사정에 비추어 현저하게 부당한 경우에는 그 뜻
9. 제447조의 부속명세서에 기재할 사항의 기재가 없거나 부실기재된 경우 또는 회계장부·대차대조표·손익계산서나 영업보고서의 기재와 합치되지 아니하는 기재가 있는 경우에는 그 뜻
10. 이사의 직무수행에 관하여 부정한 행위 또는 법령이나 정관의 규정에 위반하는 중대한 사실이 있는 경우에는 그 사실
11. 감사를 하기 위하여 필요한 조사를 할 수 없었던 경우에는 그 뜻과 이유

(본조신설 1984·4·10)

제448조 (재무제표등의 비치·공시) ①이사는 정기총회회일의 1주간전부터 제447조 및 제447조의2의 서류와 감사보고서를 본점에 5년간, 그 등본을 지점에 3년간 비치하여야 한다.(개정 1962·12·12, 1984·4·10)

②주주와 회사채권자는 영업시간내에 언제든지 제1항의 비치서류를 열람할 수 있으며 회사가 정한 비용을 지급하고 그 서류의 등본이나 초본의 교부를 청구할 수 있다.

제449조 (재무제표등의 승인·공고) ①이사는 제447조 각호에 규정한 서류를 정기총회에 제출하여 그 승인을 요구하여야 한다.(개정 1984·4·10)

②이사는 제447조의2의 서류를 정기총회에 제출하여 그 내용을 보고하여야 한다.(신설 1984·4·10)

③이사는 제1항의 서류에 대한 총회의 승인을 얻은 때에는 지체없이 대차대조표를 공고하여야 한다.

제450조 (이사, 감사의 책임해제) 정기총회에서 전조제1항의 승인을 한 후 2년내에 다른 결의가 없으면 회사는 이사와 감사의 책임을 해제한 것으로 본다. 그러나 이사 또는 감사의 부정행위에 대하여는 그러하지 아니하다.

제451조 (자본) 회사의 자본은 본법에 다른 규정이 있는 경우외에는 발행주식의 액면총액으로 한다.

제452조 (자산의 평가방법) 회사의 회계장부에 기재될 자산은 다음의 방법에 의하여 평가하여야 한다.(개정 1984·4·10, 2010·5·14)

1. 유동자산은 취득가액 또는 제작가액에 의한다. 그러나 시가가 취득가액 또는 제작가액보다 현저하게 낮은 때에는 시가에 의하여야 한다.
2. 삭제(1984·4·10)
3. 금전채권은 채권금액에 의한다. 그러나 채권을 채권금액보다 낮은 가액으로 취득한 때 또는 이것에 준하는 경우에는 상당한 감액을 할 수 있다. 추심불능의 염려가 있는 채권은 그 예상액을 감액하여야 한다.
4. 거래소의 시세있는 사채는 결산기전 1월의 평균가격에 의하고 그 시세없는 사채는 취득가액에 의한다. 그러나 취득가액과 사채의 금액이 다른 때에는 상당한 증액 또는 감액을 할 수 있다. 추심불능의 염려가 있는 사채에는 제3호 후단의 규정을 준용한다. 사채에 준하는 것도 같다.
5. 거래소의 시세있는 주식은 취득가액에 의한다. 그러나 결산기전 1월의 평균가격이 취득가액보다 낮을 때에는 그 시가에 의한다. 거래 기타의 필요상 장기간 보유할 목적으로 취득한 주식은 거래소의 시세의 유무를 불구하고 취득가액에 의한다. 그러나 발행회사의 재산상태가 현저하게 악화된 때에는 상당한 감액을 하여야 한다. 유한회사 기타에 대한 출자의 평가에도 같다.
6. 영업권은 유상으로 승계취득한 경우에 한하여 취득가액을 기재할 수 있다. 이 경우에는 영업권을 취득한 후 5년내의 매결산기에 균등액이상을 상각하여야 한다.

제453조 (창업비의 계상) ①제290조제4호의 규정에 의한 지출액과 설립등기에 지출한 세액은 대차대조표자산의 부에 계상할 수 있다.

②전항의 계상금액은 회사성립후 또는 개업전에 이자를 배당할 것을 정한 때에는 그 배당을 마친 후 5년내의 매결산기에 균등액이상의 상각을 하여야 한다.

제453조의2 (개업비의 계상) ①개업의 준비를 위하여 지출한 금액은 대차대조표자산의 부에 계상할 수 있다.

②제1항의 계상금액은 개업후 3년내의 매결산기에 균등액이상의 상각을 하여야 한다.

(본조신설 1995·12·29)

제454조 (신주발행비용의 계상) ①신주를 발행한 경우에는 그 발행에 필요한 비용의 액은 대차대조표자산의 부에 계상할 수 있다.

②전항의 계상금액은 신주발행후 3년내의 매결산기에 균등액이상의 상각을 하여야 한다.

제455조 (액면미달금액의 계상) ①제417조의 규정에 의하여 주식을 발행한 경우에는 액면미달금액의 총액은 대차대조표자산

의 부에 계상할 수 있다.
②전항의 계상금액은 주식발행후 3년내의 매결산기에 균등액이상의 상각을 하여야 한다.

제456조 (사채차액의 계상) ①사채를 모집한 경우에 그 상환할 총액이 그 모집에 의한 실수액을 초과한 때의 그 차액은 대차대조표자산의 부에 계상할 수 있다.
②전항의 계상금액은 사채상환기한내의 매결산기에 균등액이상의 상각을 하여야 한다.
③제454조의 규정은 사채발행에 필요한 비용의 액에 준용한다.

제457조 (배당건설이자의 계상) ①제463조의 규정에 의하여 배당한 금액은 대차대조표자산의 부에 계상할 수 있다.
②전항의 계상금액은 개업후 연 6분이상의 이익을 배당하는 경우에는 그 6분을 초과한 금액과 동액이상의 상각을 하여야 한다.

제457조의2 (연구개발비의 계상) ①신제품 또는 신기술의 연구 또는 개발과 관련하여 특별히 발생한 비용은 대차대조표자산의 부에 계상할 수 있다.
②제1항의 계상금액은 그 지출후 5년내의 매결산기에 균등액이상의 상각을 하여야 한다.
(본조신설 1995·12·29)

제458조 (이익준비금) 회사는 그 자본의 2분의 1에 달할 때까지 매결산기의 금전에 의한 이익배당액의 10분의 1이상의 금액을 이익준비금으로 적립하여야 한다.(개정 1984·4·10)

제459조 (자본준비금) ①회사는 다음의 금액을 자본준비금으로 적립하여야 한다.(개정 1984·4·10, 1998·12·28, 2001·7·24)
1. 액면이상의 주식을 발행한 때에는 그 액면을 초과한 금액
1의2. 주식의 포괄적 교환을 한 경우에는 제360조의7에 규정하는 자본증가의 한도액이 완전모회사의 증가한 자본액을 초과한 경우의 그 초과액
1의3. 주식의 포괄적 이전을 한 경우에는 제360조의18에 규정하는 자본의 한도액이 설립된 완전모회사의 자본액을 초과한 경우의 그 초과액
2. 자본감소의 경우에 그 감소액이 주식의 소각, 주금의 반환에 요한 금액과 결손의 전보에 충당한 금액을 초과한 때에는 그 초과금액
3. 회사합병의 경우에 소멸된 회사로부터 승계한 재산의 가액이 그 회사로부터 승계한 채무액, 그 회사의 주주에게 지급한 금액과 합병후존속하는 회사의 자본증가액 또는 합병으로 인하여 설립된 회사의 자본액을 초과한 때에는 그 초과금액
3의2. 제530조의2의 규정에 의한 분할 또는 분할합병으로 인하여 설립된 회사 또는 존속하는 회사에 출자된 재산의 가액이 출자한 회사로부터 승계한 채무액, 출자한 회사의 주주에게 지급한 금액과 설립된 회사의 자본액 또는 존속하는 회사의 자본증가액을 초과한 때에는 그 초과금액
4. 기타 자본거래에서 발생한 잉여금
②제1항제3호 및 제3호의2의 초과금액중 소멸 또는 분할되는 회사의 이익준비금 기타 법정준비금은 합병후 또는 분할·분할합병후 존속 또는 설립되는 회사가 이를 승계할 수 있다.(개정 1998·12·28)

제460조 (법정준비금의 사용) ①전2조의 준비금은 자본의 결손전보에 충당하는 경우외에는 이를 처분하지 못한다.
②이익준비금으로 자본의 결손의 전보에 충당하고서도 부족한 경우가 아니면 자본준비금으로 이에 충당하지 못한다.

제461조 (준비금의 자본전입) ①회사는 이사회의 결의에 의하여 준비금의 전부 또는 일부를 자본에 전입할 수 있다. 그러나 정관으로 주주총회에서 결정하기로 정한 경우에는 그러하지 아니하다.
②제1항의 경우에는 주주에 대하여 그가 가진 주식의 수에 따라 주식을 발행하여야 한다. 이 경우 1주에 미달하는 단수에 대하여는 제443조제1항의 규정을 준용한다.
③제1항의 이사회의 결의가 있은 때에는 회사는 일정한 날을 정하여 그 날에 주주명부에 기재된 주주가 제2항의 신주의 주주가 된다는 뜻을 그 날의 2주간전에 공고하여야 한다. 그러나 그 날이 제354조제1항의 기간중인 때에는 그 기간의 초일의 2주간전에 이를 공고하여야 한다.
④제1항 단서의 경우에 주주는 주주총회의 결의가 있은 때로부터 제2항의 신주의 주주가 된다.
⑤제3항 또는 제4항의 규정에 의하여 신주의 주주가 된 때에는 이사는 지체없이 신주를 받은 주주와 주주명부에 기재된 질권자에 대하여 그 주주가 받은 주식의 종류와 수를 통지하고, 무기명식의 주권을 발행한 경우에는 제1항의 결의의 내용을 공고하여야 한다.
⑥제350조제3항 후단의 규정은 제1항의 경우에 이를 준용한다.(신설 1995·12·29)
⑦제339조의 규정은 제2항의 규정에 의하여 주식의 발행이 있는 경우에 이를 준용한다.
(전문개정 1984·4·10)

제462조 (이익의 배당) ①회사는 대차대조표상의 순자산액으로부터 다음의 금액을 공제한 액을 한도로 하여 이익배당을 할 수 있다.(개정 2001·7·24)

1. 자본의 액
2. 그 결산기까지 적립된 자본준비금과 이익준비금의 합계액
3. 그 결산기에 적립하여야 할 이익준비금의 액

②전항의 규정에 위반하여 이익을 배당한 때에는 회사채권자는 이를 회사에 반환할 것을 청구할 수 있다.

③제186조의 규정은 전항의 청구에 관한 소에 준용한다.

제462조의2 (주식배당) ①회사는 주주총회의 결의에 의하여 이익의 배당을 새로이 발행하는 주식으로써 할 수 있다. 그러나 주식에 의한 배당은 이익배당총액의 2분의 1에 상당하는 금액을 초과하지 못한다.

②제1항의 배당은 주식의 권면액으로 하며, 회사가 수종의 주식을 발행한 때에는 각각 그와 같은 종류의 주식으로 할 수 있다.(개정 1995·12·29)

③주식으로 배당할 이익의 금액중 주식의 권면액에 미달하는 단수가 있는 때에는 그 부분에 대하여는 제443조제1항의 규정을 준용한다.(개정 1995·12·29)

④주식으로 배당을 받은 주주는 제1항의 결의가 있는 주주총회가 종결한 때부터 신주의 주주가 된다. 이 경우 제350조제3항 후단의 규정을 준용한다.(개정 1995·12·29)

⑤이사는 제1항의 결의가 있는 때에는 지체없이 배당을 받을 주주와 주주명부에 기재된 질권자에게 그 주주가 받을 주식의 종류와 수를 통지하고, 무기명식의 주권을 발행한 때에는 제1항의 결의의 내용을 공고하여야 한다.

⑥제340조제1항의 질권자의 권리는 제1항의 규정에 의한 주주가 받을 주식에 미친다. 이 경우 제340조제3항의 규정을 준용한다.

(본조신설 1984·4·10)

제462조의3 (중간배당) ①연 1회의 결산기를 정한 회사는 영업연도중 1회에 한하여 이사회의 결의로 일정한 날을 정하여 그 날의 주주에 대하여 금전으로 이익을 배당(이하 이 조에서 "중간배당"이라 한다)할 수 있음을 정관으로 정할 수 있다.

②중간배당은 직전 결산기의 대차대조표상의 순자산액에서 다음 각호의 금액을 공제한 액을 한도로 한다.(개정 2001·7·24)

1. 직전 결산기의 자본의 액
2. 직전 결산기까지 적립된 자본준비금과 이익준비금의 합계액
3. 직전 결산기의 정기총회에서 이익으로 배당하거나 또는 지급하기로 정한 금액
4. 중간배당에 따라 당해 결산기에 적립하여야 할 이익준비금

③회사는 당해 결산기의 대차대조표상의 순자산액이 제462조제1항 각호의 금액의 합계액에 미치지 못할 우려가 있는 때에는 중간배당을 하여서는 아니된다.(개정 2001·7·24)

④당해 결산기 대차대조표상의 순자산액이 제462조제1항 각호의 금액의 합계액에 미치지 못함에도 불구하고 중간배당을 한 경우 이사는 회사에 대하여 연대하여 그 차액(배당액이 그 차액보다 적을 경우에는 배당액)을 배상할 책임이 있다. 다만, 이사가 제3항의 우려가 없다고 판단함에 있어 주의를 게을리하지 아니하였음을 증명한 때에는 그러하지 아니하다.(개정 2001·7·24)

⑤제340조제1항, 제344조제1항, 제350조제3항(제423조제1항, 제516조제2항 및 제516조의9에서 준용하는 경우를 포함한다. 이하 이 항에서 같다), 제354조제1항, 제370조제1항, 제457조제2항, 제458조, 제464조 및 제625조제3호의 규정의 적용에 관하여는 중간배당을 제462조제1항의 규정에 의한 이익의 배당으로, 제350조제3항의 규정의 적용에 관하여는 제1항의 일정한 날을 영업연도말로 본다.

⑥제399조제2항·제3항 및 제400조의 규정은 제4항의 이사의 책임에 관하여, 제462조제2항 및 제3항의 규정은 제3항의 규정에 위반하여 중간배당을 한 경우에 이를 준용한다.

(본조신설 1998·12·28)

제463조 (건설이자의 배당) ①회사는 그 목적인 사업의 성질에 의하여 회사의 성립후 2년이상 그 영업전부를 개시하기가 불능하다고 인정한 때에는 정관으로 일정한 주식에 대하여 그 개업전 일정한 기간내에 일정한 이자를 그 주주에게 배당할 수 있음을 정할 수 있다. 그러나 그 이율은 연 5분을 초과하지 못한다.

②전항의 정관의 규정 또는 그 변경은 법원의 인가를 얻어야 한다.

제464조 (이익등의 배당의 기준) 이익이나 이자의 배당은 각 주주가 가진 주식의 수에 따라 지급한다. 그러나 제344조제1항의 규정을 적용하는 경우에는 그러하지 아니하다.

제464조의2 (배당금지급시기) ①회사는 제464조의 규정에 의한 배당금을 제449조

제1항의 승인 또는 제462조의3제1항의 결의가 있은 날부터 1월이내에 지급하여야 한다. 다만, 제449조제1항의 총회 또는 제462조의3제1항의 이사회에서 배당금의 지급시기를 따로 정한 경우에는 그러하지 아니하다.(개정 1995 · 12 · 29, 1998 · 12 · 28)
②제1항의 배당금의 지급청구권은 5년간 이를 행사하지 아니하면 소멸시효가 완성한다.
(본조신설 1984 · 4 · 10)

제465조 삭제(1984 · 4 · 10)

제466조 (주주의 회계장부열람권) ①발행주식의 총수의 100분의 3이상에 해당하는 주식을 가진 주주는 이유를 붙인 서면으로 회계의 장부와 서류의 열람 또는 등사를 청구할 수 있다.(개정 1998 · 12 · 28)
②회사는 제1항의 주주의 청구가 부당함을 증명하지 아니하면 이를 거부하지 못한다.(개정 1998 · 12 · 28)

제467조 (회사의 업무, 재산상태의 검사) ①회사의 업무집행에 관하여 부정행위 또는 법령이나 정관에 위반한 중대한 사실이 있음을 의심할 사유가 있는 때에는 발행주식의 총수의 100분의 3이상에 해당하는 주식을 가진 주주는 회사의 업무와 재산상태를 조사하게 하기 위하여 법원에 검사인의 선임을 청구할 수 있다.(개정 1998 · 12 · 28)
②검사인은 그 조사의 결과를 법원에 보고하여야 한다.
③법원은 제2항의 보고에 의하여 필요하다고 인정한 때에는 대표이사에게 주주총회의 소집을 명할 수 있다. 제310조제2항의 규정은 이 경우에 준용한다.(개정 1962 · 12 · 12, 1995 · 12 · 29)
④이사와 감사는 지체없이 제3항의 규정에 의한 검사인의 보고서의 정확여부를 조사하여 이를 주주총회에 보고하여야 한다.
(신설 1995 · 12 · 29)

제467조의2 (이익공여의 금지) ①회사는 누구에게든지 주주의 권리행사와 관련하여 재산상의 이익을 공여할 수 없다.
②회사가 특정의 주주에 대하여 무상으로 재산상의 이익을 공여한 경우에는 주주의 권리행사와 관련하여 이를 공여한 것으로 추정한다. 회사가 특정의 주주에 대하여 유상으로 재산상의 이익을 공여한 경우에 있어서 회사가 얻은 이익이 공여한 이익에 비하여 현저하게 적은 때에도 또한 같다.
③회사가 제1항의 규정에 위반하여 재산상의 이익을 공여한 때에는 그 이익을 공여받은 자는 이를 회사에 반환하여야 한다. 이 경우 회사에 대하여 대가를 지급한 것이 있는 때에는 그 반환을 받을 수 있다.
④제403조 내지 제406조의 규정은 제3항의 이익의 반환을 청구하는 소에 대하여 이를 준용한다.
(본조신설 1984 · 4 · 10)

제468조 (사용인의 우선변제권) 신원보증금의 반환을 받을 채권 기타 회사와 사용인간의 고용관계로 인한 채권이 있는 자는 회사의 총재산에 대하여 우선변제를 받을 권리가 있다. 그러나 질권이나 저당권에 우선하지 못한다.

제8절 사 채

제1관 통 칙

제469조 (사채의 모집) 회사는 이사회의 결의에 의하여 사채를 모집할 수 있다.

제470조 (총액의 제한) ①사채의 총액은 최종의 대차대조표에 의하여 회사에 현존하는 순자산액의 4배를 초과하지 못한다.
(개정 1995 · 12 · 29)
②삭제(1995 · 12 · 29)
③구사채를 상환하기 위하여 사채를 모집하는 경우에는 구사채의 액은 사채의 총액에 산입하지 아니한다. 이 경우에는 신사채의 납입기일, 수회에 분납하는 때에는 제1회의 납입기일로부터 6월내에 구사채를 상환하여야 한다.

제471조 (사채모집의 제한) 회사는 전에 모집한 사채의 총액의 납입이 완료된 후가 아니면 다시 사채를 모집하지 못한다.

제472조 (사채의 금액) ①각 사채의 금액은 1만원이상으로 하여야 한다.(개정 1984 · 4 · 10)
②동일종류의 사채에서는 각 사채의 금액은 균일하거나 최저액으로 정제할 수 있는 것이어야 한다.

제473조 (권면액초과상환의 제한) 사채권자에게 상환할 금액이 권면액을 초과할 것을 정한 때에는 그 초과액은 각 사채에 대하여 동률이어야 한다.

제474조 (공모발행, 사채청약서) ①사채의 모집에 응하고자 하는 자는 사채청약서 2통에 그 인수할 사채의 수와 주소를 기재하고 기명날인 또는 서명하여야 한다.
(개정 1995 · 12 · 29)
②사채청약서는 이사가 이를 작성하고 다음의 사항을 기재하여야 한다.(개정 1984 · 4 · 10, 1995 · 12 · 29)
1. 회사의 상호

2. 자본과 준비금의 총액
3. 최종의 대차대조표에 의하여 회사에 현존하는 순재산액
4. 사채의 총액
5. 각 사채의 금액
6. 사채발행의 가액 또는 그 최저가액
7. 사채의 이율
8. 사채의 상환과 이자지급의 방법과 기한
9. 사채를 수회에 분납할 것을 정한 때에는 그 분납금액과 시기
10. 채권을 기명식 또는 무기명식에 한한 때에는 그 뜻
11. 전에 모집한 사채가 있는 때에는 그 상환하지 아니한 금액
12. 구사채를 상환하기 위하여 제470조제1항의 제한을 초과하여 사채를 모집하는 때에는 그 뜻
13. 사채모집의 위탁을 받은 회사가 있는 때에는 그 상호와 주소
14. 제13호의 위탁을 받은 회사가 그 모집액이 총액에 달하지 못한 경우에 그 잔액을 인수할 것을 약정한 때에는 그 뜻
15. 명의개서대리인을 둔 때에는 그 성명·주소 및 영업소

③사채발행의 최저가액을 정한 경우에는 응모자는 사채청약서에 응모가액을 기재하여야 한다.

제475조 (총액인수의 방법) 전조의 규정은 계약에 의하여 사채의 총액을 인수하는 경우에는 이를 적용하지 아니한다. 사채모집의 위탁을 받은 회사가 사채의 일부를 인수하는 경우에는 그 일부에 대하여도 같다.

제476조 (납입) ①사채의 모집이 완료한 때에는 이사는 지체없이 인수인에 대하여 각 사채의 전액 또는 제1회의 납입을 시켜야 한다.

②사채모집의 위탁을 받은 회사는 그 명의로 위탁회사를 위하여 제474조제2항과 전항의 행위를 할 수 있다.

제477조 삭제(1984·4·10)

제478조 (채권의 발행) ①채권은 사채전액의 납입이 완료한 후가 아니면 이를 발행하지 못한다.

②채권에는 다음의 사항을 기재하고 대표이사가 기명날인 또는 서명하여야 한다.(개정 1962·12·12, 1995·12·29)

1. 채권의 번호
2. 제474조제2항제1호, 제4호, 제5호, 제7호, 제8호, 제10호와 제13호에 게기한 사항

제479조 (기명사채의 이전) ①기명사채의 이전은 취득자의 성명과 주소를 사채원부에 기재하고 그 성명을 채권에 기재하지 아니하면 회사 기타의 제3자에게 대항하지 못한다.

②제337조제2항의 규정은 기명사채의 이전에 대하여 이를 준용한다.(신설 1984·4·10)

제480조 (기명식, 무기명식간의 전환) 사채권자는 언제든지 기명식의 채권을 무기명식으로, 무기명식의 채권을 기명식으로 할 것을 회사에 청구할 수 있다. 그러나 채권을 기명식 또는 무기명식에 한할 것으로 정한 때에는 그러하지 아니하다.

제481조 (수탁회사의 사임) 사채모집의 위탁을 받은 회사는 사채를 발행한 회사와 사채권자집회의 동의를 얻어서 사임할 수 있다. 부득이한 사유가 있는 경우에 법원의 허가를 얻은 때에도 같다.

제482조 (수탁회사의 해임) 사채모집의 위탁을 받은 회사가 그 사무를 처리함에 부적임하거나 기타 정당한 사유가 있을 때에는 법원은 사채를 발행하는 회사 또는 사채권자집회의 청구에 의하여 이를 해임할 수 있다.(개정 1962·12·12)

제483조 (수탁회사의 사무승계자) ①전2조의 경우에 사채모집의 위탁을 받은 회사가 없게 된 때에는 사채를 발행한 회사와 사채권자집회의 일치로써 그 사무의 승계자를 정할 수 있다.

②부득이한 사유가 있는 때에는 이해관계인은 사무승계자의 선임을 법원에 청구할 수 있다.

제484조 (수탁회사의 권한) ①사채모집의 위탁을 받은 회사는 사채권자를 위하여 사채의 상환을 받음에 필요한 재판상 또는 재판외의 모든 행위를 할 권한이 있다.

②전항의 회사가 사채의 상환을 받은 때에는 지체없이 그 뜻을 공고하고 알고 있는 사채권자에 대하여는 각별로 이를 통지하여야 한다.

③전항의 경우에 사채권자는 채권과 상환하여 상환액의 지급을 청구할 수 있다.

제485조 (2이상의 수탁회사가 있는 경우의 권한, 의무) ①사채모집의 위탁을 받은 회사가 2이상 있을 때에는 그 권한에 속하는 행위는 공동으로 하여야 한다.

②전항의 경우에 각 회사는 사채권자에 대하여 연대하여 상환액을 지급할 의무가 있다.

제486조 (이권흠결의 경우) ①이권있는 무기명식의 사채를 상환하는 경우에 이권이 흠결된 때에는 그 이권에 상당한 금액을 상환액으로부터 공제한다.

②전항의 이권소지인은 언제든지 그 이권과 상환하여 공제액의 지급을 청구할 수 있다.

제487조 (원리청구권의 시효) ①사채의 상환청구권은 10년간 행사하지 아니하면 소멸시효가 완성한다.
②제484조제3항의 청구권도 전항과 같다.
③사채의 이자와 전조제2항의 청구권은 5년간 행사하지 아니하면 소멸시효가 완성한다.

제488조 (사채원부) 회사는 사채원부를 작성하고 다음의 사항을 기재하여야 한다.
1. 사채권자의 성명과 주소
2. 채권의 번호
3. 제474조제2항제4호, 제5호, 제7호 내지 제9호와 제13호에 게기한 사항
4. 각 사채의 납입금액과 납입연월일
5. 채권의 발행연월일
6. 각 사채의 취득연월일
7. 무기명식의 채권을 발행한 때에는 그 종류, 수, 번호와 발행연월일

제489조 (준용규정) ①제353조의 규정은 사채응모자 또는 사채권자에 대한 통지와 최고에 준용한다.
②제333조의 규정은 사채가 수인의 공유에 속하는 경우에 준용한다.

제2관 사채권자집회

제490조 (결의사항) 사채권자집회는 본법에 다른 규정이 있는 경우외에는 법원의 허가를 얻어 사채권자의 이해에 중대한 관계가 있는 사항에 관하여 결의를 할 수 있다.

제491조 (소집권자) ①사채권자집회는 사채를 발행한 회사 또는 사채모집의 위탁을 받은 회사가 소집한다.
②사채총액의 10분의 1에 해당하는 사채권자는 회의의 목적인 사항과 소집의 이유를 기재한 서면을 전항의 회사에 제출하여 사채권자집회의 소집을 청구할 수 있다.
③제366조제2항의 규정은 전항의 경우에 준용한다.
④무기명식의 채권을 가진 자는 그 채권을 공탁하지 아니하면 전2항의 권리를 행사하지 못한다.

제492조 (의결권) ①각 사채권자는 사채의 최저액마다 1개의 의결권이 있다.
②무기명식의 채권을 가진 자는 회일로부터 1주간전에 채권을 공탁하지 아니하면 그 의결권을 행사하지 못한다.

제493조 (사채발행회사 또는 수탁회사의 대표자의 출석) ①사채를 발행한 회사 또는 사채모집의 위탁을 받은 회사는 그 대표자를 사채권자집회에 출석하게 하거나 서면으로 의견을 제출할 수 있다.
②사채권자집회의 소집은 전항의 회사에 통지하여야 한다.
③제363조제1항과 제2항의 규정은 전항의 통지에 준용한다.

제494조 (사채발행회사의 대표자의 출석청구) 사채권자집회 또는 그 소집자는 필요있다고 인정하는 때에는 사채를 발행한 회사에 대하여 그 대표자의 출석을 청구할 수 있다.

제495조 (결의의 방법) ①제434조의 규정은 사채권자집회의 결의에 준용한다.
②제481조 내지 제483조와 전조의 동의 또는 청구는 전항의 규정에 불구하고 출석한 사채권자의 의결권의 과반수로 결정할 수 있다.

제496조 (결의의 인가의 청구) 사채권자집회의 소집자는 결의한 날로부터 1주간내에 결의의 인가를 법원에 청구하여야 한다.

제497조 (결의의 불인가의 사유) ①법원은 다음의 경우에는 사채권자집회의 결의를 인가하지 못한다.
1. 사채권자집회소집의 절차 또는 그 결의방법이 법령이나 사채모집의 계획서의 기재에 위반한 때
2. 결의가 부당한 방법에 의하여 성립하게 된 때
3. 결의가 현저하게 불공정한 때
4. 결의가 사채권자의 일반의 이익에 반하는 때

②전항제1호와 제2호의 경우에는 법원은 결의의 내용 기타 모든 사정을 참작하여 결의를 인가할 수 있다.

제498조 (결의의 효력) ①사채권자집회의 결의는 법원의 인가를 얻음으로써 그 효력이 생긴다.
②사채권자집회의 결의는 총사채권자에 대하여 그 효력이 있다.

제499조 (결의의 인가, 불인가의 공고) 사채권자집회의 결의에 대하여 인가 또는 불인가의 결정이 있은 때에는 사채를 발행한 회사는 지체없이 그 뜻을 공고하여야 한다.

제500조 (사채권자집회의 대표자) ①사채권자집회는 사채총액의 500분의 1이상을 가진 사채권자중에서 1인 또는 수인의 대표자를 선임하여 그 결의할 사항의 결정을 위임할 수 있다.
②대표자가 수인인 때에는 전항의 결정은 그 과반수로 한다.

제501조 (결의의 집행) 사채권자집회의

결의는 사채모집의 위탁을 받은 회사, 사채모집의 위탁을 받은 회사가 없는 때에는 전조의 대표자가 집행한다. 그러나 사채권자집회의 결의로써 따로 집행자를 정한 때에는 그러하지 아니하다.

제502조 (수인의 대표자, 집행자가 있는 경우) 제485조제1항의 규정은 대표자나 집행자가 수인인 경우에 준용한다.

제503조 (사채상환에 관한 결의의 집행) 제484조, 제485조제2항과 제487조제2항의 규정은 대표자나 집행자가 사채의 상환에 관한 결의를 집행하는 경우에 준용한다.

제504조 (대표자, 집행자의 해임등) 사채권자집회는 언제든지 대표자나 집행자를 해임하거나 위임한 사항을 변경할 수 있다.

제505조 (기한의 이익의 상실) ①회사가 사채의 이자의 지급을 해태한 때 또는 정기에 사채의 일부를 상환하여야 할 경우에 그 상환을 해태한 때에는 사채권자집회의 결의에 의하여 회사에 대하여 일정한 기간내에 그 변제를 하여야 한다는 뜻과 그 기간내에 변제를 하지 아니할 때에는 사채의 총액에 관하여 기한의 이익을 잃는다는 뜻을 통지할 수 있다. 그러나 그 기간은 2월을 내리지 못한다.
②전항의 통지는 서면으로 하여야 한다.
③회사가 제1항의 기간내에 변제를 하지 아니하는 때에는 사채의 총액에 관하여 기한의 이익을 잃는다.

제506조 (기한이익상실의 공고, 통지) 전조의 규정에 의하여 회사가 기한의 이익을 잃은 때에는 전조제1항의 결의를 집행하는 자는 지체없이 그 뜻을 공고하고 알고 있는 사채권자에 대하여는 각별로 이를 통지하여야 한다.

제507조 (수탁회사등의 보수, 비용) ①사채모집의 위탁을 받은 회사, 대표자 또는 집행자에 대하여 줄 보수와 그 사무처리에 요할 비용은 사채를 집행한 회사와의 계약에 약정이 있는 경우외에는 법원의 허가를 얻어 회사로 하여금 이를 부담하게 할 수 있다.(개정 1962 · 12 · 12)
②사채모집의 위탁을 받은 회사, 대표자 또는 집행자는 상환을 받은 금액에서 사채권자에 우선하여 전항의 보수와 비용의 변제를 받을 수 있다.

제508조 (사채권자집회의 비용) ①사채권자집회에 관한 비용은 사채를 발행한 회사가 부담한다.
②제496조의 청구에 관한 비용은 회사가 부담한다. 그러나 법원은 이해관계인의 신청에 의하여 또는 직권으로 그 전부 또는 일부에 관하여 따로 부담자를 정할 수 있다.

제509조 (수종의 사채있는 경우의 사채권자집회) 수종의 사채를 발행한 경우에는 사채권자집회는 각종의 사채에 관하여 이를 소집하여야 한다.,

제510조 (준용규정) ①제363조, 제368조제3항, 제4항, 제369조제2항과 제371조 내지 제373조의 규정은 사채권자집회에 준용한다.
②사채권자집회의 의사록은 사채를 발행한 회사가 그 본점에 비치하여야 한다.
③사채모집의 위탁을 받은 회사와 사채권자는 영업시간내에 언제든지 전항의 의사록의 열람을 청구할 수 있다.

제511조 (수탁회사에 의한 취소의 소) ①회사가 어느 사채권자에 대하여 한 변제, 화해 기타의 행위가 현저하게 불공정한 때에는 사채모집의 위탁을 받은 회사는 소만으로 그 행위의 취소를 청구할 수 있다.
②전항의 소는 사채모집의 위탁을 받은 회사가 취소의 원인인 사실을 안 때로부터 6월, 행위가 있은 때로부터 1년내에 제기하여야 한다.
③제186조와 민법 제406조제1항 단서 및 제407조의 규정은 제1항의 소에 준용한다.

제512조 (대표자등에 의한 취소의 소) 사채권자집회의 결의가 있는 때에는 대표자 또는 집행자 또는 전조제1항의 소를 제기할 수 있다. 그러나 행위가 있은 때로부터 1년내에 한한다.

제3관 전환사채

제513조 (전환사채의 발행) ①회사는 전환사채를 발행할 수 있다.
②제1항의 경우에 다음의 사항으로서 정관에 규정이 없는 것은 이사회가 이를 결정한다. 그러나 정관으로 주주총회에서 이를 결정하기로 정한 경우에는 그러하지 아니하다.

1. 전환사채의 총액
2. 전환의 조건
3. 전환으로 인하여 발행할 주식의 내용
4. 전환을 청구할 수 있는 기간
5. 주주에게 전환사채의 인수권을 준다는 뜻과 인수권의 목적인 전환사채의 액
6. 주주외의 자에게 전환사채를 발행하는 것과 이에 대하여 발행할 전환사채의 액

③주주외의 자에 대하여 전환사채를 발행

하는 경우에 그 발행할 수 있는 전환사채의 액, 전환의 조건, 전환으로 인하여 발행할 주식의 내용과 전환을 청구할 수 있는 기간에 관하여 정관에 규정이 없으면 제434조의 결의로써 이를 정하여야 한다. 이 경우 제418조제2항 단서의 규정을 준용한다.(개정 2001 · 7 · 24)
④제3항의 결의에 있어서 전환사채의 발행에 관한 의안의 요령은 제363조의 규정에 의한 통지와 공고에 기재하여야 한다.
(전문개정 1984 · 4 · 10)

제513조의2 (전환사채의 인수권을 가진 주주의 권리) ①전환사채의 인수권을 가진 주주는 그가 가진 주식의 수에 따라서 전환사채의 배정을 받을 권리가 있다. 그러나 각 전환사채의 금액중 최저액에 미달하는 단수에 대하여는 그러하지 아니하다.
②제418조제2항의 규정은 주주가 전환사채의 인수권을 가진 경우에 이를 준용한다.
(본조신설 1984 · 4 · 10)

제513조의3 (전환사채의 인수권을 가진 주주에 대한 최고) ①주주가 전환사채의 인수권을 가진 경우에는 각 주주에 대하여 그 인수권을 가지는 전환사채의 액, 발행가액, 전환의 조건, 전환으로 인하여 발행할 주식의 내용, 전환을 청구할 수 있는 기간과 일정한 기일까지 전환사채의 청약을 하지 아니하면 그 권리를 잃는다는 뜻을 통지하여야 한다.
②제419조제2항 내지 제4항의 규정은 제1항의 경우에 이를 준용한다.
(본조신설 1984 · 4 · 10)

제514조 (전환사채발행의 절차) ①전환사채에 관하여는 사채청약서, 채권과 사채원부에 다음의 사항을 기재하여야 한다.(개정 1995 · 12 · 29)

1. 사채를 주식으로 전환할 수 있다는 뜻
2. 전환의 조건
3. 전환으로 인하여 발행할 주식의 내용
4. 전환을 청구할 수 있는 기간
5. 주식의 양도에 관하여 이사회의 승인을 얻도록 정한 때에는 그 규정

②삭제(1984 · 4 · 10)

제514조의2 (전환사채의 등기) ①회사가 전환사채를 발행한 때에는 제476조의 규정에 의한 납입이 완료된 날로부터 2주간내에 본점의 소재지에서 전환사채의 등기를 하여야 한다.(개정 1995 · 12 · 29)
②제1항의 규정에 의하여 등기할 사항은 다음 각호와 같다.

1. 전환사채의 총액
2. 각 전환사채의 금액
3. 각 전환사채의 납입금액
4. 제514조제1호 내지 제4호에 정한 사항

③제183조의 규정은 제2항의 등기에 대하여 이를 준용한다.
④외국에서 전환사채를 모집한 경우에 등기할 사항이 외국에서 생긴 때에는 등기기간은 그 통지가 도달한 날로부터 기산한다.
(본조신설 1984 · 4 · 10)

제515조 (전환의 청구) ①전환을 청구하는 자는 청구서 2통에 채권을 첨부하여 회사에 제출하여야 한다.
②제1항의 청구서에는 전환하고자 하는 사채와 청구의 연월일을 기재하고 기명날인 또는 서명하여야 한다.(개정 1995 · 12 · 29)

제516조 (준용규정) ①제346조제2항, 제424조 및 제424조의2의 규정은 전환사채의 발행의 경우에 이를 준용한다.
②제339조, 제348조, 제350조 및 제351조의 규정은 사채의 전환의 경우에 이를 준용한다.(개정 1995 · 12 · 29)
(전문개정 1984 · 4 · 10)

제4관 신주인수권부사채

제516조의2 (신주인수권부사채의 발행) ①회사는 신주인수권부사채를 발행할 수 있다.
②제1항의 경우에 다음의 사항으로서 정관에 규정이 없는 것은 이사회가 결정한다. 그러나 정관으로 주주총회에서 이를 결정하도록 정한 경우에는 그러하지 아니하다.

1. 신주인수권부사채의 총액
2. 각 신주인수권부사채에 부여된 신주인수권의 내용
3. 신주인수권을 행사할 수 있는 기간
4. 신주인수권만을 양도할 수 있는 것에 관한 사항
5. 신주인수권을 행사하려는 자의 청구가 있는 때에는 신주인수권부사채의 상환에 갈음하여 그 발행가액으로 제516조의8제1항의 납입이 있는 것으로 본다는 뜻
6. 삭제(1995 · 12 · 29)
7. 주주에게 신주인수권부사채의 인수권을 준다는 뜻과 인수권의 목적인 신주인수권부사채의 액
8. 주주외의 자에게 신주인수권부사채를 발행하는 것과 이에 대하여 발행할 신주인수권부사채의 액

③각 신주인수권부사채에 부여된 신주인수권의 행사로 인하여 발행할 주식의 발행가액의 합계액은 각 신주인수권부사채의 금액을 초과할 수 없다.
④주주외의 자에 대하여 신주인수권부사채를 발행하는 경우에 그 발행할 수 있는 신주인수권부사채의 액, 신주인수권의 내용과 신주인수권을 행사할 수 있는 기간에 관하여 정관에 규정이 없으면 제434조의 결의로써 이를 정하여야 한다. 이 경우 제418조제2항 단서의 규정을 준용한다.(개정 2001·7·24)
⑤제513조제4항의 규정은 제4항의 경우에 이를 준용한다.
(본조신설 1984·4·10)

제516조의3 (신주인수권부사채의 인수권을 가진 주주에 대한 최고) ①주주가 신주인수권부사채의 인수권을 가진 경우에는 각 주주에 대하여 인수권을 가지는 신주인수권부사채의 액, 발행가액, 신주인수권의 내용, 신주인수권을 행사할 수 있는 기간과 일정한 기일까지 신주인수권부사채의 청약을 하지 아니하면 그 권리를 잃는다는 뜻을 통지하여야 한다. 이 경우 제516조의2제2항제4호 또는 제5호에 규정한 사항의 정함이 있는 때에는 그 내용도 통지하여야 한다.
②제419조제2항 내지 제4항의 규정은 제1항의 경우에 이를 준용한다.
(본조신설 1984·4·10)

제516조의4 (사채청약서·채권·사채원부의 기재사항) 신주인수권부사채에 있어서는 사채청약서·채권 및 사채원부에 다음의 사항을 기재하여야 한다. 그러나 제516조의5제1항의 신주인수권증권을 발행할 때에는 채권에는 이를 기재하지 아니한다.(개정 1995·12·29)

1. 신주인수권부사채라는 뜻
2. 제516조의2제2항제2호 내지 제5호에 정한 사항
3. 제516조의8의 규정에 의하여 납입을 맡을 은행 기타 금융기관과 납입장소
4. 주식의 양도에 관하여 이사회의 승인을 얻도록 정한 때에는 그 규정

(본조신설 1984·4·10)

제516조의5 (신주인수권증권의 발행) ①제516조의2제2항제4호에 규정한 사항을 정한 경우에는 회사는 채권과 함께 신주인수권증권을 발행하여야 한다.
②신주인수권증권에는 다음의 사항과 번호를 기재하고 이사가 기명날인 또는 서명하여야 한다.(개정 1995·12·29)

1. 신주인수권증권이라는 뜻의 표시
2. 회사의 상호
3. 제516조의2제2항제2호·제3호 및 제5호에 정한 사항
4. 제516조의4제3호에 정한 사항
5. 주식의 양도에 관하여 이사회의 승인을 얻도록 정한 때에는 그 규정

(본조신설 1984·4·10)

제516조의6 (신주인수권의 양도) ①신주인수권증권이 발행된 경우에 신주인수권의 양도는 신주인수권증권의 교부에 의하여서만 이를 행한다.
②제336조제2항, 제360조 및 수표법 제21조의 규정은 신주인수권증권에 관하여 이를 준용한다.
(본조신설 1984·4·10)

제516조의7 (신주인수권부사채의 등기) ①회사가 신주인수권부사채를 발행한 때에는 다음의 사항을 등기하여야 한다.

1. 신주인수권부사채라는 뜻
2. 신주인수권의 행사로 인하여 발행할 주식의 발행가액의 총액
3. 각 신주인수권부사채의 금액
4. 각 신주인수권부사채의 납입금액
5. 제516조의2제2항제1호 내지 제3호에 정한 사항

②제514조의2제1항·제3항 및 제4항의 규정은 제1항의 등기에 관하여 이를 준용한다.
(본조신설 1984·4·10)

제516조의8 (신주인수권의 행사) ①신주인수권을 행사하려는 자는 청구서 2통을 회사에 제출하고, 신주의 발행가액의 전액을 납입하여야 한다.
②제1항의 규정에 의하여 청구서를 제출하는 경우에 신주인수권증권이 발행된 때에는 신주인수권증권을 첨부하고, 이를 발행하지 아니한 때에는 채권을 제시하여야 한다.
③제1항의 납입은 채권 또는 신주인수권증권에 기재한 은행 기타 금융기관의 납입장소에서 하여야 한다.
④제302조제1항의 규정은 제1항의 청구서에, 제306조 및 제318조의 규정은 제3항의 납입을 맡은 은행 기타 금융기관에 이를 준용한다.
(본조신설 1984·4·10)

제516조의9 (주주가 되는 시기) 제516조의8제1항의 규정에 의하여 신주인수권을 행사한 자는 동항의 납입을 한 때에 주주가 된다. 이 경우 제350조제2항 및 제3항의 규정을 준용한다.(개정 1995·12·29)

(본조신설 1984 · 4 · 10)

제516조의10 (준용규정) 제351조의 규정은 신주인수권의 행사가 있는 경우에, 제513조의2 및 제516조제1항의 규정은 신주인수권부사채에 관하여 이를 준용한다.(개정 1995 · 12 · 29)
(본조신설 1984 · 4 · 10)

제9절 해 산

제517조 (해산사유) 주식회사는 다음의 사유로 인하여 해산한다.(개정 1998 · 12 · 28)

1. 제227조제1호, 제4호 내지 제6호에 정한 사유

1의2. 제530조의2의 규정에 의한 회사의 분할 또는 분할합병

2. 주주총회의 결의

제518조 (해산의 결의) 해산의 결의는 제434조의 규정에 의하여야 한다.

제519조 (회사의 계속) 회사가 존립기간의 만료 기타 정관에 정한 사유의 발생 또는 주주총회의 결의에 의하여 해산한 경우에는 제434조의 규정에 의한 결의로 회사를 계속할 수 있다.

제520조 (해산판결) ①다음의 경우에 부득이한 사유가 있는 때에는 발행주식의 총수의 100분의 10이상에 해당하는 주식을 가진 주주는 회사의 해산을 법원에 청구할 수 있다.

1. 회사의 업무가 현저한 정돈상태를 계속하여 회복할 수 없는 손해가 생긴 때 또는 생길 염려가 있는 때
2. 회사재산의 관리 또는 처분의 현저한 실당으로 인하여 회사의 존립을 위태롭게한 때

②제186조와 제191조의 규정은 전항의 청구에 준용한다.

제520조의2 (휴면회사의 해산) ①법원행정처장이 최후의 등기후 5년을 경과한 회사는 본점의 소재지를 관할하는 법원에 아직 영업을 폐지하지 아니하였다는 뜻의 신고를 할 것을 관보로써 공고한 경우에, 그 공고한 날에 이미 최후의 등기후 5년을 경과한 회사로써 공고한 날로부터 2월이내에 대통령령이 정하는 바에 의하여 신고를 하지 아니한 때에는 그 회사는 그 신고기간이 만료된 때에 해산한 것으로 본다. 그러나 그 기간내에 등기를 한 회사에 대하여는 그러하지 아니하다.
②제1항의 공고가 있는 때에는 법원은 해당 회사에 대하여 그 공고가 있었다는 뜻의 통지를 발송하여야 한다.
③제1항의 규정에 의하여 해산한 것으로 본 회사는 그 후 3년이내에는 제434조의 결의에 의하여 회사를 계속할 수 있다.
④제1항의 규정에 의하여 해산한 것으로 본 회사가 제3항의 규정에 의하여 회사를 계속하지 아니한 경우에는 그 회사는 그 3년이 경과한 때에 청산이 종결된 것으로 본다.
(본조신설 1984 · 4 · 10)

제521조 (해산의 통지, 공고) 회사가 해산한 때에는 파산의 경우외에는 이사는 지체없이 주주에 대하여 그 통지를 하고 무기명식의 주권을 발행한 경우에는 이를 공고하여야 한다.

제521조의2 (준용규정) 제228조와 제229조제3항의 규정은 주식회사의 해산에 관하여 이를 준용한다.
(본조신설 1998 · 12 · 28)

제10절 합 병

제522조 (합병계약서와 그 승인결의) ①회사가 합병을 함에는 합병계약서를 작성하여 주주총회의 승인을 얻어야 한다.(개정 1995 · 12 · 29, 1998 · 12 · 28)
②합병계약의 요령은 제363조에 정한 통지와 공고에 기재하여야 한다.
③제1항의 승인결의는 제434조의 규정에 의하여야 한다.(개정 1998 · 12 · 28)

제522조의2 (합병계약서등의 공시) ①이사는 제522조제1항의 주주총회 회일의 2주전부터 합병을 한 날 이후 6월이 경과하는 날까지 다음 각호의 서류를 본점에 비치하여야 한다.(개정 1998 · 12 · 28)

1. 합병계약서
2. 합병으로 인하여 소멸하는 회사의 주주에게 발행하는 주식의 배정에 관하여 그 이유를 기재한 서면
3. 각 회사의 최종의 대차대조표와 손익계산서

②주주 및 회사채권자는 영업시간내에는 언제든지 제1항 각호의 서류의 열람을 청구하거나, 회사가 정한 비용을 지급하고 그 등본 또는 초본의 교부를 청구할 수 있다.(개정 1998 · 12 · 28)
(본조신설 1984 · 4 · 10)

제522조의3 (합병반대주주의 주식매수청구권) ①제522조제1항의 규정에 의한 결의사항에 관하여 이사회의 결의가 있는 때에 그 결의에 반대하는 주주는 주주총회전

에 회사에 대하여 서면으로 그 결의에 반대하는 의사를 통지한 경우에는 그 총회의 결의일부터 20일이내에 주식의 종류와 수를 기재한 서면으로 회사에 대하여 자기가 소유하고 있는 주식의 매수를 청구할 수 있다.
②제527조의2제2항의 공고 또는 통지를 한 날부터 2주내에 회사에 대하여 서면으로 합병에 반대하는 의사를 통지한 주주는 그 기간이 경과한 날부터 20일이내에 주식의 종류와 수를 기재한 서면으로 회사에 대하여 자기가 소유하고 있는 주식의 매수를 청구할 수 있다.(신설 1998 · 12 · 28)
(본조신설 1995 · 12 · 29)

제523조 (흡수합병의 합병계약서) 합병할 회사의 일방이 합병후존속하는 경우에는 합병계약서에 다음의 사항을 기재하여야 한다.(개정 1998 · 12 · 28, 2001 · 7 · 24)

1. 존속하는 회사가 합병으로 인하여 그 발행할 주식의 총수를 증가하는 때에는 그 증가할 주식의 총수, 종류와 수
2. 존속하는 회사의 증가할 자본과 준비금의 총액
3. 존속하는 회사가 합병당시에 발행하는 신주의 총수, 종류와 수 및 합병으로 인하여 소멸하는 회사의 주주에 대한 신주의 배정에 관한 사항
4. 존속하는 회사가 합병으로 인하여 소멸하는 회사의 주주에게 지급할 금액을 정한 때에는 그 규정
5. 각 회사에서 합병의 승인결의를 할 사원 또는 주주의 총회의 기일
6. 합병을 할 날
7. 존속하는 회사가 합병으로 인하여 정관을 변경하기로 정한 때에는 그 규정
8. 각 회사가 합병으로 인하여 이익의 배당 또는 제462조의3제1항의 규정에 의하여 금전으로 이익배당을 할 때에는 그 한도액
9. 합병으로 인하여 존속하는 회사에 취임할 이사와 감사 또는 감사위원회의 위원을 정한 때에는 그 성명 및 주민등록번호

제524조 (신설합병의 합병계약서) 합병으로 인하여 회사를 설립하는 경우에는 합병계약서에 다음의 사항을 기재하여야 한다.(개정 2001 · 7 · 24)

1. 설립되는 회사에 대하여 제289조제1항제1호 내지 제4호에 게기한 사항과 수종의 주식을 발행할 때에는 그 종류, 수와 본점소재지
2. 설립되는 회사가 합병당시에 발행하는 주식의 총수와 종류, 수 및 각 회사의 주주에 대한 주식의 배정에 관한 사항
3. 설립되는 회사의 자본과 준비금의 총액
4. 각 회사의 주주에게 지급할 금액을 정한 때에는 그 규정
5. 전조제5호와 제6호에 게기한 사항
6. 합병으로 인하여 설립되는 회사의 이사와 감사 또는 감사위원회의 위원을 정한 때에는 그 성명 및 주민등록번호

제525조 (합명회사, 합자회사의 합병계약서) ①합병후 존속하는 회사 또는 합병으로 인하여 설립되는 회사가 주식회사인 경우에 합병할 회사의 일방 또는 쌍방이 합명회사 또는 합자회사인 때에는 총사원의 동의를 얻어 합병계약서를 작성하여야 한다.
②전2조의 규정은 전항의 합병계약서에 준용한다.

제526조 (흡수합병의 보고총회) ①합병을 하는 회사의 일방이 합병후 존속하는 경우에는 그 이사는 제527조의5의 절차의 종료후, 합병으로 인한 주식의 병합이 있을 때에는 그 효력이 생긴 후, 병합에 적당하지 아니한 주식이 있을 때에는 합병후, 존속하는 회사에 있어서는 제443조의 처분을 한 후, 소규모합병의 경우에는 제527조의3 제3항 및 제4항의 절차를 종료한 후 지체없이 주주총회를 소집하고 합병에 관한 사항을 보고하여야 한다.(개정 1998 · 12 · 28)
②합병당시에 발행하는 신주의 인수인은 제1항의 주주총회에서 주주와 동일한 권리가 있다.(개정 1998 · 12 · 28)
③제1항의 경우에 이사회는 공고로써 주주총회에 대한 보고에 갈음할 수 있다.(신설 1995 · 12 · 29)

제527조 (신설합병의 창립총회) ①합병으로 인하여 회사를 설립하는 경우에는 설립위원은 제527조의5의 절차의 종료후, 합병으로 인한 주식의 병합이 있을 때에는 그 효력이 생긴 후, 병합에 적당하지 아니한 주식이 있을 때에는 제443조의 처분을 한 후 지체없이 창립총회를 소집하여야 한다.(개정 1998 · 12 · 28)
②창립총회에서는 정관변경의 결의를 할 수 있다. 그러나 합병계약의 취지에 위반하는 결의는 하지 못한다.
③제308조제2항, 제309조, 제311조, 제312조와 제316조제2항의 규정은 제1항의 창립총회에 준용한다.
④제1항의 경우에 이사회는 공고로써 주주총회에 대한 보고에 갈음할 수 있다.(신

설 1998 · 12 · 28)

제527조의2 (간이합병) ①합병할 회사의 일방이 합병후 존속하는 경우에 합병으로 인하여 소멸하는 회사의 총주주의 동의가 있거나 그 회사의 발행주식총수의 100분의 90이상을 합병후 존속하는 회사가 소유하고 있는 때에는 합병으로 인하여 소멸하는 회사의 주주총회의 승인은 이를 이사회의 승인으로 갈음할 수 있다.
②제 1 항의 경우에 합병으로 인하여 소멸하는 회사는 합병계약서를 작성한 날부터 2주내에 주주총회의 승인을 얻지 아니하고 합병을 한다는 뜻을 공고하거나 주주에게 통지하여야 한다. 다만, 총주주의 동의가 있는 때에는 그러하지 아니하다.
(본조신설 1998 · 12 · 28)

제527조의3 (소규모합병) ①합병후 존속하는 회사가 합병으로 인하여 발행하는 신주의 총수가 그 회사의 발행주식총수의 100분의 5를 초과하지 아니하는 때에는 그 존속하는 회사의 주주총회의 승인은 이를 이사회의 승인으로 갈음할 수 있다. 다만, 합병으로 인하여 소멸하는 회사의 주주에게 지급할 금액을 정한 경우에 그 금액이 존속하는 회사의 최종 대차대조표상으로 현존하는 순자산액의 100분의 2를 초과하는 때에는 그러하지 아니하다.
②제 1 항의 경우에 존속하는 회사의 합병계약서에는 주주총회의 승인을 얻지 아니하고 합병을 한다는 뜻을 기재하여야 한다.
③제 1 항의 경우에 존속하는 회사는 합병계약서를 작성한 날부터 2주내에 소멸하는 회사의 상호 및 본점의 소재지, 합병을 할 날, 주주총회의 승인을 얻지 아니하고 합병을 한다는 뜻을 공고하거나 주주에게 통지하여야 한다.
④합병후 존속하는 회사의 발행주식총수의 100분의 20이상에 해당하는 주식을 소유한 주주가 제 3 항의 규정에 의한 공고 또는 통지를 한 날부터 2주내에 회사에 대하여 서면으로 제 1 항의 합병에 반대하는 의사를 통지한 때에는 제 1 항 본문의 규정에 의한 합병을 할 수 없다.
⑤제 1 항 본문의 경우에는 제522조의3의 규정은 이를 적용하지 아니한다.
(본조신설 1998 · 12 · 28)

제527조의4 (이사 · 감사의 임기) ①합병을 하는 회사의 일방이 합병후 존속하는 경우에 존속하는 회사의 이사 및 감사로서 합병전에 취임한 자는 합병계약서에 다른 정함이 있는 경우를 제외하고는 합병후 최초로 도래하는 결산기의 정기총회가 종료하는 때에 퇴임한다.
② 삭제(2001 · 7 · 24)
(본조신설 1998 · 12 · 28)

제527조의5 (채권자보호절차) ①회사는 제522조의 주주총회의 승인결의가 있은 날부터 2주내에 채권자에 대하여 합병에 이의가 있으면 1월이상의 기간내에 이를 제출할 것을 공고하고 알고 있는 채권자에 대하여는 따로따로 이를 최고하여야 한다.
②제 1 항의 규정을 적용함에 있어서 제527조의2 및 제527조의3의 경우에는 이사회의 승인결의를 주주총회의 승인결의로 본다.
③제232조제 2 항 및 제 3 항의 규정은 제 1 항 및 제 2 항의 경우에 이를 준용한다.
(본조신설 1998 · 12 · 28)

제527조의6 (합병에 관한 서류의 사후공시) ①이사는 제527조의5에 규정한 절차의 경과, 합병을 한 날, 합병으로 인하여 소멸하는 회사로부터 승계한 재산의 가액과 채무액 기타 합병에 관한 사항을 기재한 서면을 합병을 한 날부터 6월간 본점에 비치하여야 한다.
②제522조의2제 2 항의 규정은 제 1 항의 서면에 관하여 이를 준용한다.
(본조신설 1998 · 12 · 28)

제528조 (합병의 등기) ①회사가 합병을 한 때에는 제526조의 주주총회가 종결한 날 또는 보고에 갈음하는 공고일, 제527조의 창립총회가 종결한 날 또는 보고에 갈음하는 공고일부터 본점소재지에서는 2주내, 지점소재지에서는 3주내에 합병후 존속하는 회사에 있어서는 변경의 등기, 합병으로 인하여 소멸하는 회사에 있어서는 해산의 등기, 합병으로 인하여 설립된 회사에 있어서는 제317조에 정하는 등기를 하여야 한다.(개정 1998 · 12 · 28)
②합병후 존속하는 회사 또는 합병으로 인하여 설립된 회사가 합병으로 인하여 전환사채 또는 신주인수권부사채를 승계한 때에는 제 1 항의 등기와 동시에 사채의 등기를 하여야 한다.(개정 1984 · 4 · 10)

제529조 (합병무효의 소) ①합병무효는 각 회사의 주주 · 이사 · 감사 · 청산인 · 파산관재인 또는 합병을 승인하지 아니한 채권자에 한하여 소만으로 이를 주장할 수 있다.(개정 1984 · 4 · 10)
②제 1 항의 소는 제528조의 등기가 있은 날로부터 6월내에 제기하여야 한다.

제530조 (준용규정) ①삭제(1998 · 12 · 28)

②제234조, 제235조, 제237조 내지 제240조, 제329조의2, 제374조제2항, 제374조의2제2항 내지 제5항 및 제439조제3항의 규정은 주식회사의 합병에 관하여 이를 준용한다.(개정 1995·12·29, 1998·12·28, 2001·7·24)
③제440조 내지 제444조의 규정은 회사의 합병으로 인한 주식병합 또는 주식분할의 경우에 준용한다.(개정 1998·12·28)
④제339조와 제340조제3항의 규정은 주식을 병합하지 아니하는 경우에 합병으로 인하여 소멸하는 회사의 주식을 목적으로 하는 질권에 준용한다.

제11절 회사의 분할

제530조의2 (회사의 분할·분할합병) ①회사는 분할에 의하여 1개 또는 수개의 회사를 설립할 수 있다.
②회사는 분할에 의하여 1개 또는 수개의 존립중의 회사와 합병(이하 "분할합병"이라 한다)할 수 있다.
③회사는 분할에 의하여 1개 또는 수개의 회사를 설립함과 동시에 분할합병할 수 있다.
④해산후의 회사는 존립중의 회사를 존속하는 회사로 하거나 새로 회사를 설립하는 경우에 한하여 분할 또는 분할합병할 수 있다.
(본조신설 1998·12·28)

제530조의3 (분할계획서·분할합병계약서의 승인) ①회사가 분할 또는 분할합병을 하는 때에는 분할계획서 또는 분할합병계약서를 작성하여 주주총회의 승인을 얻어야 한다.
②제1항의 승인결의는 제434조의 규정에 의하여야 한다.
③제2항의 결의에 관하여는 제370조제1항의 주주도 의결권이 있다.
④분할계획 또는 분할합병계약의 요령은 제363조에 정한 통지와 공고에 기재하여야 한다.
⑤회사가 수종의 주식을 발행한 경우에 분할 또는 분할합병으로 인하여 어느 종류의 주주에게 손해를 미치게 되는 때에는 제435조의 규정에 의하여 그 종류의 주주의 총회의 결의가 있어야 한다.
⑥회사의 분할 또는 분할합병으로 인하여 분할 또는 분할합병에 관련되는 각 회사의 주주의 부담이 가중되는 경우에는 제2항 및 제5항의 결의외에 그 주주 전원의 동의가 있어야 한다.
(본조신설 1998·12·28)

제530조의4 (분할에 의한 회사의 설립) ①이 장 제1절의 회사설립에 관한 규정은 제530조의2의 규정에 의한 회사의 설립에 관하여 이를 준용한다.
②제1항의 규정에 불구하고 분할에 의하여 설립되는 회사는 분할되는 회사의 출자만으로도 설립할 수 있다. 이 경우 분할되는 회사의 주주에게 그 주주가 가지는 그 회사의 주식의 비율에 따라서 설립되는 회사의 주식이 발행되는 때에는 제299조의 규정을 적용하지 아니한다.
(본조신설 1998·12·28)

제530조의5 (분할계획서의 기재사항) ①분할에 의하여 회사를 설립하는 경우에는 분할계획서에 다음 각호의 사항을 기재하여야 한다.

1. 설립되는 회사의 상호, 목적, 본점의 소재지 및 공고의 방법
2. 설립되는 회사가 발행할 주식의 총수 및 1주의 금액
3. 설립되는 회사가 분할 당시에 발행하는 주식의 총수, 종류 및 종류별 주식의 수
4. 분할되는 회사의 주주에 대한 설립되는 회사의 주식의 배정에 관한 사항 및 배정에 따른 주식의 병합 또는 분할을 하는 경우에는 그에 관한 사항
5. 분할되는 회사의 주주에게 지급할 금액을 정한 때에는 그 규정
6. 설립되는 회사의 자본과 준비금에 관한 사항
7. 설립되는 회사에 이전될 재산과 그 가액
8. 제530조의9제2항의 정함이 있는 경우에는 그 내용
9. 설립되는 회사의 이사와 감사를 정한 경우에는 그 성명과 주민등록번호
10. 설립되는 회사의 정관에 기재할 그 밖의 사항

②분할후 회사가 존속하는 경우에는 존속하는 회사에 관하여 분할계획서에 다음 각호의 사항을 기재하여야 한다.

1. 감소할 자본과 준비금의 액
2. 자본감소의 방법
3. 분할로 인하여 이전할 재산과 그 가액
4. 분할후의 발행주식의 총수
5. 회사가 발행할 주식의 총수를 감소하는 경우에는 그 감소할 주식의 총수, 종류 및 종류별 주식의 수
6. 정관변경을 가져오게 하는 그 밖의 사

항
(본조신설 1998 · 12 · 28)

제530조의6 (분할합병계약서의 기재사항) ①분할되는 회사의 일부가 다른 회사와 합병하여 그 다른 회사(이하 "분할합병의 상대방 회사"라 한다)가 존속하는 경우에는 분할합병계약서에 다음 각호의 사항을 기재하여야 한다.

1. 분할합병의 상대방 회사가 분할합병으로 인하여 발행할 주식의 총수를 증가하는 경우에는 증가할 주식의 총수, 종류 및 종류별 주식의 수
2. 분할합병의 상대방 회사가 분할합병을 함에 있어서 발행하는 신주의 총수, 종류 및 종류별 주식의 수
3. 분할되는 회사의 주주에 대한 분할합병의 상대방 회사의 주식의 배정에 관한 사항 및 배정에 따른 주식의 병합 또는 분할을 하는 경우에는 그에 관한 사항
4. 분할되는 회사의 주주에 대하여 분할합병의 상대방 회사가 지급할 금액을 정한 때에는 그 규정
5. 분할합병의 상대방 회사의 증가할 자본의 총액과 준비금에 관한 사항
6. 분할되는 회사가 분할합병의 상대방 회사에 이전할 재산과 그 가액
7. 제530조의9제3항의 정함이 있는 경우에는 그 내용
8. 각 회사에서 제530조의3제2항의 결의를 할 주주총회의 기일
9. 분할합병을 할 날
10. 분할합병의 상대방 회사의 이사와 감사를 정한 때에는 그 성명과 주민등록번호
11. 분할합병의 상대방 회사의 정관변경을 가져오게 하는 그 밖의 사항

②분할되는 회사의 일부가 다른 회사 또는 다른 회사의 일부와 분할합병을 하여 회사를 설립하는 경우에는 분할합병계약서에 다음 각호의 사항을 기재하여야 한다.

1. 제530조의5제1항제1호 · 제2호 · 제6호 내지 제10호에 규정된 사항
2. 설립되는 회사가 분할합병을 함에 있어서 발행하는 주식의 총수, 종류 및 종류별 주식의 수
3. 각 회사의 주주에 대한 주식의 배정에 관한 사항과 배정에 따른 주식의 병합 또는 분할을 하는 경우에는 그 규정
4. 각 회사가 설립되는 회사에 이전할 재산과 그 가액
5. 각 회사의 주주에게 지급할 금액을 정한 때에는 그 규정
6. 각 회사에서 제530조의3제2항의 결의를 할 주주총회의 기일
7. 분할합병을 할 날

③제530조의5의 규정은 제1항 및 제2항의 경우에 각 회사의 분할합병을 하지 아니하는 부분의 기재에 관하여 이를 준용한다.
(본조신설 1998 · 12 · 28)

제530조의7 (분할대차대조표등의 공시) ①분할되는 회사의 이사는 제530조의3제1항의 규정에 의한 주주총회의 회일의 2주전부터 분할의 등기를 한 날 또는 분할합병을 한 날이후 6월간 다음 각호의 서류를 본점에 비치하여야 한다.

1. 분할계획서 또는 분할합병계약서
2. 분할되는 부분의 대차대조표
3. 분할합병의 경우 분할합병의 상대방 회사의 대차대조표
4. 분할되는 회사의 주주에게 발행할 주식의 배정에 관하여 그 이유를 기재한 서면

②제530조의6제1항의 분할합병의 상대방 회사의 이사는 분할합병을 승인하는 주주총회의 회일의 2주전부터 분할합병의 등기를 한 후 6월간 다음 각호의 서류를 본점에 비치하여야 한다.

1. 분할합병계약서
2. 분할되는 회사의 분할되는 부분의 대차대조표
3. 분할되는 회사의 주주에게 발행할 주식의 배정에 관하여 그 이유를 기재한 서면

③제522조의2제2항의 규정은 제1항 및 제2항의 서류에 관하여 이를 준용한다.
(본조신설 1998 · 12 · 28)

제530조의8 (분할 및 분할합병에 관한 계산) 분할 또는 분할합병으로 인하여 설립되는 회사 또는 분할합병의 상대방 회사가 영업권을 취득한 경우에는 그 취득가액을 대차대조표의 자산의 부에 계상할 수 있다. 이 경우에는 설립등기 또는 분할합병의 등기를 한 후 5년내의 매 결산기에 균등액이상을 상각하여야 한다.
(본조신설 1998 · 12 · 28)

제530조의9 (분할 및 분할합병후의 회사의 책임) ①분할 또는 분할합병으로 인하여 설립되는 회사 또는 존속하는 회사는 분할 또는 분할합병전의 회사채무에 관하여 연대하여 변제할 책임이 있다.
②제1항의 규정에 불구하고 분할되는 회

사가 제530조의3제2항의 규정에 의한 결의로 분할에 의하여 회사를 설립하는 경우에는 설립되는 회사가 분할되는 회사의 채무중에서 출자한 재산에 관한 채무만을 부담할 것을 정할 수 있다. 이 경우 분할되는 회사가 분할후에 존속하는 때에는 분할로 인하여 설립되는 회사가 부담하지 아니하는 채무만을 부담한다.
③분할합병의 경우에 분할되는 회사는 제530조의3제2항의 규정에 의한 결의로 분할합병에 따른 출자를 받는 존립중의 회사가 분할되는 회사의 채무중에서 출자한 재산에 관한 채무만을 부담할 것을 정할 수 있다. 이 경우에는 제2항 후단의 규정을 준용한다.
④제439조제3항 및 제527조의5의 규정은 제2항의 경우에 이를 준용한다.
(본조신설 1998·12·28)

제530조의10 (분할 또는 분할합병의 효과) 분할 또는 분할합병으로 인하여 설립되는 회사 또는 존속하는 회사는 분할하는 회사의 권리와 의무를 분할계획서 또는 분할합병계약서가 정하는 바에 따라서 승계한다.
(본조신설 1998·12·28)

제530조의11 (준용규정) ①제234조, 제237조 내지 제240조, 제329조의2, 제440조 내지 제444조, 제526조, 제527조, 제528조 및 제529조의 규정은 분할 또는 분할합병의 경우에 이를 준용한다. 다만, 제527조의 설립위원은 대표이사로 한다.
②제374조제2항, 제439조제3항, 제522조의3, 제527조의2, 제527조의3 및 제527조의5의 규정은 분할합병의 경우에 이를 준용한다.(개정 1999·12·31)
(본조신설 1998·12·28)

제530조의12 (물적 분할) 이 절의 규정은 분할되는 회사가 분할 또는 분할합병으로 인하여 설립되는 회사의 주식의 총수를 취득하는 경우에 이를 준용한다.
(본조신설 1998·12·28)

제12절 청 산

제531조 (청산인의 결정) ①회사가 해산한 때에는 합병·분할·분할합병 또는 파산의 경우외에는 이사가 청산인이 된다. 다만, 정관에 다른 정함이 있거나 주주총회에서 타인을 선임한 때에는 그러하지 아니하다.(개정 1998·12·28)
②전항의 규정에 의한 청산인이 없는 때에는 법원은 이해관계인의 청구에 의하여 청산인을 선임한다.

제532조 (청산인의 신고) 청산인은 취임한 날로부터 2주간내에 다음의 사항을 법원에 신고하여야 한다.(개정 1995·12·29)
1. 해산의 사유와 그 연월일
2. 청산인의 성명·주민등록번호 및 주소

제533조 (회사재산조사보고의무) ①청산인은 취임한 후 지체없이 회사의 재산상태를 조사하여 재산목록과 대차대조표를 작성하고 이를 주주총회에 제출하여 그 승인을 얻어야 한다.
②청산인은 전항의 승인을 얻은 후 지체없이 재산목록과 대차대조표를 법원에 제출하여야 한다.

제534조 (대차대조표·사무보고서·부속명세서의 제출·감사·공시·승인) ①청산인은 정기총회회일로부터 4주간전에 대차대조표 및 그 부속명세서와 사무보고서를 작성하여 감사에게 제출하여야 한다.
②감사는 정기총회회일로부터 1주간전에 제1항의 서류에 관한 감사보고서를 청산인에게 제출하여야 한다.
③청산인은 정기총회회일의 1주간전부터 제1항의 서류와 제2항의 감사보고서를 본점에 비치하여야 한다.
④제448조제2항의 규정은 제3항의 서류에 관하여 이를 준용한다.
⑤청산인은 대차대조표 및 사무보고서를 정기총회에 제출하여 그 승인을 요구하여야 한다.
(전문개정 1984·4·10)

제535조 (회사채권자에의 최고) ①청산인은 취임한 날로부터 2월내에 회사채권자에 대하여 일정한 기간내에 그 채권을 신고할 것과 그 기간내에 신고하지 아니하면 청산에서 제외될 뜻을 2회이상 공고로써 최고하여야 한다. 그러나 그 기간은 2월이상이어야 한다.
②청산인은 알고 있는 채권자에 대하여는 각별로 그 채권의 신고를 최고하여야 하며 그 채권자가 신고하지 아니한 경우에도 이를 청산에서 제외하지 못한다.

제536조 (채권신고기간내의 변제) ①청산인은 전조제1항의 신고기간내에는 채권자에 대하여 변제를 하지 못한다. 그러나 회사는 그 변제의 지연으로 인한 손해배상의 책임을 면하지 못한다.
②청산인은 전항의 규정에 불구하고 소액의 채권, 담보있는 채권 기타 변제로 인하여 다른 채권자를 해할 염려가 없는 채권에 대하여는 법원의 허가를 얻어 이를 변

제할 수 있다.

제537조 (제외된 채권자에 대한 변제) ①청산에서 제외된 채권자는 분배되지 아니한 잔여재산에 대하여서만 변제를 청구할 수 있다.
②일부의 주주에 대하여 재산의 분배를 한 경우에는 그와 동일한 비율로 다른 주주에게 분배할 재산은 전항의 잔여재산에서 공제한다.

제538조 (잔여재산의 분배) 잔여재산은 각 주주가 가진 주식의 수에 따라 주주에게 분배하여야 한다. 그러나 제344조제1항의 규정을 적용하는 경우에는 그러하지 아니하다.

제539조 (청산인의 해임) ①청산인은 법원이 선임한 경우외에는 언제든지 주주총회의 결의로 이를 해임할 수 있다.
②청산인이 그 업무를 집행함에 현저하게 부적임하거나 중대한 임무에 위반한 행위가 있는 때에는 발행주식의 총수의 100분의 3이상에 해당하는 주식을 가진 주주는 법원에 그 청산인의 해임을 청구할 수 있다.(개정 1998·12·28)
③제186조의 규정은 제2항의 청구에 관한 소에 준용한다.(개정 1998·12·28)

제540조 (청산의 종결) ①청산사무가 종결한 때에는 청산인은 지체없이 결산보고서를 작성하고 이를 주주총회에 제출하여 승인을 얻어야 한다.
②전항의 승인이 있는 때에는 회사는 청산인에 대하여 그 책임을 해제한 것으로 본다. 그러나 청산인의 부정행위에 대하여는 그러하지 아니하다.

제541조 (서류의 보존) ①회사의 장부 기타 영업과 청산에 관한 중요한 서류는 본점소재지에서 청산종결의 등기를 한 후 10년간 이를 보존하여야 한다. 다만, 전표 또는 이와 유사한 서류는 5년간 이를 보존하여야 한다.(개정 1995·12·29)
②전항의 보존에 관하여는 청산인 기타의 이해관계인의 청구에 의하여 법원이 보존인과 보존방법을 정한다.

제542조 (준용규정) ①제245조, 제252조 내지 제255조, 제259조, 제260조와 제264조의 규정은 주식회사에 준용한다.
②제362조, 제363조의2, 제366조, 제367조, 제373조, 제376조, 제377조, 제382조제2항, 제386조, 제388조 내지 제394조, 제396조, 제398조 내지 제408조, 제411조 내지 제413조, 제414조제3항, 제449조제3항, 제450조와 제466조의 규정은 청산인에 준용한다.(개정 1962·12·12, 1984·4·10, 1998·12·28)

제13절 상장회사에 대한 특례

제542조의2(적용범위) ① 이 절은 대통령령으로 정하는 증권시장(증권의 매매를 위하여 개설된 시장을 말한다)에 상장된 주권을 발행한 주식회사(이하 "상장회사"라 한다)에 대하여 적용한다. 다만, 집합투자(2인 이상에게 투자권유를 하여 모은 금전이나 그 밖의 재산적 가치가 있는 재산을 취득·처분, 그 밖의 방법으로 운용하고 그 결과를 투자자에게 배분하여 귀속시키는 것을 말한다)를 수행하기 위한 기구로서 대통령령으로 정하는 주식회사는 제외한다.
② 이 절은 이 장 다른 절에 우선하여 적용한다.
(본조신설 2009·1·30)

제542조의3(주식매수선택권) ① 상장회사는 제340조의2제1항 본문에 규정된 자 외에도 대통령령으로 정하는 관계 회사의 이사, 감사 또는 피용자에게 주식매수선택권을 부여할 수 있다. 다만, 제542조의8제2항제5호의 최대주주 등 대통령령으로 정하는 자에게는 주식매수선택권을 부여할 수 없다.
② 상장회사는 제340조의2제3항에도 불구하고 발행주식총수의 100분의 20의 범위에서 대통령령으로 정하는 한도까지 주식매수선택권을 부여할 수 있다.
③ 상장회사는 제340조의2제1항 본문에도 불구하고 정관으로 정하는 바에 따라 발행주식총수의 100분의 10의 범위에서 대통령령으로 정하는 한도까지 이사회가 제340조의3제2항 각 호의 사항을 결의함으로써 해당 회사의 감사 또는 피용자 및 제1항에 따른 관계 회사의 이사·감사 또는 피용자에게 주식매수선택권을 부여할 수 있다. 이 경우 주식매수선택권을 부여한 후 처음으로 소집되는 주주총회의 승인을 받아야 한다.
④ 상장회사의 주식매수선택권을 부여받은 자는 제340조의4제1항에도 불구하고 대통령령으로 정하는 경우를 제외하고는 주식매수선택권을 부여하기로 한 주주총회 또는 이사회의 결의일부터 2년 이상 재임하거나 재직하여야 주식매수선택권을 행사할 수 있다.
⑤ 제1항부터 제4항까지에서 규정한 사

항 외에 상장회사의 주식매수선택권 부여, 취소, 그 밖에 필요한 사항은 대통령령으로 정한다.
(본조신설 2009 · 1 · 30)

제542조의4(주주총회 소집공고 등) ① 상장회사가 주주총회를 소집하는 경우 대통령령으로 정하는 수 이하의 주식을 소유하는 주주에게는 정관으로 정하는 바에 따라 주주총회일의 2주 전에 주주총회를 소집하는 뜻과 회의의 목적사항을 둘 이상의 일간신문에 각각 2회 이상 공고하거나 대통령령으로 정하는 바에 따라 전자적 방법으로 공고함으로써 제363조제1항의 소집통지를 갈음할 수 있다.
② 상장회사가 이사 · 감사의 선임에 관한 사항을 목적으로 하는 주주총회를 소집통지 또는 공고하는 경우에는 이사 · 감사 후보자의 성명, 약력, 추천인, 그 밖에 대통령령으로 정하는 후보자에 관한 사항을 통지하거나 공고하여야 한다.
③ 상장회사가 주주총회 소집의 통지 또는 공고를 하는 경우에는 사외이사 등의 활동내역과 보수에 관한 사항, 사업개요 등 대통령령으로 정하는 사항을 통지 또는 공고하여야 한다. 다만, 상장회사가 그 사항을 대통령령으로 정하는 방법으로 일반인이 열람할 수 있도록 하는 경우에는 그러하지 아니하다.
(본조신설 2009 · 1 · 30)

제542조의5(이사 · 감사의 선임방법) 상장회사가 주주총회에서 이사 또는 감사를 선임하려는 경우에는 제542조의4제2항에 따라 통지하거나 공고한 후보자 중에서 선임하여야 한다.
(본조신설 2009 · 1 · 30)

제542조의6(소수주주권) ① 6개월 전부터 계속하여 상장회사 발행주식총수의 1천분의 15 이상에 해당하는 주식을 보유한 자는 제366조(제542조에서 준용하는 경우를 포함한다) 및 제467조에 따른 주주의 권리를 행사할 수 있다.
② 6개월 전부터 계속하여 상장회사의 의결권 없는 주식을 제외한 발행주식총수의 1천분의 10(대통령령으로 정하는 상장회사의 경우에는 1천분의 5) 이상에 해당하는 주식을 보유한 자는 제363조의2(제542조에서 준용하는 경우를 포함한다)에 따른 주주의 권리를 행사할 수 있다.
③ 6개월 전부터 계속하여 상장회사 발행주식총수의 1만분의 50(대통령령으로 정하는 상장회사의 경우에는 1만분의 25) 이상에 해당하는 주식을 보유한 자는 제385조(제415조에서 준용하는 경우를 포함한다) 및 제539조에 따른 주주의 권리를 행사할 수 있다.
④ 6개월 전부터 계속하여 상장회사 발행주식총수의 1만분의 10(대통령령으로 정하는 상장회사의 경우에는 1만분의 5) 이상에 해당하는 주식을 보유한 자는 제466조(제542조에서 준용하는 경우를 포함한다)에 따른 주주의 권리를 행사할 수 있다.
⑤ 6개월 전부터 계속하여 상장회사 발행주식총수의 10만분의 50(대통령령으로 정하는 상장회사의 경우에는 10만분의 25) 이상에 해당하는 주식을 보유한 자는 제402조(제542조에서 준용하는 경우를 포함한다)에 따른 주주의 권리를 행사할 수 있다.
⑥ 6개월 전부터 계속하여 상장회사 발행주식총수의 1만분의 1 이상에 해당하는 주식을 보유한 자는 제403조(제324조, 제415조, 제424조의2, 제467조의2 및 제542조에서 준용하는 경우를 포함한다)에 따른 주주의 권리를 행사할 수 있다.
⑦ 상장회사는 정관에서 제1항부터 제6항까지 규정된 것보다 단기의 주식 보유기간을 정하거나 낮은 주식 보유비율을 정할 수 있다.
⑧ 제1항부터 제6항까지 및 제542조의7 제2항에서 "주식을 보유한 자"란 주식을 소유한 자, 주주권 행사에 관한 위임을 받은 자, 2명 이상 주주의 주주권을 공동으로 행사하는 자를 말한다.
(본조신설 2009 · 1 · 30)

제542조의7(집중투표에 관한 특례) ① 상장회사에 대하여 제382조의2에 따라 집중투표의 방법으로 이사를 선임할 것을 청구하는 경우 주주총회일(정기주주총회의 경우에는 직전 연도의 정기주주총회일에 해당하는 그 해의 해당일. 이하 제542조의8 제5항에서 같다)의 6주 전까지 서면 또는 전자문서로 회사에 청구하여야 한다.
② 자산 규모 등을 고려하여 대통령령으로 정하는 상장회사의 의결권 없는 주식을 제외한 발행주식총수의 100분의 1 이상에 해당하는 주식을 보유한 자는 제382조의2에 따라 집중투표의 방법으로 이사를 선임할 것을 청구할 수 있다.
③ 제2항의 상장회사가 정관으로 집중투표를 배제하거나 그 배제된 정관을 변경하려는 경우에는 의결권 없는 주식을 제외한 발행주식총수의 100분의 3을 초과하는 수의 주식을 가진 주주는 그 초과하는 주식에

관하여 의결권을 행사하지 못한다. 다만, 정관에서 이보다 낮은 주식 보유비율을 정할 수 있다.
④ 제2항의 상장회사가 주주총회의 목적사항으로 제3항에 따른 집중투표 배제에 관한 정관 변경에 관한 의안을 상정하려는 경우에는 그 밖의 사항의 정관 변경에 관한 의안과 별도로 상정하여 의결하여야 한다.
(본조신설 2009·1·30)

제542조의8(사외이사의 선임) ① 상장회사는 자산 규모 등을 고려하여 대통령령으로 정하는 경우를 제외하고는 이사 총수의 4분의 1 이상을 사외이사로 하여야 한다. 다만, 자산 규모 등을 고려하여 대통령령으로 정하는 상장회사의 사외이사는 3명 이상으로 하되, 이사 총수의 과반수가 되도록 하여야 한다.
② 상장회사의 사외이사는 제382조제3항 각 호 뿐만 아니라 다음 각 호의 어느 하나에 해당되지 아니하여야 하며, 이에 해당하게 된 경우에는 그 직을 상실한다.
1. 미성년자, 금치산자 또는 한정치산자
2. 파산선고를 받고 복권되지 아니한 자
3. 금고 이상의 형을 선고받고 그 집행이 끝나거나 집행이 면제된 후 2년이 지나지 아니한 자
4. 대통령령으로 별도로 정하는 법률을 위반하여 해임되거나 면직된 후 2년이 지나지 아니한 자
5. 상장회사의 주주로서 의결권 없는 주식을 제외한 발행주식총수를 기준으로 본인 및 그와 대통령령으로 정하는 특수한 관계에 있는 자(이하 "특수관계인"이라 한다)가 소유하는 주식의 수가 가장 많은 경우 그 본인(이하 "최대주주"라 한다) 및 그의 특수관계인
6. 누구의 명의로 하든지 자기의 계산으로 의결권 없는 주식을 제외한 발행주식총수의 100분의 10 이상의 주식을 소유하거나 이사·감사의 선임과 해임 등 상장회사의 주요 경영사항에 대하여 사실상의 영향력을 행사하는 주주(이하 "주요주주"라 한다) 및 그의 배우자와 직계 존속·비속
7. 그 밖에 사외이사로서의 직무를 충실하게 수행하기 곤란하거나 상장회사의 경영에 영향을 미칠 수 있는 자로서 대통령령으로 정하는 자

③ 제1항의 상장회사는 사외이사의 사임·사망 등의 사유로 인하여 사외이사의 수가 제1항의 이사회의 구성요건에 미달하게 되면 그 사유가 발생한 후 처음으로 소집되는 주주총회에서 제1항의 요건에 합치되도록 사외이사를 선임하여야 한다.
④ 제1항 단서의 상장회사는 사외이사 후보를 추천하기 위하여 제393조의2의 위원회(이하 이 조에서 "사외이사 후보추천위원회"라 한다)를 설치하여야 한다. 이 경우 사외이사 후보추천위원회는 사외이사가 총 위원의 2분의 1 이상이 되도록 구성하여야 한다.
⑤ 제1항 단서의 상장회사가 주주총회에서 사외이사를 선임하려는 경우에는 사외이사 후보추천위원회의 추천을 받은 자 중에서 선임하여야 한다. 이 경우 사외이사 후보추천위원회가 사외이사 후보를 추천할 때에는 제542조의6제2항에 따른 주주제안권을 행사할 수 있는 요건을 갖춘 주주가 주주총회일의 6주 전에 추천한 사외이사 후보를 포함시켜야 한다.
(본조신설 2009·1·30)

제542조의9(주요주주 등 이해관계자와의 거래) ① 상장회사는 다음 각 호의 어느 하나에 해당하는 자를 상대방으로 하거나 그를 위하여 신용공여(금전 등 경제적 가치가 있는 재산의 대여, 채무이행의 보증, 자금 지원적 성격의 증권 매입, 그 밖에 거래상의 신용위험이 따르는 직접적·간접적 거래로서 대통령령으로 정하는 거래를 말한다. 이하 이 조에서 같다)를 하여서는 아니 된다.
1. 주요주주 및 그의 특수관계인
2. 이사(제401조의2제1항 각 호의 어느 하나에 해당하는 자를 포함한다. 이하 이 조에서 같다)
3. 감 사

② 제1항에도 불구하고 다음 각 호의 어느 하나에 해당하는 경우에는 신용공여를 할 수 있다.
1. 복리후생을 위한 이사 또는 감사에 대한 금전대여 등으로서 대통령령으로 정하는 신용공여
2. 다른 법령에서 허용하는 신용공여
3. 그 밖에 상장회사의 경영건전성을 해칠 우려가 없는 금전대여 등으로서 대통령령으로 정하는 신용공여

③ 자산 규모 등을 고려하여 대통령령으로 정하는 상장회사는 최대주주, 그의 특수관계인 및 그 상장회사의 특수관계인으로서 대통령령으로 정하는 자를 상대방으로 하거나 그를 위하여 다음 각 호의 어느 하나에 해당하는 거래(제1항에 따라

금지되는 거래는 제외한다)를 하려는 경우에는 이사회의 승인을 받아야 한다.
1. 단일 거래규모가 대통령령으로 정하는 규모 이상인 거래
2. 해당 사업연도 중에 특정인과의 해당 거래를 포함한 거래총액이 대통령령으로 정하는 규모 이상이 되는 경우의 해당 거래

④ 제3항의 경우 상장회사는 이사회의 승인 결의 후 처음으로 소집되는 정기주주총회에 해당 거래의 목적, 상대방, 그 밖에 대통령령으로 정하는 사항을 보고하여야 한다.
⑤ 제3항에도 불구하고 상장회사가 경영하는 업종에 따른 일상적인 거래로서 다음 각 호의 어느 하나에 해당하는 거래는 이사회의 승인을 받지 아니하고 할 수 있으며, 제2호에 해당하는 거래에 대하여는 그 거래내용을 주주총회에 보고하지 아니할 수 있다.
1. 약관에 따라 정형화된 거래로서 대통령령으로 정하는 거래
2. 이사회에서 승인한 거래총액의 범위 안에서 이행하는 거래

(본조신설 2009·1·30)

제542조의10(상근감사) ① 대통령령으로 정하는 상장회사는 주주총회 결의에 의하여 회사에 상근하면서 감사업무를 수행하는 감사(이하 "상근감사"라고 한다)를 1명 이상 두어야 한다. 다만, 이 법 및 다른 법률에 따라 감사위원회를 설치한 경우(감사위원회 설치 의무가 없는 상장회사가 이 절의 요건을 갖춘 감사위원회를 설치한 경우를 포함한다)에는 그러하지 아니하다.
② 다음 각 호의 어느 하나에 해당하는 자는 제1항 본문의 상장회사의 상근감사가 되지 못하며, 이에 해당하게 되는 경우에는 그 직을 상실한다.
1. 제542조의8제2항제1호부터 제4호까지 및 제6호에 해당하는 자
2. 회사의 상무(常務)에 종사하는 이사 및 피용자 또는 최근 2년 이내에 회사의 상무에 종사한 이사 및 피용자. 다만, 이 절에 따른 감사위원회위원으로 재임 중이거나 재임하였던 이사는 제외한다.
3. 제1호 및 제2호 외에 회사의 경영에 영향을 미칠 수 있는 자로서 대통령령으로 정하는 자

(본조신설 2009·1·30)

제542조의11(감사위원회) ① 자산 규모 등을 고려하여 대통령령으로 정하는 상장회사는 감사위원회를 설치하여야 한다.
② 제1항의 상장회사의 감사위원회는 제415조의2제2항의 요건 및 다음 각 호의 요건을 모두 갖추어야 한다.
1. 위원 중 1명 이상은 대통령령으로 정하는 회계 또는 재무 전문가일 것
2. 감사위원회의 대표는 사외이사일 것

③ 제542조의10제2항 각 호의 어느 하나에 해당하는 자는 제1항의 상장회사의 사외이사가 아닌 감사위원회위원이 될 수 없고, 이에 해당하게 된 경우에는 그 직을 상실한다.
④ 상장회사는 감사위원회위원인 사외이사의 사임·사망 등의 사유로 인하여 사외이사의 수가 다음 각 호의 감사위원회의 구성요건에 미달하게 되면 그 사유가 발생한 후 처음으로 소집되는 주주총회에서 그 요건에 합치되도록 하여야 한다.
1. 제1항에 따라 감사위원회를 설치한 상장회사는 제2항 각 호 및 제415조의2제2항의 요건
2. 제415조의2제1항에 따라 감사위원회를 설치한 상장회사는 제415조의2제2항의 요건

(본조신설 2009·1·30)

제542조의12(감사위원회의 구성 등) ① 제542조의11제1항의 상장회사의 경우 제393조의2에도 불구하고 감사위원회위원을 선임하거나 해임하는 권한은 주주총회에 있다.
② 제542조의11제1항의 상장회사는 주주총회에서 이사를 선임한 후 선임된 이사 중에서 감사위원회위원을 선임하여야 한다.
③ 최대주주, 최대주주의 특수관계인, 그 밖에 대통령령으로 정하는 자가 소유하는 상장회사의 의결권 있는 주식의 합계가 그 회사의 의결권 없는 주식을 제외한 발행주식총수의 100분의 3을 초과하는 경우 그 주주는 그 초과하는 주식에 관하여 감사 또는 사외이사가 아닌 감사위원회위원을 선임하거나 해임할 때에는 의결권을 행사하지 못한다. 다만, 정관에서 이보다 낮은 주식 보유비율을 정할 수 있다.
④ 대통령령으로 정하는 상장회사의 의결권 없는 주식을 제외한 발행주식총수의 100분의 3을 초과하는 수의 주식을 가진 주주는 그 초과하는 주식에 관하여 사외이사인 감사위원회위원을 선임할 때에 의결권을 행사하지 못한다. 다만, 정관에서 이보다 낮은 주식 보유비율을 정할 수 있다.

⑤ 상장회사가 주주총회의 목적사항으로 감사의 선임 또는 감사의 보수결정을 위한 의안을 상정하려는 경우에는 이사의 선임 또는 이사의 보수결정을 위한 의안과는 별도로 상정하여 의결하여야 한다.
⑥ 상장회사의 감사 또는 감사위원회는 제447조의4제1항에도 불구하고 이사에게 감사보고서를 주주총회일의 1주 전까지 제출할 수 있다.
(본조신설 2009·1·30)

제5장 유한회사

제1절 설 립

第543條 (정관의 작성, 절대적기재사항) ①유한회사를 설립함에는 사원이 정관을작성하여야 한다.(개정 2001·7·24)
②정관에는 다음의 사항을 기재하고 각 사원이 기명날인 또는 서명하여야 한다.(개정 1984·4·10, 1995·12·29, 2001·7·24)
1. 제179조제1호 내지 제3호에 정한 사항
2. 자본의 총액
3. 출자 1좌의 금액
4. 각 사원의 출자좌수
5. 본점의 소재지

③제292조의 규정은 유한회사에 준용한다.

第544條 (변태설립사항) 다음의 사항은 정관에 기재함으로써 그 효력이 있다.
1. 현물출자를 하는 자의 성명과 그 목적인 재산의 종류, 수량, 가격과 이에 대하여 부여하는 출자좌수
2. 회사의 설립후에 양수할 것을 약정한 재산의 종류, 수량, 가격과 그 양도인의 성명
3. 회사가 부담할 설립비용

第545條 (사원총수의 제한) ①사원의 총수는 50인을 초과하지 못한다. 그러나 특별한 사정이 있는 경우에 법원의 인가를 얻은 때에는 그러하지 아니하다.
②전항의 규정은 상속 또는 유증으로 인하여 사원의 수에 변경이 생기는 경우에는 적용하지 아니한다.

第546條 (자본총액, 출자 1좌의 금액의 제한) ①회사의 자본총액은 1천만원이상으로 하여야 한다.(개정 1984·4·10)
②출자 1좌의 금액은 5천원이상으로 균일하게 하여야 한다.(개정 1984·4·10)

第547條 (초대이사의 선임) ①정관으로 이사를 정하지 아니한 때에는 회사성립전에 사원총회를 열어 이를 선임하여야 한다.
②전항의 사원총회는 각 사원이 소집할 수 있다.

第548條 (출자의 납입) ①이사는 사원으로 하여금 출자전액의 납입 또는 현물출자의 목적인 재산전부의 급여를 시켜야 한다.
②제295조제2항의 규정은 사원이 현물출자를 하는 경우에 준용한다.

第549條 (설립의 등기) ①유한회사의 설립등기는 제548조의 납입 또는 현물출자의 이행이 있은 날로부터 2주간내에 하여야 한다.(개정 1995·12·29)
②제1항의 등기에는 다음의 사항을 등기하여야 한다.(개정 1995·12·29)
1. 제179조제1호·제2호 및 제5호에 규정된 사항과 지점을 둔 때에는 그 소재지
2. 제543조제2항제2호와 제3호에 게기한 사항
3. 이사의 성명·주민등록번호 및 주소. 다만, 회사를 대표할 이사를 정한 때에는 그 외의 이사의 주소를 제외한다.
4. 회사를 대표할 이사를 정한 때에는 그 성명
5. 수인의 이사가 공동으로 회사를 대표할 것을 정한 때에는 그 규정
6. 존립기간 기타의 해산사유를 정한 때에는 그 기간과 사유
7. 감사가 있는 때에는 그 성명 및 주민등록번호

③유한회사의 지점설치 및 이전시 지점소재지 또는 신지점소재지에서 하는 등기에 있어서는 제2항제1호 및 제3호 내지 제6호에 규정된 사항을 등기하여야 한다.(신설 1995·12·29)
④제181조 내지 제183조의 규정은 유한회사의 등기에 준용한다.(개정 1962·12·12)

第550條 (현물출자등에 관한 회사성립시의 사원의 책임) ①제544조제1호와 제2호의 재산의 회사성립당시의 실가가 정관에 정한 가격에 현저하게 부족한 때에는 회사성립 당시의 사원은 회사에 대하여 그 부족액을 연대하여 지급할 책임이 있다.
②전항의 사원의 책임은 면제하지 못한다.(신설 1962·12·12)

第551條 (출자미필액에 대한 회사성립시의 사원등의 책임) ①회사성립후에 출자금액의 납입 또는 현물출자의 이행이 완료되지 아니하였음이 발견된 때에는 회사성립당시의 사원, 이사와 감사는 회사에 대

하여 그 납입되지 아니한 금액 또는 이행되지 아니한 현물의 가액을 연대하여 지급할 책임이 있다.(개정 1962·12·12)
②전항의 사원의 책임은 면제하지 못한다.(신설 1962·12·12)
③제1항의 이사와 감사의 책임은 총사원의 동의가 없으면 면제하지 못한다.(신설 1962·12·12)

제552조 (설립무효, 취소의 소) ①회사의 설립의 무효는 그 사원, 이사와 감사에 한하여 설립의 취소는 그 취소권있는 자에 한하여 회사설립의 날로부터 2년내에 소만으로 이를 주장할 수 있다.
②제184조제2항과 제185조 내지 제193조의 규정은 전항의 소에 준용한다.
(전문개정 1962·12·12)

제2절 사원의 권리의무

제553조 (사원의 책임) 사원의 책임은 본법에 다른 규정이 있는 경우외에는 그 출자금액을 한도로 한다.

제554조 (사원의 지분) 각 사원은 그 출자좌수에 따라 지분을 가진다.

제555조 (지분에 관한 증권) 유한회사는 사원의 지분에 관하여 지시식 또는 무기명식의 증권을 발행하지 못한다.

제556조 (지분의 양도) ①사원은 제585조의 규정에 의한 사원총회의 결의가 있은 때에 한하여 그 지분의 전부 또는 일부를 타인에게 양도할 수 있다. 그러나 정관으로 양도의 제한을 가중할 수 있다.
②양도로 인하여 사원의 총수가 제545조의 규정에 의한 제한을 초과하는 경우에는 유증의 경우를 제외하고는 그 양도는 효력이 없다.
③사원상호간의 지분의 양도에 대하여는 제1항의 규정에 불구하고 정관으로 다른 정함을 할 수 있다.(개정 1962·12·12)

제557조 (지분이전의 대항요건) 지분의 이전은 취득자의 성명, 주소와 그 목적이 되는 출자좌수를 사원명부에 기재하지 아니하면 이로써 회사와 제삼자에게 대항하지 못한다.

제558조 (지분의 공유) 제333조의 규정은 지분이 수인의 공유에 속하는 경우에 준용한다.

제559조 (지분의 입질) ①지분은 질권의 목적으로 할 수 있다.
②제556조와 제557조의 규정은 지분의 입질에 준용한다.

제560조 (준용규정) ①제339조, 제340조제1항, 제2항, 제341조, 제341조의3, 제342조와 제343조제1항의 규정은 사원의 지분에 준용한다.(개정 1984·4·10, 1999·12·31)
②제353조의 규정은 사원에 대한 통지 또는 최고에 준용한다.

제3절 회사의 관리

제561조 (이사) 유한회사에는 1인 또는 수인의 이사를 두어야 한다.

제562조 (회사대표) ①이사는 회사를 대표한다.
②이사가 수인인 경우에 정관에 다른 정함이 없으면 사원총회에서 회사를 대표할 이사를 선정하여야 한다.
③정관 또는 사원총회는 수인의 이사가 공동으로 회사를 대표할 것을 정할 수 있다.
④제208조제2항의 규정은 전항의 경우에 준용한다.

제563조 (이사, 회사간의 소에 관한 대표) 회사가 이사에 대하여 또는 이사가 회사에 대하여 소를 제기하는 경우에는 사원총회는 그 소에 관하여 회사를 대표할 자를 선정하여야 한다.

제564조 (업무집행의 결정, 이사와 회사간의 거래) ①이사가 수인인 경우에 정관에 다른 정함이 없으면 회사의 업무집행, 지배인의 선임 또는 해임과 지점의 설치·이전 또는 폐지는 이사 과반수의 결의에 의하여야 한다.(개정 1984·4·10)
②사원총회는 제1항의 규정에 불구하고 지배인의 선임 또는 해임을 할 수 있다.(개정 1984·4·10)
③이사는 감사가 있는 때에는 그 승인이, 감사가 없는 때에는 사원총회의 승인이 있는 때에 한하여 자기 또는 제삼자의 계산으로 회사와 거래를 할 수 있다. 이 경우에는 민법 제124조의 규정을 적용하지 아니한다.(신설 1962·12·12)

제564조의2 (유지청구권) 이사가 법령 또는 정관에 위반한 행위를 하여 이로 인하여 회사에 회복할 수 없는 손해가 생길 염려가 있는 경우에는 감사 또는 자본의 총액의 100분의 3이상에 해당하는 출자좌수를 가진 사원은 회사를 위하여 이사에 대하여 그 행위를 유지할 것을 청구할 수 있다.
(본조신설 1999·12·31)

제565조 (사원의 대표소송) ①자본의 총액의 100분의 3이상에 해당하는 출자좌

수를 가진 사원은 회사에 대하여 이사의 책임을 추궁할 소의 제기를 청구할 수 있다.(개정 1999·12·31)
②제403조제2항 내지 제7항과 제404조 내지 제406조의 규정은 제1항의 경우에준용한다.(개정 1998·12·28)

제566조 (서류의 비치, 열람) ①이사는 정관과 사원총회의 의사록을 본점과 지점에, 사원명부를 본점에 비치하여야 한다.
②사원명부에는 사원의 성명, 주소와 그 출자좌수를 기재하여야 한다.
③사원과 회사채권자는 영업시간내에 언제든지 제1항에 게기한 서류의 열람 또는 등사를 청구할 수 있다.

제567조 (준용규정) 제209조, 제210조, 제382조, 제385조, 제386조, 제388조, 제395조, 제397조, 제399조 내지 제401조, 제407조와 제408조의 규정은 유한회사의 이사에 준용한다. 이 경우 제397조의 "이사회"는 이를 "사원총회"로 본다.(개정 1962·12·12, 1998·12·28, 1999·12·31)

제568조 (감사) ①유한회사는 정관에 의하여 1인 또는 수인의 감사를 둘 수 있다.
②제547조의 규정은 정관에서 감사를 두기로 정한 경우에 준용한다.

제569조 (감사의 권한) 감사는 언제든지 회사의 업무와 재산상태를 조사할 수 있고 이사에 대하여 영업에 관한 보고를 요구할 수 있다.

제570조 (준용규정) 제382조, 제385조 제1항, 제386조, 제388조, 제400조, 제407조, 제411조, 제413조, 제414조와 제565조의 규정은 감사에 준용한다.

제571조 (사원총회의 소집) ①사원총회는 본법에 다른 규정이 있는 경우외에는 이사가 이를 소집한다. 그러나 임시총회는 감사도 이를 소집할 수 있다.(개정 1962·12·12)
②사원총회를 소집함에는 회일을 정하고 1주간전에 각 사원에 대하여 서면으로 그 통지를 발송하여야 한다. 그러나 이 기간은 정관으로 단축할 수 있다.
③제363조제2항과 제364조의 규정은 사원총회의 소집에 준용한다.

제572조 (소수사원에 의한 총회소집청구) ①자본의 총액의 100분의 3이상에 해당하는 출자좌수를 가진 사원은 회의의 목적 사항과 소집의 이유를 기재한 서면을 이사에게 제출하여 총회의 소집을 청구할 수 있다.(개정 1999·12·31)
②전항의 규정은 정관으로 다른 정함을 할 수 있다.
③제366조제2항과 제3항의 규정은 제1항의 경우에 준용한다.

제573조 (소집절차의 생략) 총사원의 동의가 있을 때에는 소집절차없이 총회를 열 수 있다.

제574조 (총회의 정족수, 결의방법) 사원총회의 결의는 정관 또는 본법에 다른 규정이 있는 경우외에는 총사원의 의결권의 과반수를 가지는 사원이 출석하고 그 의결권의 과반수로써 하여야 한다.

제575조 (사원의 의결권) 각 사원은 출자 1좌마다 1개의 의결권을 가진다. 그러나 정관으로 의결권의 수에 관하여 다른 정함을 할 수 있다.

제576조 (영업양도등과 사후설립) ①유한회사가 제374조제1호 내지 제3호에 게기한 행위를 함에는 제585조의 규정에 의한 총회의 결의가 있어야 한다.
②전항의 규정은 유한회사가 그 성립후 2년내에 성립전으로부터 존재하는 재산으로서 영업을 위하여 계속하여 사용할 것을 자본의 20분의 1이상에 상당한 대가로 취득하는 계약을 체결하는 경우에 준용한다.

제577조 (서면에 의한 결의) ①총회의 결의를 하여야 할 경우에 총사원의 동의가 있는 때에는 서면에 의한 결의를 할 수 있다.
②결의의 목적사항에 대하여 총사원이 서면으로 동의를 한 때에는 서면에 의한 결의가 있은 것으로 본다.
③서면에 의한 결의는 총회의 결의와 동일한 효력이 있다.
④총회에 관한 규정은 서면에 의한 결의에 준용한다.

제578조 (준용규정) 제365조, 제367조, 제368조제3항, 제4항, 제369조제2항, 제371조제2항, 제372조, 제373조와 제376조 내지 제381조의 규정은 사원총회에 준용한다.

제579조 (재무제표의 작성) ①이사는 매결산기에 다음의 서류와 그 부속명세서를 작성하여야 한다

1. 대차대조표
2. 손익계산서
3. 이익잉여금처분계산서 또는 결손금처리계산서

②감사가 있는 때에는 이사는 정기총회회일로부터 4주간전에 제1항의 서류를 감사에게 제출하여야 한다.
③감사는 제2항의 서류를 받은 날로부터

3주간내에 감사보고서를 이사에게 제출하여야 한다.
(전문개정 1984·4·10)

제579조의2 (영업보고서의 작성) ①이사는 매결산기에 영업보고서를 작성하여야 한다.
②제579조제2항 및 제3항의 규정은 제1항의 영업보고서에 관하여 이를 준용한다.
(본조신설 1984·4·10)

제579조의3 (재무제표등의 비치·공시) ①이사는 정기총회회일의 1주간전부터 5년간 제579조 및 제579조의2의 서류와 감사보고서를 본점에 비치하여야 한다.
②제448조제2항의 규정은 제1항의 서류에 관하여 이를 준용한다.
(본조신설 1984·4·10)

제580조 (이익배당의 기준) 이익의 배당은 정관에 다른 정함이 있는 경우외에는 각 사원의 출자좌수에 따라 하여야 한다.

제581조 (사원의 회계장부열람권) ①자본의 100분의 3이상에 해당하는 출자좌수를 가진 사원은 회계의 장부와 서류의 열람 또는 등사를 청구할 수 있다.(개정 1999·12·31)
②회사는 정관으로 각 사원이 제1항의 청구를 할 수 있다는 뜻을 정할 수 있다. 이 경우 제579조제1항의 규정에 불구하고 부속명세서는 이를 작성하지 아니한다.(개정 1984·4·10)

제582조 (업무, 재산상태의 검사) ①회사의 업무집행에 관하여 부정행위 또는 법령이나 정관에 위반한 중대한 사유가 있는 때에는 자본총액의 100분의 3이상에 해당하는 출자좌수를 가진 사원은 회사의 업무와 재산상태를 조사하게 하기 위하여 법원에 검사인의 선임을 청구할 수 있다.(개정 1999·12·31)
②검사인은 그 조사의 결과를 서면으로 법원에 보고하여야 한다.
③법원은 전항의 보고서에 의하여 필요하다고 인정한 경우에는 감사가 있는 때에는 감사에게, 감사가 없는 때에는 이사에게 사원총회의 소집을 명할 수 있다. 제310조제2항의 규정은 이 경우에 준용한다.(개정 1962·12·12)

제583조 (준용규정) ①제449조제1항·제2항, 제450조, 제452조, 제453조, 제453조의2, 제457조의2, 제458조 내지 제460조, 제462조, 제462조의3 및 제466조의 규정은 유한회사의 계산에 준용한다.(개정 1984·4·10, 1995·12·29, 1999·12·31)
②제468조의 규정은 유한회사와 피용자간에 고용관계로 인하여 생긴 채권에 준용한다.(개정 1999·12·31)

제4절 정관의 변경

제584조 (정관변경의 방법) 정관을 변경함에는 사원총회의 결의가 있어야 한다.

제585조 (정관변경의 특별결의) ①전조의 결의는 총사원의 반수이상이며 총사원의 의결권의 4분의 3이상을 가지는 자의 동의로 한다.
②전항의 규정을 적용함에 있어서는 의결권을 행사할 수 없는 사원은 이를 총사원의 수에, 그 행사할 수 없는 의결권은 이를 의결권의 수에 산입하지 아니한다.

제586조 (자본증가의 결의) 다음의 사항은 정관에 다른 정함이 없더라도 자본증가의 결의에서 이를 정할 수 있다.
1. 현물출자를 하는 자의 성명과 그 목적인 재산의 종류, 수량, 가격과 이에 대하여 부여할 출자좌수
2. 자본의 증가후에 양수할 것을 약정한 재산의 종류, 수량, 가격과 그 양도인의 성명
3. 증가할 자본에 대한 출자의 인수권을 부여할 자의 성명과 그 권리의 내용

제587조 (증자의 경우의 출자인수권의 부여) 유한회사가 특정한 자에 대하여 장래 그 자본을 증가할 경우에 있어서 출자의 인수권을 부여할 것을 약속함에는 제585조에 정하는 결의에 의하여야 한다.

제588조 (사원의 출자인수권) 사원은 증가할 자본에 대하여 그 지분에 따라 출자를 인수할 권리가 있다. 그러나 전2조의 결의에서 출자의 인수자를 정한 때에는 그러하지 아니하다.

제589조 (출자인수의 방법) ①자본증가의 경우에 출자의 인수를 하고자 하는 자는 인수를 증명하는 서면에 그 인수할 출자의 좌수와 주소를 기재하고 기명날인 또는 서명하여야 한다.(개정 1995·12·29)
②유한회사는 광고 기타의 방법에 의하여 인수인을 공모하지 못한다.

제590조 (출자인수인의 지위) 자본증가의 경우에 출자의 인수를 한 자는 출자의 납입의 기일 또는 현물출자의 목적인 재산의 급여의 기일로부터 이익배당에 관하여 사원과 동일한 권리를 가진다.

제591조 (자본증가의 등기) 유한회사는 자본증가로 인한 출자전액의 납입 또는

현물출자의 이행이 완료된 날로부터 2주간 내에 본점의 소재지에서 자본증가로 인한 변경등기를 하여야 한다.(개정 1995·12·29)

第592條 (증자의 효력발생) 자본의 증가는 본점소재지에서 전조의 등기를 함으로써 그 효력이 생긴다.

第593條 (현물출자등에 관한 사원의 책임) ①제586조제1호와 제2호의 재산의 자본증가당시의 실가가 자본증가의 결의에 의하여 정한 가격에 현저하게 부족한 때에는 그 결의에 동의한 사원은 회사에 대하여 그 부족액을 연대하여 지급할 책임이 있다.
②제550조제2항과 제551조제2항의 규정은 전항의 경우에 준용한다.(개정 1962·12·12)

第594條 (미인수출자등에 관한 이사등의 책임) ①자본증가후에 아직 인수되지 아니한 출자가 있는 때에는 이사와 감사가 공동으로 인수한 것으로 본다.(개정 1962·12·12)
②자본증가후에 아직 출자전액의 납입 또는 현물출자의 목적인 재산의 급여가 미필된 출자가 있는 때에는 이사와 감사는 연대하여 그 납입 또는 급여미필재산의 가액을 지급할 책임이 있다.(개정 1962·12·12)
③제551조제3항의 규정은 전항의 경우에 준용한다.(개정 1962·12·12)

第595條 (증자무효의 소) ①자본증가의 무효는 사원, 이사 또는 감사에 한하여 제591조의 규정에 의한 본점소재지에서의 등기를 한 날로부터 6월내에 소만으로 이를 주장할 수 있다.(개정 1962·12·12)
②제430조 내지 제432조의 규정은 전항의 경우에 준용한다.

第596條 (준용규정) 제334조, 제548조와 제576조제2항의 규정은 자본증가의 경우에 준용한다.(개정 1962·12·12)

第597條 (동전) 제439조제1항, 제2항, 제443조, 제445조와 제446조의 규정은 자본감소의 경우에 준용한다.

제5절 합병과 조직변경

第598條 (합병의 방법) 유한회사가 다른 회사와 합병을 함에는 제585조의 규정에 의한 사원총회의 결의가 있어야 한다.

第599條 (설립위원의 선임) 제175조의 규정에 의한 설립위원의 선임은 제585조의 규정에 의한 사원총회의 결의에 의하여야 한다.

第600條 (유한회사와 주식회사의 합병) ①유한회사가 주식회사와 합병하는 경우에 합병후 존속하는 회사 또는 합병으로 인하여 설립되는 회사가 주식회사인 때에는 법원의 인가를 얻지 아니하면 합병의 효력이 없다.
②합병을 하는 회사의 일방이 사채의 상환을 완료하지 아니한 주식회사인 때에는 합병후 존속하는 회사 또는 합병으로 인하여 설립되는 회사는 유한회사로 하지 못한다.

第601條 (물상대위) ①유한회사가 주식회사와 합병하는 경우에 합병후 존속하는 회사 또는 합병으로 인하여 설립되는 회사가 유한회사인 때에는 제339조의 규정은 종전의 주식을 목적으로 하는 질권에 준용한다.
②전항의 경우에 질권의 목적인 지분에 관하여 출자좌수와 질권자의 성명 및 주소를 사원명부에 기재하지 아니하면 그 질권으로써 회사 기타의 제삼자에 대항하지 못한다.

第602條 (합병의 등기) 유한회사가 합병을 한 때에는 제603조에서 준용하는 제526조 또는 제527조의 규정에 의한 사원총회가 종결한 날로부터 본점소재지에서는 2주간, 지점소재지에서는 3주간내에 합병후 존속하는 유한회사에 있어서는 변경등기, 합병으로 인하여 소멸되는 유한회사에 있어서는 해산등기, 합병으로 인하여 설립되는 유한회사에 있어서는 제549조제2항에 정한 등기를 하여야 한다.

第603條 (준용규정) 제232조, 제234조, 제235조, 제237조 내지 제240조, 제443조, 제522조제1항·제2항, 제522조의2, 제523조, 제524조, 제526조제1항·제2항, 제527조제1항 내지 제3항 및 제529조의 규정은 유한회사의 합병의 경우에 준용한다.(개정 1962·12·12, 1984·4·10, 1998·12·28)

第604條 (주식회사의 유한회사에의 조직변경) ①주식회사는 총주주의 일치에 의한 총회의 결의로 그 조직을 변경하여 이를 유한회사로 할 수 있다. 그러나 사채의 상환을 완료하지 아니한 경우에는 그러하지 아니하다.
②전항의 조직변경의 경우에는 회사에 현존하는 순재산액보다 많은 금액을 자본의 총액으로 하지 못한다.
③제1항의 결의에 있어서는 정관 기타 조직변경에 필요한 사항을 정하여야 한다.
④제601조의 규정은 제1항의 조직변경의

경우에 준용한다.

제605조 (이사, 주주의 순재산액전보책임) ①전조의 조직변경의 경우에 회사에 현존하는 순재산액이 자본의 총액에 부족하는 때에는 전조제1항의 결의당시의 이사와 주주는 회사에 대하여 연대하여 그 부족액을 지급할 책임이 있다.
②제550조제2항과 제551조제2항, 제3항의 규정은 전항의 경우에 준용한다.(개정 1962·12·12)

제606조 (조직변경의 등기) 주식회사가 제604조의 규정에 의하여 그 조직을 변경한 때에는 본점소재지에서는 2주간, 지점소재지에서는 3주간내에 주식회사에 있어서는 해산등기, 유한회사에 있어서는 제549조제2항에 정하는 등기를 하여야한다.

제607조 (유한회사의 주식회사에의 조직변경) ①유한회사는 총사원의 일치에 의한 총회의 결의로 그 조직을 변경하여 이를 주식회사로 할 수 있다.
②전항의 경우에는 조직변경시에 발행하는 주식의 발행가액의 총액은 회사에 현존하는 순재산액을 초과하지 못한다.
③제1항의 조직변경은 법원의 인가를 얻지 아니하면 그 효력이 없다.
④제1항의 조직변경의 경우에 회사에 현존하는 순재산액이 조직변경시에 발행하는 주식의 발행가액의 총액에 부족하는 때에는 제1항의 결의당시의 이사, 감사와 사원은 회사에 대하여 연대하여 그 부족액을 지급할 책임이 있다. 이 경우에 제550조제2항과 제551조제2항, 제3항의 규정을 준용한다.(개정 1962·12·12)
⑤제340조제3항, 제601조제1항, 제604조제3항과 전조의 규정은 제1항의 조직변경의 경우에 준용한다.

제608조 (준용규정) 제232조의 규정은 제604조와 제607조의 조직변경의 경우에 준용한다.(개정 1984·4·10)

제6절 해산과 청산

제609조 (해산사유) ①유한회사는 다음의 사유로 인하여 해산한다.(개정 2001·7·24)
1. 제227조제1호·제4호 내지 제6호에 규정된 사유
2. 사원총회의 결의

②전항제2호의 결의는 제585조의 규정에 의하여야 한다.

제610조 (회사의 계속) ①제227조제1호 또는 전조제1항제2호의 사유로 인하여 회사가 해산한 경우에는 제585조의 규정에 의한 사원총회의 결의로써 회사를 계속할 수 있다.
②삭제(2001·7·24)

제611조 (준용규정) 제229조제3항의 규정은 전조의 회사계속의 경우에 준용한다.

제612조 (잔여재산의 분배) 잔여재산은 정관에 다른 정함이 있는 경우외에는 각 사원의 출자좌수에 따라 사원에게 분배하여야 한다.

제613조 (준용규정) ①제228조, 제245조, 제252조 내지 제255조, 제259조, 제260조, 제264조, 제520조, 제531조 내지 제537조, 제540조와 제541조의 규정은 유한회사에 준용한다.(개정 1962·12·12)
②제209조, 제210조, 제366조제2항·제3항, 제367조, 제373조제2항, 제376조, 제377조, 제382조제2항, 제386조, 제388조, 제399조 내지 제402조, 제407조, 제408조, 제411조 내지 제413조, 제414조제3항, 제450조, 제466조제2항, 제539조,제562조, 제563조, 제564조제3항, 제565조, 제566조, 제571조, 제572조제1항과 제581조의 규정은 유한회사의 청산인에 준용한다.(개정 1962·12·12,84·4·10)

제6장 외국회사

제614조 (대표자, 영업소의 설정과 등기) ①외국회사가 대한민국에서 영업을 하고자 하는 때에는 대한민국에서의 대표자를 정하고 영업소를 설치하여야 한다.
②전항의 경우에는 외국회사는 그 영업소의 설치에 관하여 대한민국에서 설립되는 동종의 회사 또는 가장 유사한 회사의 지점과 동일한 등기를 하여야 한다.
③전항의 등기에서는 회사설립의 준거법과 대한민국에서의 대표자의 성명과 그 주소를 등기하여야 한다.
④제209조와 제210조의 규정은 외국회사의 대표자에 준용한다.(개정 1962·12·12)

제615조 (등기기간의 기산점) 전조제2항과 제3항의 규정에 의한 등기사항이 외국에서 생긴 때에는 등기기간은 그 통지가 도달한 날로부터 기산한다.

제616조 (등기전의 계속거래의 금지) ①외국회사는 그 영업소의 소재지에서 제614조의 규정에 의한 등기를 하기 전에는 계속하여 거래를 하지 못한다.
②전항의 규정에 위반하여 거래를 한 자는

거래에 대하여 회사와 연대하여 책임을 진다.

第617조 (적용법규) 외국에서 설립된 회사라도 대한민국에 그 본점을 설치하거나 대한민국에서 영업할 것을 주된 목적으로 하는 때에는 대한민국에서 설립된 회사와 동일한 규정에 의하여야 한다.

第618조 (준용규정) ①제335조 내지 제338조, 제340조제1항, 제355조 내지 제357조, 제478조제1항, 제479조와 제480조의 규정은 대한민국에서의 외국회사의 주권 또는 채권의 발행과 그 주식의 이전이나 입질 또는 사채의 이전에 준용한다.
②전항의 경우에는 처음 대한민국에 설치한 영업소를 본점으로 본다.

第619조 (영업소폐쇄명령) ①외국회사가 대한민국에 영업소를 설치한 경우에 다음의 사유가 있는 때에는 법원은 이해관계인 또는 검사의 청구에 의하여 그 영업소의 폐쇄를 명할 수 있다.(개정 1962·12·12)
1. 영업소의 설치목적이 불법한 것인 때
2. 영업소의 설치등기를 한 후 정당한 사유없이 1년내에 영업을 개시하지 아니하거나 1년이상 영업을 휴지한 때 또는 정당한 사유없이 지급을 정지한 때
3. 회사의 대표자 기타 업무를 집행하는 자가 법령 또는 선량한 풍속 기타 사회질서에 위반한 행위를 한 때

②제176조제2항 내지 제4항의 규정은 전항의 경우에 준용한다.

第620조 (한국에 있는 재산의 청산) ①전조제1항의 규정에 의하여 영업소의 폐쇄를 명한 경우에는 법원은 이해관계인의 신청에 의하여 또는 직권으로 대한민국에 있는 그 회사재산의 전부에 대한 청산의 개시를 명할 수 있다. 이 경우에는 법원은 청산인을 선임하여야 한다.
②제535조 내지 제537조와 제542조의 규정은 그 성질이 허하지 아니하는 경우외에는 전항의 청산에 준용한다.
③전2항의 규정은 외국회사가 스스로 영업소를 폐쇄한 경우에 준용한다.

第621조 (외국회사의 지위) 외국회사는 다른 법률의 적용에 있어서는 법률에 다른 규정이 있는 경우외에는 대한민국에서 성립된 동종 또는 가장 유사한 회사로 본다.

제7장 벌 칙

第622조 (발기인, 이사 기타의 임원등의 특별배임죄) ①회사의 발기인, 업무집행사원, 이사, 감사위원회 위원, 감사 또는 제386조제2항, 제407조제1항, 제415조 또는 제567조의 직무대행자, 지배인 기타 회사영업에 관한 어느 종류 또는 특정한 사항의 위임을 받은 사용인이 그 임무에 위배한 행위로서 재산상의 이익을 취득하거나 제삼자로 하여금 이를 취득하게 하여 회사에 손해를 가한 때에는 10년이하의 징역 또는 3천만원이하의 벌금에 처한다.(개정 1984·4·10, 1995·12·29, 1999·12·31)
②회사의 청산인 또는 제542조제2항의 직무대행자, 제175조의 설립위원이 제1항의 행위를 한 때에도 제1항과 같다.

第623조 (사채권자집회의 대표자등의 특별배임죄) 사채권자집회의 대표자 또는 그 결의를 집행하는 자가 그 임무에 위배한 행위로써 재산상의 이익을 취득하거나 제삼자로 하여금 이를 취득하게 하여 사채권자에게 손해를 가한 때에는 7년이하의 징역 또는 2천만원이하의 벌금에 처한다.(개정 1984·4·10, 1995·12·29)

第624조 (특별배임죄의 미수) 전2조의 미수범은 처벌한다.

第624조의2(주요주주 등 이해관계자와의 거래 위반의 죄) 제542조의9제1항을 위반하여 신용공여를 한 자는 5년 이하의 징역 또는 2억원 이하의 벌금에 처한다.
(본조신설 2009·1·30)

第625조 (회사재산을 위태롭게 하는 죄) 제622조제1항에 규정된 자, 검사인, 제298조제3항·제299조의2·제310조제3항 또는 제313조제2항의 공증인(인가공증인의 공증담당변호사를 포함한다. 이하 이 장에서 같다)이나 제299조의2, 제310조제3항 또는 제422조제1항의 감정인이 다음의 행위를한 때에는 5년이하의 징역 또는 1천500만원이하의 벌금에 처한다.(개정 1984·4·10, 1995·12·29, 1998·12·28, 2009·2·6)
1. 주식 또는 출자의 인수나 납입, 현물출자의 이행, 제290조, 제416조제4호 또는 제544조에 규정된 사항에 관하여 법원·총회 또는 발기인에게 부실한 보고를 하거나 사실을 은폐한 때
2. 누구의 명의로 하거나를 불문하고 회사의 계산으로 부정하게 그 주식 또는 지분을 취득하거나 질권의 목적으로 이를 받은 때
3. 법령 또는 정관의 규정에 위반하여 이익이나 이자의 배당을 한 때

4. 회사의 영업범위외에서 투기행위를 하기 위하여 회사재산을 처분한 때

제625조의2 (주식의 취득제한등에 위반한 죄) 제635조제1항에 게기한 자가 제342조의2제1항 및 동조제2항의 규정에 위반한 때에는 2천만원이하의 벌금에 처한다. (본조신설 1984·4·10)

제626조 (부실보고죄) 회사의 이사, 감사위원회 위원, 감사 또는 제386조제2항, 제407조제1항, 제415조 또는 제567조의 제604조 또는 제607조의 조직변경의 경우에 제604조제2항 또는 제607조제2항의 순재산액에 관하여 법원 또는 총회에 부실한 보고를 하거나 사실을 은폐한 때에는 5년이하의 징역 또는 1천500만원이하의 벌금에 처한다.(개정 1984·4·10, 1995·12·29, 1999·12·28)

제627조 (부실문서행사죄) ①제622조제1항에 게기한 자, 외국회사의 대표자, 주식 또는 사채의 모집의 위탁을 받은 자가 주식 또는 사채를 모집함에 있어서 중요한 사항에 관하여 부실한 기재가 있는 주식청약서, 사채청약서, 사업계획서, 주식 또는 사채의 모집에 관한 광고 기타의 문서를 행사한 때에는 5년이하의 징역 또는 1천500만원이하의 벌금에 처한다.(개정 1984·4·10, 1995·12·29)
②주식 또는 사채를 매출하는 자가 그 매출에 관한 문서로서 중요한 사항에 관하여 부실한 기재가 있는 것을 행사한 때에도 제1항과 같다.

제628조 (납입가장죄등) ①제622조제1항에 게기한 자가 납입 또는 현물출자의 이행을 가장하는 행위를 한 때에는 5년이하의 징역 또는 1천500만원이하의 벌금에 처한다.(개정 1984·4·10, 1995·12·29)
②제1항의 행위에 응하거나 이를 중개한 자도 제1항과 같다.

제629조 (초과발행의 죄) 회사의 발기인, 이사 또는 제386조제2항 또는 제407조제1항의 직무대행자가 회사가 발행할 주식의 총수를 초과하여 주식을 발행한 때에는 5년이하의 징역 또는 1천500만원이하의 벌금에 처한다.(개정 1984·4·10, 1995·12·29)

제630조 (발기인, 이사 기타의 임원의 독직죄) ①제622조와 제623조에 규정된 자, 검사인, 제298조제3항·제299조의2·제310조제3항 또는 제313조제2항의 공증인이나 제299조의2, 제310조제3항 또는 제422조제1항의 감정인이 그 직무에 관하여 부정한 청탁을 받고 재산상의 이익을 수수, 요구 또는 약속한 때에는 5년이하의 징역 또는 1천500만원이하의 벌금에 처한다.(개정 1984·4·10, 1995·12·29, 1998·12·28)
②제1항의 이익을 약속, 공여 또는 공여의 의사를 표시한 자도 제1항과 같다.

제631조 (권리행사방해등에 관한 증수뢰죄) ①다음의 사항에 관하여 부정한 청탁을 받고 재산상의 이익을 수수, 요구 또는 약속한 자는 1년이하의 징역 또는 300만원이하의 벌금에 처한다.(개정 1962·12·12, 1984·4·10, 1995·12·29, 1998·12·28, 1999·12·31)

1. 창립총회, 사원총회, 주주총회 또는 사채권자집회에서의 발언 또는 의결권의 행사
2. 제3편에 정하는 소의 제기, 발행주식의 총수의 100분의 1 또는 100분의 3 이상에 해당하는 주주, 사채총액의 100분의 10이상에 해당하는 사채권자 또는 자본의 100분의 3이상에 해당하는 출자좌수를 가진 사원의 권리의 행사
3. 제402조 또는 제424조에 정하는 권리의 행사

②제1항의 이익을 약속, 공여 또는 공여의 의사를 표시한 자도 제1항과 같다(개정 1984·4·10)

제632조 (징역과 벌금의 병과) 제622조 내지 전조의 징역과 벌금은 이를 병과할 수 있다.

제633조 (몰수, 추징) 제630조제1항 또는 제631조제1항의 경우에는 범인이 수수한 이익은 이를 몰수한다. 그 전부 또는 일부를 몰수하기 불능한 때에는 그 가액을 추징한다.

제634조 (납입책임면탈의 죄) 납입의 책임을 면하기 위하여 타인 또는 가설인의 명의로 주식 또는 출자를 인수한 자는 1년이하의 징역 또는 300만원이하의 벌금에 처한다.(개정 1984·4·10, 1995·12·29)

제634조의2 (주주의 권리행사에 관한 이익공여의 죄) ①주식회사의 이사·감사위원회 위원·감사 또는 제386조제2항, 제407조제1항 또는 제415조의 직무대행자·지배인 기타 사용인이 주주의 권리의 행사와 관련하여 회사의 계산으로 재산상의 이익을 공여한 때에는 1년이하의 징역 또는 300만원이하의 벌금에 처한다.(개정 1995·12·29, 1999·12·31)
②제1항의 이익을 수수하거나, 제3자에

게 이를 공여하게 한 자도 제1항과 같다.
(본조신설 1984·4·10)

제634조의3(양벌규정) 회사의 대표자나 대리인, 사용인, 그 밖의 종업원이 그 회사의 업무에 관하여 제624조의2의 위반행위를 하면 그 행위자를 벌하는 외에 그 회사에도 해당 조문의 벌금형을 과(科)한다. 다만, 회사가 그 위반행위를 방지하기 위하여 해당 업무에 관하여 상당한 주의와 감독을 게을리하지 아니한 경우에는 그러하지 아니하다.
(본조신설 2009·1·30)

제635조 (과태료에 처할 행위) ①회사의 발기인, 설립위원, 업무집행사원, 이사, 감사, 감사위원회 위원, 외국회사의 대표자, 검사인, 제298조제3항·제299조의2·제310조제3항 또는 제313조제2항의 공증인, 제299조의2, 제310조제3항 또는 제422조제1항의 감정인, 지배인, 청산인, 명의개서대리인, 사채모집의 위탁을 받은 회사와 그 사무승계자 또는 제386조제2항, 제407조제1항, 제415조, 제542조제2항 또는 제567조의 직무대행자가 다음의 사항에 해당한 행위를 한 때에는 500만원이하의 과태료에 처한다. 다만, 그 행위에 대하여 형을 과할 때에는 그러하지 아니하다.(개정 1962·12·12, 1984·4·10, 1995·12·29, 1998·12·28, 1999·12·31, 2009·1·30)

1. 본편에 정한 등기를 해태한 때
2. 본편에 정한 공고 또는 통지를 해태하거나 부정한 공고 또는 통지를 한 때
3. 본편에 정한 검사 또는 조사를 방해한 때
4. 본편의 규정에 위반하여 정당한 사유없이 서류의 열람 또는 등사, 등본 또는 초본의 교부를 거부한 때
5. 관청, 총회·사채권자집회 또는 발기인에게 부실한 보고를 하거나 또는 사실을 은폐한 때
6. 주권·채권 또는 신주인수권증권에 기재할 사항을 기재하지 아니하거나 부실한 기재를 한 때
7. 정당한 사유없이 주권의 명의개서를 하지 아니한 때
8. 법률 또는 정관에 정한 이사 또는 감사의 원수를 궐한 경우에 그 선임절차를 해태한 때
9. 정관·주주명부 또는 그 복본, 사원명부·사채원부 또는 그 복본, 의사록·감사록·재산목록·대차대조표·영업보고서·사무보고서·손익계산서·이익잉여금처분계산서 또는 결손금처리계산서·결산보고서·회계장부, 제447조·제534조·제579조제1항 또는 제613조제1항의 부속명세서 또는 감사보고서에 기재할 사항을 기재하지 아니하거나 또는 부실한 기재를 한 때
10. 법원이 선임한 청산인에 대한 사무의 인계를 해태하거나 이를 거부한 때
11. 청산의 종결을 지연할 목적으로 제247조제3항, 제535조제1항 또는 제613조제1항의 기간을 부당하게 장기간으로 정한 때
12. 제254조제4항, 제542조제1항 또는 제613조제1항의 규정에 위반하여 파산선고의 청구를 해태한 때
13. 제589조제2항의 규정에 위반하여 출자의 인수인을 공모한 때
14. 제232조, 제247조제3항, 제439조제2항, 제527조의5, 제530조제2항, 제530조의9제4항, 제530조의11제2항, 제597조, 제603조 또는 제608조의 규정에 위반하여 회사의 합병분할·분할합병 또는 조직변경, 회사재산의 처분 또는 자본의 감소를 한 때
15. 제260조, 제542조제1항 또는 제613조제1항의 규정에 위반하여 회사재산을 분배할 때
16. 제302조제2항, 제347조, 제420조, 제420조의2, 제474조제2항 또는 제514조의 규정에 위반하여 주식청약서·신주인수권증서 또는 사채청약서를 작성하지 아니하거나 이에 기재할 사항을 기재하지 아니하거나 또는 부실한 기재를 한 때
17. 제342조 또는 제560조제1항의 규정에 위반하여 주식 또는 지분의 실효절차, 주식 또는 지분의 질권의 처분을 해태한 때
18. 제343조제1항 또는 제560조제1항의 규정에 위반하여 주식 또는 출자를 소각한 때
19. 제355조제1항, 제2항 또는 제618조의 규정에 위반하여 주권을 발행한 때

19의2. 제358조의2제2항의 규정에 위반하여 주주명부에 기재를 하지 아니한 때

19의3. 제363조의2제1항, 제542조제2항 또는 제542조의6제2항을 위반하여 주주가 제안한 사항을 주주총회의 목적사항으로 하지 아니한 때

20. 제365조제1항, 제2항, 제578조의 규

정 또는 제467조제3항, 제582조제3항의 규정에 의한 법원의 명령에 위반하여 총회를 소집하지 아니하거나 정관에 정한 곳 이외의 곳에서 또는 제363조, 제364조, 제571조제2항, 제3항의 규정에 위반하여 총회를 소집한 때

20의2. 제374조제2항, 제530조제2항 또는 제530조의11제2항의 규정에 위반하여 주식매수청구권의 내용과 행사방법을 통지 또는 공고하지 아니하거나 부실한 통지 또는 공고를 한 때

21. 제396조제1항, 제448조제1항, 제510조제2항, 제522조의2제1항, 제527조의6제1항, 제530조의7, 제534조제3항, 제542조제2항, 제566조제1항, 제579조의3, 제603조 또는 제613조의 규정에 위반하여 장부 또는 서류를 비치하지 아니한 때

21의2. 제412조의4제3항의 규정에 위반하여 정당한 이유없이 감사 또는 감사위원회의 조사를 거부한 때

22. 제458조 내지 제460조 또는 제583조의 규정에 위반하여 준비금을 적립하지 아니하거나 이를 사용한 때

22의2. 제464조의2제1항의 기간내에 배당금을 지급하지 아니한 때

23. 제470조의 규정에 위반하여 사채를 모집하거나 구사채를 상환하지 아니한 때

24. 제478조제1항 또는 제618조의 규정에 위반하여 채권을 발행한 때

25. 제536조 또는 제613조제1항의 규정에 위반하여 채무의 변제를 한 때

25의2. 제542조의5를 위반하여 이사 또는 감사를 선임한 경우

26. 제619조제1항의 규정에 의한 법원의 명령에 위반한 때

27. 제555조의 규정에 위반하여 지분에 대한 지시식 또는 무기명식의 증권을 발행한 때

②발기인 또는 이사가 주식의 인수로 인한 권리를 양도한 때에도 제1항과 같다.

③ 제1항 각 호 외의 부분에 규정된 자가 다음 각 호의 어느 하나에 해당하는 행위를 한 경우에는 5천만원 이하의 과태료를 부과한다.(신설 2009 · 1 · 30)

1. 제542조의8제1항을 위반하여 사외이사 선임의무를 이행하지 아니한 경우
2. 제542조의8제4항을 위반하여 사외이사 후보추천위원회를 설치하지 아니하거나 사외이사가 총위원의 2분의 1 이상이 되도록 사외이사 후보추천위원회를 구성하지 아니한 경우
3. 제542조의8제5항에 따라 사외이사를 선임하지 아니한 경우
4. 제542조의9제3항을 위반하여 이사회 승인 없이 거래한 경우
5. 제542조의11제1항을 위반하여 감사위원회를 설치하지 아니한 경우
6. 제542조의11제2항을 위반하여 제415조의2제2항 및 제542조의11제2항 각 호의 감사위원회의 구성요건에 적합한 감사위원회를 설치하지 아니한 경우
7. 제542조의11제4항제1호 및 제2호를 위반하여 감사위원회가 제415조의2제2항 및 제542조의11제2항 각 호의 감사위원회의 구성요건에 적합하도록 하지 아니한 경우
8. 제542조의12제2항을 위반하여 감사위원회위원의 선임절차를 준수하지 아니한 경우

④ 제1항 각 호 외의 부분에 규정된 자가 다음 각 호의 어느 하나에 해당하는 행위를 한 경우에는 1천만원 이하의 과태료를 부과한다.(신설 2009 · 1 · 30)

1. 제542조의4에 따른 주주총회 소집의 통지 · 공고를 게을리하거나 부정한 통지 또는 공고를 한 경우
2. 제542조의7제4항 또는 제542조의12제5항을 위반하여 의안을 별도로 상정하여 의결하지 아니한 경우

제636조 (등기전의 회사명의의 영업등) ①회사의 성립전에 회사의 명의로 영업을한 자는 회사설립의 등록세의 배액에 상당한 과태료에 처한다.

②전항의 규정은 제616조제1항의 규정에 위반한 자에 준용한다.

제637조 (법인에 대한 벌칙의 적용) 제622조, 제623조, 제625조, 제627조, 제628조 또는 제630조제1항에 게기한 자가 법인인 때에는 본장의 벌칙은 그 행위를 한 이사, 감사 기타 업무를 집행한 사원 또는 지배인에게 적용한다.

제637조의2(과태료의 부과 · 징수) ① 제635조(제1항제1호는 제외한다) 또는 제636조에 따른 과태료는 대통령령으로 정하는 바에 따라 법무부장관이 부과 · 징수한다.

② 제1항에 따른 과태료 처분에 불복하는 자는 그 처분을 고지받은 날부터 60일 이내에 법무부장관에게 이의를 제기할 수 있다.

③ 제1항에 따른 과태료 처분을 받은 자가

제2항에 따라 이의를 제기한 때에는 법무부장관은 지체 없이 관할 법원에 그 사실을 통보하여야 하며, 그 통보를 받은 관할 법원은 「비송사건절차법」에 따른 과태료 재판을 한다.
④ 제2항에서 규정하는 기간 내에 이의를 제기하지 아니하고 과태료를 납부하지 아니한 때에는 국세 체납처분의 예에 따라 징수한다.
(본조신설 2009 · 1 · 30)

제4편 보 험

제1장 통 칙

제638조 (의의) 보험계약은 당사자 일방이 약정한 보험료를 지급하고 상대방이 재산 또는 생명이나 신체에 관하여 불확정한 사고가 생길 경우에 일정한 보험금액 기타의 급여를 지급할 것을 약정함으로써 효력이 생긴다.

제638조의2 (보험계약의 성립) ①보험자가 보험계약자로부터 보험계약의 청약과 함께 보험료 상당액의 전부 또는 일부의 지급을 받은 때에는 다른 약정이 없으면 30일내에 그 상대방에 대하여 낙부의 통지를 발송하여야 한다. 그러나 인보험계약의 피보험자가 신체검사를 받아야 하는 경우에는 그 기간은 신체검사를 받은 날부터 기산한다.
②보험자가 제1항의 규정에 의한 기간내에 낙부의 통지를 해태한 때에는 승낙한 것으로 본다.
③보험자가 보험계약자로부터 보험계약의 청약과 함께 보험료상당액의 전부 또는 일부를 받은 경우에 그 청약을 승낙하기 전에 보험계약에서 정한 보험사고가 생긴 때에는 그 청약을 거절할 사유가 없는 한 보험자는 보험계약상의 책임을 진다. 그러나 인보험계약의 피보험자가 신체검사를 받아야 하는 경우에 그 검사를 받지 아니한 때에는 그러하지 아니하다.
(본조신설 1991 · 12 · 31)

제638조의3 (보험약관의 교부 · 명시의무) ①보험자는 보험계약을 체결할 때에 보험계약자에게 보험약관을 교부하고 그 약관의 중요한 내용을 알려주어야 한다.
②보험자가 제1항의 규정에 위반한 때에는 보험계약자는 보험계약이 성립한 날부터 1월내에 그 계약을 취소할 수 있다.
(본조신설 1991 · 12 · 31)

제639조 (타인을 위한 보험) ①보험계약자는 위임을 받거나 위임을 받지 아니하고 특정 또는 불특정의 타인을 위하여 보험계약을 체결할 수 있다. 그러나 손해보험계약의 경우에 그 타인의 위임이 없는 때에는 보험계약자는 이를 보험자에게 고지하여야 하고, 그 고지가 없는 때에는 타인이 그 보험계약이 체결된 사실을 알지 못하였다는 사유로 보험자에게 대항하지 못한다.(개정 1991 · 12 · 31)
②제1항의 경우에는 그 타인은 당연히 그 계약의 이익을 받는다. 그러나 손해보험계약의 경우에 보험계약자가 그 타인에게 보험사고의 발생으로 생긴 손해의 배상을 한 때에는 보험계약자는 그 타인의 권리를 해하지 아니하는 범위안에서 보험자에게 보험금액의 지급을 청구할 수 있다.(신설 1991 · 12 · 31)
③제1항의 경우에는 보험계약자는 보험자에 대하여 보험료를 지급할 의무가 있다. 그러나 보험계약자가 파산선고를 받거나 보험료의 지급을 지체한 때에는 그 타인이 그 권리를 포기하지 아니하는 한 그 타인도 보험료를 지급할 의무가 있다.(개정 1991 · 12 · 31)

제640조 (보험증권의 교부) ①보험자는 보험계약이 성립한 때에는 지체없이 보험증권을 작성하여 보험계약자에게 교부하여야 한다. 그러나 보험계약자가 보험료의 전부 또는 최초의 보험료를 지급하지 아니한 때에는 그러하지 아니하다.(개정 1991 · 12 · 31)
②기존의 보험계약을 연장하거나 변경한 경우에는 보험자는 그 보험증권에 그 사실을 기재함으로써 보험증권의 교부에 갈음할 수 있다.(신설 1991 · 12 · 31)

제641조 (증권에 관한 이의약관의 효력) 보험계약의 당사자는 보험증권의 교부가 있은 날로부터 일정한 기간내에 한하여 그 증권내용의 정부에 관한 이의를 할 수 있음을 약정할 수 있다. 이 기간은 1월을 내리지 못한다.

제642조 (증권의 재교부청구) 보험증권을 멸실 또는 현저하게 훼손한 때에는 보험계약자는 보험자에 대하여 증권의 재교부를 청구할 수 있다. 그 증권작성의 비용은 보험계약자의 부담으로 한다.

제643조 (소급보험) 보험계약은 그 계약전의 어느 시기를 보험기간의 시기로 할 수 있다.

제644조 (보험사고의 객관적 확정의 효

과) 보험계약당시에 보험사고가 이미 발생하였거나 또는 발생할 수 없는 것인 때에는 그 계약은 무효로 한다. 그러나 당사자 쌍방과 피보험자가 이를 알지 못한 때에는 그러하지 아니하다.

제645조 삭제(1991 · 12 · 31)

제646조 (대리인이 안 것의 효과) 대리인에 의하여 보험계약을 체결한 경우에 대리인이 안 사유는 그 본인의 안 것과 동일한 것으로 한다.

제647조 (특별위험의 소멸로 인한 보험료의 감액청구) 보험계약의 당사자가 특별한 위험을 예기하여 보험료의 액을 정한 경우에 보험기간중 그 예기한 위험이 소멸한 때에는 보험계약자는 그 후의 보험료의 감액을 청구할 수 있다.

제648조 (보험계약의 무효로 인한 보험료반환청구) 보험계약의 전부 또는 일부가 무효인 경우에 보험계약자와 피보험자가 선의이며 중대한 과실이 없는 때에는 보험자에 대하여 보험료의 전부 또는 일부의 반환을 청구할 수 있다. 보험계약자와 보험수익자가 선의이며 중대한 과실이 없는 때에도 같다.

제649조 (사고발생전의 임의해지) ①보험사고가 발생하기 전에는 보험계약자는 언제든지 계약의 전부 또는 일부를 해지할 수 있다. 그러나 제639조의 보험계약의 경우에는 보험계약자는 그 타인의 동의를 얻지 아니하거나 보험증권을 소지하지 아니하면 그 계약을 해지하지 못한다.(개정 1991 · 12 · 31)

②보험사고의 발생으로 보험자가 보험금액을 지급한 때에도 보험금액이 감액되지 아니하는 보험의 경우에는 보험계약자는 그 사고발생후에도 보험계약을 해지할 수 있다.(신설 1991 · 12 · 31)

③제1항의 경우에는 보험계약자는 당사자간에 다른 약정이 없으면 미경과보험료의 반환을 청구할 수 있다.(개정 1991 · 12 · 31)

제650조 (보험료의 지급과 지체의 효과) ①보험계약자는 계약체결후 지체없이 보험료의 전부 또는 제1회보험료를 지급하여야 하며, 보험계약자가 이를 지급하지 아니하는 경우에는 다른 약정이 없는 한 계약성립후 2월이 경과하면 그 계약은 해제된 것으로 본다.

②계속보험료가 약정한 시기에 지급되지 아니한 때에는 보험자는 상당한 기간을 정하여 보험계약자에게 최고하고 그 기간내에 지급되지 아니한 때에는 그 계약을 해지할 수 있다.

③특정한 타인을 위한 보험의 경우에 보험계약자가 보험료의 지급을 지체한 때에는 보험자는 그 타인에게도 상당한 기간을 정하여 보험료의 지급을 최고한 후가 아니면 그 계약을 해제 또는 해지하지 못한다.

(전문개정 1991 · 12 · 31)

제650조의2 (보험계약의 부활) 제650조 제2항에 따라 보험계약이 해지되고 해지환급금이 지급되지 아니한 경우에 보험계약자는 일정한 기간내에 연체보험료에 약정이자를 붙여 보험자에게 지급하고 그 계약의 부활을 청구할 수 있다. 제638조의2의 규정은 이 경우에 준용한다.

(본조신설 1991 · 12 · 31)

제651조 (고지의무위반으로 인한 계약해지) 보험계약당시에 보험계약자 또는 피보험자가 고의 또는 중대한 과실로 인하여 중요한 사항을 고지하지 아니하거나 부실의 고지를 한 때에는 보험자는 그 사실을 안 날로부터 1월내에, 계약을 체결한 날로부터 3년내에 한하여 계약을 해지할 수 있다. 그러나 보험자가 계약당시에 그 사실을 알았거나 중대한 과실로 인하여 알지 못한 때에는 그러하지 아니하다.(개정 1991 · 12 · 31)

제651조의2 (서면에 의한 질문의 효력) 보험자가 서면으로 질문한 사항은 중요한 사항으로 추정한다.

(본조신설 1991 · 12 · 31)

제652조 (위험변경증가의 통지와 계약해지) ①보험기간중에 보험계약자 또는 피보험자가 사고발생의 위험이 현저하게 변경 또는 증가된 사실을 안 때에는 지체없이 보험자에게 통지하여야 한다. 이를 해태한 때에는 보험자는 그 사실을 안 날로부터 1월내에 한하여 계약을 해지할 수 있다.

②보험자가 제1항의 위험변경증가의 통지를 받은 때에는 1월내에 보험료의 증액을 청구하거나 계약을 해지할 수 있다.(신설 1991 · 12 · 31)

제653조 (보험계약자등의 고의나 중과실로 인한 위험증가와 계약해지) 보험기간중에 보험계약자, 피보험자 또는 보험수익자의 고의 또는 중대한 과실로 인하여 사고발생의 위험이 현저하게 변경 또는 증가된 때에는 보험자는 그 사실을 안 날부터 1월내에 보험료의 증액을 청구하거나 계약을 해지할 수 있다.(개정 1991 · 12 · 31)

제654조 (보험자의 파산선고와 계약해

지) ①보험자가 파산의 선고를 받은 때에는 보험계약자는 계약을 해지할 수 있다.
②제1항의 규정에 의하여 해지하지 아니한 보험계약은 파산선고후 3월을 경과한 때에는 그 효력을 잃는다.(개정 1991·12·31)

第655條 (계약해지와 보험금액청구권) 보험사고가 발생한 후에도 보험자가 제650조, 제651조, 제652조와 제653조의 규정에 의하여 계약을 해지한 때에는 보험금액을 지급할 책임이 없고 이미 지급한 보험금액의 반환을 청구할 수 있다. 그러나 고지의무에 위반한 사실 또는 위험의 현저한 변경이나 증가된 사실이 보험사고의 발생에 영향을 미치지 아니하였음이 증명된 때에는 그러하지 아니하다.(개정 1991·12·31)

第656條 (보험료의 지급과 보험자의 책임개시) 보험자의 책임은 당사자간에 다른 약정이 없으면 최초의 보험료의 지급을 받은 때로부터 개시한다.

第657條 (보험사고발생의 통지의무) ①보험계약자 또는 피보험자나 보험수익자는 보험사고의 발생을 안 때에는 지체없이 보험자에게 그 통지를 발송하여야 한다.
②보험계약자 또는 피보험자나 보험수익자가 제1항의 통지의무를 해태함으로 인하여 손해가 증가된 때에는 보험자는 그 증가된 손해를 보상할 책임이 없다.(신설 1991·12·31)

第658條 (보험금액의 지급) 보험자는 보험금액의 지급에 관하여 약정기간이 있는 경우에는 그 기간내에 약정기간이 없는 경우에는 제657조제1항의 통지를 받은 후 지체없이 지급할 보험금액을 정하고 그 정하여진 날부터 10일내에 피보험자또는 보험수익자에게 보험금액을 지급하여야 한다.
(전문개정 1991·12·31)

第659條 (보험자의 면책사유) ①보험사고가 보험계약자 또는 피보험자나 보험수익자의 고의 또는 중대한 과실로 인하여 생긴 때에는 보험자는 보험금액을 지급할 책임이 없다.
②삭제(1991·12·31)

第660條 (전쟁위험등으로 인한 면책) 보험사고가 전쟁 기타의 변란으로 인하여 생긴 때에는 당사자간에 다른 약정이 없으면 보험자는 보험금액을 지급할 책임이없다.

第661條 (재보험) 보험자는 보험사고로 인하여 부담할 책임에 대하여 다른 보험자와 재보험계약을 체결할 수 있다. 이 재보험계약은 원보험계약의 효력에 영향을 미치지 아니한다.

第662條 (소멸시효) 보험금액의 청구권과 보험료 또는 적립금의 반환청구권은 2년, 보험료의 청구권은 1년간 행사하지 아니하면 소멸시효가 완성한다.

第663條 (보험계약자등의 불이익변경금지) 이 편의 규정은 당사자간의 특약으로 보험계약자 또는 피보험자나 보험수익자의 불이익으로 변경하지 못한다. 그러나 재보험 및 해상보험 기타 이와 유사한 보험의 경우에는 그러하지 아니하다.(개정 1991·12·31)

第664條 (상호보험에의 준용) 이 편의 규정은 그 성질이 상반되지 아니하는 한도에서 상호보험에 준용한다.(개정 1991·12·31)

제2장 손해보험

제1절 통 칙

第665條 (손해보험자의 책임) 손해보험계약의 보험자는 보험사고로 인하여 생길 피보험자의 재산상의 손해를 보상할 책임이 있다.

第666條 (손해보험증권) 손해보험증권에는 다음의 사항을 기재하고 보험자가 기명날인 또는 서명하여야 한다.(개정 1991·12·31)

1. 보험목적
2. 보험사고의 성질
3. 보험금액
4. 보험료와 그 지급방법
5. 보험기간을 정한 때에는 그 시기와 종기
6. 무효와 실권의 사유
7. 보험계약자의 주소와 성명 또는 상호
8. 보험계약의 연월일
9. 보험증권의 작성지와 그 작성연월일

第667條 (상실이익등의 불산입) 보험사고로 인하여 상실된 피보험자가 얻을 이익이나 보수는 당사자간에 다른 약정이 없으면 보험자가 보상할 손해액에 산입하지 아니한다.

第668條 (보험계약의 목적) 보험계약은 금전으로 산정할 수 있는 이익에 한하여 보험계약의 목적으로 할 수 있다.

第669條 (초과보험) ①보험금액이 보험계약의 목적의 가액을 현저하게 초과한 때에는 보험자 또는 보험계약자는 보험료와 보험금액의 감액을 청구할 수 있다. 그러나 보험료의 감액은 장래에 대하여서만

그 효력이 있다.
②제 1 항의 가액은 계약당시의 가액에 의하여 정한다.(개정 1991 · 12 · 31)
③보험가액이 보험기간중에 현저하게 감소된 때에도 제 1 항과 같다.
④제 1 항의 경우에 계약이 보험계약자의 사기로 인하여 체결된 때에는 그 계약은 무효로 한다. 그러나 보험자는 그 사실을 안 때까지의 보험료를 청구할 수 있다.

제670조 (기평가보험) 당사자간에 보험가액을 정한 때에는 그 가액은 사고발생시의 가액으로 정한 것으로 추정한다. 그러나 그 가액이 사고발생시의 가액을 현저하게 초과할 때에는 사고발생시의 가액을 보험가액으로 한다.

제671조 (미평가보험) 당사자간에 보험가액을 정하지 아니한 때에는 사고발생시의 가액을 보험가액으로 한다.

제672조 (중복보험) ①동일한 보험계약의 목적과 동일한 사고에 관하여 수개의 보험계약이 동시에 또는 순차로 체결된 경우에 그 보험금액의 총액이 보험가액을 초과한 때에는 보험자는 각자의 보험금액의 한도에서 연대책임을 진다. 이 경우에는 각 보험자의 보상책임은 각자의 보험금액의 비율에 따른다.(개정 1991 · 12 · 31)
②동일한 보험계약의 목적과 동일한 사고에 관하여 수개의 보험계약을 체결하는 경우에는 보험계약자는 각 보험자에 대하여 각 보험계약의 내용을 통지하여야 한다.(개정 1991 · 12 · 31)
③제669조제 4 항의 규정은 제 1 항의 보험계약에 준용한다.

제673조 (중복보험과 보험자 1인에 대한 권리포기) 제672조의 규정에 의한 수개의 보험계약을 체결한 경우에 보험자 1인에 대한 권리의 포기는 다른 보험자의 권리의무에 영향을 미치지 아니한다.(개정 1991 · 12 · 31)

제674조 (일부보험) 보험가액의 일부를 보험에 붙인 경우에는 보험자는 보험금액의보험가액에 대한 비율에 따라 보상할 책임을 진다. 그러나 당사자간에 다른 약정이 있는 때에는 보험자는 보험금액의 한도내에서 그 손해를 보상할 책임을 진다.(개정 1991 · 12 · 31)

제675조 (사고발생후의 목적멸실과 보상책임) 보험의 목적에 관하여 보험자가 부담할 손해가 생긴 경우에는 그 후 그 목적이 보험자가 부담하지 아니하는 보험사고의 발생으로 인하여 멸실된 때에도 보험자는 이미 생긴 손해를 보상할 책임을 면하지 못한다.(개정 1962 · 12 · 12)

제676조 (손해액의 산정기준) ①보험자가 보상할 손해액은 그 손해가 발생한 때와 곳의 가액에 의하여 산정한다. 그러나 당사자간에 다른 약정이 있는 때에는 그 신품가액에 의하여 손해액을 산정할 수 있다.(개정 1991 · 12 · 31)
②제 1 항의 손해액의 산정에 관한 비용은 보험자의 부담으로 한다.(개정 1991 · 12 · 31)

제677조 (보험료체납과 보상액의 공제) 보험자가 손해를 보상할 경우에 보험료의 지급을 받지 아니한 잔액이 있으면 그 지급기일이 도래하지 아니한 때라도 보상할 금액에서 이를 공제할 수 있다.

제678조 (보험자의 면책사유) 보험의 목적의 성질, 하자 또는 자연소모로 인한 손해는 보험자가 이를 보상할 책임이 없다.

제679조 (보험목적의 양도) ①피보험자가 보험의 목적을 양도한 때에는 양수인은 보험계약상의 권리와 의무를 승계한 것으로 추정한다.(개정 1991 · 12 · 31)
②제 1 항의 경우에 보험의 목적의 양도인 또는 양수인은 보험자에 대하여 지체없이 그 사실을 통지하여야 한다.(신설 1991 · 12 · 31)

제680조 (손해방지의무) ①보험계약자와 피보험자는 손해의 방지와 경감을 위하여 노력하여야 한다. 그러나 이를 위하여 필요 또는 유익하였던 비용과 보상액이 보험금액을 초과한 경우라도 보험자가 이를 부담한다.(개정 1991 · 12 · 31)
②삭제(1991 · 12 · 31)

제681조 (보험목적에 관한 보험대위) 보험의 목적의 전부가 멸실한 경우에 보험금액의 전부를 지급한 보험자는 그 목적에 대한 피보험자의 권리를 취득한다. 그러나 보험가액의 일부를 보험에 붙인 경우에는 보험자가 취득할 권리는 보험금액의 보험가액에 대한 비율에 따라 이를 정한다.

제682조 (제3자에 대한 보험대위) 손해가 제 3 자의 행위로 인하여 생긴 경우에 보험금액을 지급한 보험자 그 지급한 금액의 한도에서 그 제 3 자에 대한 보험계약자 또는 피보험자의 권리를 취득한다. 그러나 보험자가 보상할 보험금액의 일부를 지급한 때에는 피보험자의 권리를 해하지 아니하는 범위내에서 그 권리를 행사할 수 있다.

제 2 절 화재보험

제683조 (화재보험의 책임) 화재보험계약의 보험자는 화재로 인하여 생긴 손해를 보상할 책임이 있다.

제684조 (소방등의 조치로 인한 손해의 보상) 보험자는 화재의 소방 또는 손해의 감소에 필요한 조치로 인하여 생긴 손해를 보상할 책임이 있다.

제685조 (화재보험증권) 화재보험증권에는 제666조에 게기한 사항외에 다음의 사항을 기재하여야 한다.

1. 건물을 보험의 목적으로 한 때에는 그 소재지, 구조와 용도
2. 동산을 보험의 목적으로 한 때에는 그 존치한 장소의 상태와 용도
3. 보험가액을 정한 때에는 그 가액

제686조 (집합보험의 목적) 집합된 물건을 일괄하여 보험의 목적으로 한 때에는 피보험자의 가족과 사용인의 물건도 보험의 목적에 포함된 것으로 한다. 이 경우에는 그 보험은 그 가족 또는 사용인을 위하여서도 체결한 것으로 본다.

제687조 (동전) 집합된 물건을 일괄하여 보험의 목적으로 한 때에는 그 목적에 속한 물건이 보험기간중에 수시로 교체된 경우에도 보험사고의 발생시에 현존한 물건은 보험의 목적에 포함된 것으로 한다.

제 3 절 운송보험

제688조 (운송보험자의 책임) 운송보험계약의 보험자는 다른 약정이 없으면 운송인이 운송물을 수령한 때로부터 수하인에게 인도할 때까지 생길 손해를 보상할 책임이 있다.

제689조 (운송보험의 보험가액) ①운송물의 보험에 있어서는 발송한 때와 곳의 가액과 도착지까지의 운임 기타의 비용을 보험가액으로 한다.
②운송물의 도착으로 인하여 얻을 이익은 약정이 있는 때에 한하여 보험가액중에 산입한다.

제690조 (운송보험증권) 운송보험증권에는 제666조에 게기한 사항외에 다음의 사항을 기재하여야 한다.

1. 운송의 노순과 방법
2. 운송인의 주소와 성명 또는 상호
3. 운송물의 수령과 인도의 장소
4. 운송기간을 정한 때에는 그 기간
5. 보험가액을 정한 때에는 그 가액

제691조 (운송의 중지나 변경과 계약효력) 보험계약은 다른 약정이 없으면 운송의 필요에 의하여 일시운송을 중지하거나 운송의 노순 또는 방법을 변경한 경우에도 그 효력을 잃지 아니한다.

제692조 (운송보조자의 고의, 중과실과 보험자의 면책) 보험사고가 송하인 또는 수하인의 고의 또는 중대한 과실로 인하여 발생한 때에는 보험자는 이로 인하여 생긴 손해를 보상할 책임이 없다.

제 4 절 해상보험

제693조 (해상보험자의 책임) 해상보험계약의 보험자는 해상사업에 관한 사고로 인하여 생길 손해를 보상할 책임이 있다.
(개정 1991 · 12 · 31)

제694조 (공동해손분담액의 보상) 보험자는 피보험자가 지급할 공동해손의 분담액을 보상할 책임이 있다. 그러나 보험의 목적의 공동해손분담가액이 보험가액을 초과할 때에는 그 초과액에 대한 분담액은 보상하지 아니한다.(개정 1991 · 12 · 31)

제694조의2 (구조료의 보상) 보험자는 피보험자가 보험사고로 인하여 발생하는 손해를 방지하기 위하여 지급할 구조료를 보상할 책임이 있다. 그러나 보험의 목적물의 구조료 분담가액이 보험가액을 초과할 때에는 그 초과액에 대한 분담액은 보상하지 아니한다.
(본조신설 1991 · 12 · 31)

제694조의3 (특별비용의 보상) 보험자는 보험의 목적의 안전이나 보존을 위하여 지급할 특별비용을 보험금액의 한도내에서 보상할 책임이 있다.
(본조신설 1991 · 12 · 31)

제695조 (해상보험증권) 해상보험증권에는 제666조에 게기한 사항외에 다음의 사항을 기재하여야 한다.(개정 1991 · 12 · 31)

1. 선박을 보험에 붙인 경우에는 그 선박의 명칭, 국적과 종류 및 항해의 범위
2. 적하를 보험에 붙인 경우에는 선박의 명칭, 국적과 종류, 선적항, 양륙항 및 출하지와 도착지를 정한 때에는 그 지명
3. 보험가액을 정한 때에는 그 가액

제696조 (선박보험의 보험가액과 보험목적) ①선박의 보험에 있어서는 보험자의 책임이 개시될 때의 선박가액을 보험가액으로 한다.
②제1항의 경우에는 선박의 속구, 연료, 양식 기타 항해에 필요한 모든 물건은 보험

의 목적에 포함된 것으로 한다.(개정 1991·12·31)

제697조 (적하보험의 보험가액) 적하의 보험에 있어서는 선적한 때와 곳의 적하의 가액과 선적 및 보험에 관한 비용을 보험가액으로 한다.(개정 1962·12·12)

제698조 (희망이익보험의 보험가액) 적하의 도착으로 인하여 얻을 이익 또는 보수의 보험에 있어서는 계약으로 보험가액을 정하지 아니한 때에는 보험금액을 보험가액으로 한 것으로 추정한다.

제699조 (해상보험의 보험기간의 개시) ①항해단위로 선박을 보험에 붙인 경우에는 보험기간은 하물 또는 저하의 선적에 착수한 때에 개시한다.
②적하를 보험에 붙인 경우에는 보험기간은 하물의 선적에 착수한 때에 개시한다. 그러나 출하지를 정한 경우에는 그 곳에서 운송에 착수한 때에 개시한다.
③하물 또는 저하의 선적에 착수한 후에 제1항 또는 제2항의 규정에 의한 보험계약이 체결된 경우에는 보험기간은 계약이 성립한 때에 개시한다.
(전문개정 1991·12·31)

제700조 (해상보험의 보험기간의 종료) 보험기간은 제699조제1항의 경우에는 도착항에서 하물 또는 저하를 양륙한 때에, 동조제2항의 경우에는 양륙항 또는 도착지에서 하물을 인도한 때에 종료한다. 그러나 불가항력으로 인하지 아니하고 양륙이 지연된 때에는 그 양륙이 보통종료될 때에 종료된 것으로 한다.(개정 1991·12·31)

제701조 (항해변경의 효과) ①선박이 보험계약에서 정하여진 발항항이 아닌 다른 항에서 출항한 때에는 보험자는 책임을 지지 아니한다.
②선박이 보험계약에서 정하여진 도착항이 아닌 다른 항을 향하여 출항한 때에도 제1항의 경우와 같다.
③보험자의 책임이 개시된 후에 보험계약에서 정하여진 도착항이 변경된 경우에는 보험자는 그 항해의 변경이 결정된 때부터 책임을 지지 아니한다.
(전문개정 1991·12·31)

제701조의2 (이로) 선박이 정당한 사유없이 보험계약에서 정하여진 항로를 이탈한 경우에는 보험자는 그때부터 책임을 지지 아니한다. 선박이 손해발생전에 원항로로 돌아온 경우에도 같다.
(본조신설 1991·12·31)

제702조 (발항 또는 항해의 지연의 효과) 피보험자가 정당한 사유없이 발항 또는 항해를 지연한 때에는 보험자는 발항 또는 항해를 지체한 이후의 사고에 대하여 책임을 지지 아니한다.
(전문개정 1991·12·31)

제703조 (선박변경의 효과) 적하를 보험에 붙인 경우에 보험계약자 또는 피보험자의 책임있는 사유로 인하여 선박을 변경한 때에는 보험자는 그 변경후의 사고에 대하여 책임을 지지 아니한다.(개정 1991·12·31)

제703조의2 (선박의 양도등의 효과) 선박을 보험에 붙인 경우에 다음의 사유가 있을 때에는 보험계약은 종료한다. 그러나 보험자의 동의가 있는 때에는 그러하지 아니하다.

1. 선박을 양도할 때
2. 선박의 선급을 변경한 때
3. 선박을 새로운 관리로 옮긴 때

(본조신설 1991·12·31)

제704조 (선박미확정의 적하예정보험) ①보험계약의 체결당시에 하물을 적재할 선박을 지정하지 아니한 경우에 보험계약자 또는 피보험자가 그 하물이 선적되었음을 안 때에는 지체없이 보험자에 대하여 그 선박의 명칭, 국적과 하물의 종류, 수량과 가액의 통지를 발송하여야 한다.(개정 1991·12·31)
②제1항의 통지를 해태한 때에는 보험자는 그 사실을 안 날부터 1월내에 계약을 해지할 수 있다.(개정 1991·12·31)

제705조 삭제(1991·12·31)

제706조 (해상보험자의 면책사유) 보험자는 다음의 손해와 비용을 보상할 책임이 없다.(개정 1991·12·31)

1. 선박 또는 운임을 보험에 붙인 경우에는 발항당시 안전하게 항해를 하기에 필요한 준비를 하지 아니하거나 필요한 서류를 비치하지 아니함으로 인하여 생긴 손해
2. 적하를 보험에 붙인 경우에는 용선자, 송하인 또는 수하인의 고의 또는 중대한 과실로 인하여 생긴 손해
3. 도선료, 입항료, 등대료, 검역료, 기타 선박 또는 적하에 관한 항해중의 통상비용

제707조 삭제(1991·12·31)

제707조의2 (선박의 일부손해의 보상) ①선박의 일부가 훼손되어 그 훼손된 부분의 전부를 수선한 경우에는 보험자는 수

선에 따른 비용을 1회의 사고에 대하여 보험금액을 한도로 보상할 책임이 있다.
②선박의 일부가 훼손되어 그 훼손된 부분의 일부를 수선한 경우에는 보험자는 수선에 따른 비용과 수선을 하지 아니함으로써 생긴 감가액을 보상할 책임이 있다.
③선박의 일부가 훼손되었으나 이를 수선하지 아니한 경우에는 보험자는 그로 인한 감가액을 보상할 책임이 있다.
(본조신설 1991 · 12 · 31)

第708條 (적하의 일부손해의 보상) 보험의 목적인 적하가 훼손되어 양륙항에 도착한 때에는 보험자는 그 훼손된 상태의 가액과 훼손되지 아니한 상태의 가액과의 비율에 따라 보험가액의 일부에 대한 손해를 보상할 책임이 있다.

第709條 (적하매각으로 인한 손해의 보상) ①항해도중에 불가항력으로 보험의 목적인 적하를 매각한 때에는 보험자는 그 대금에서 운임 기타 필요한 비용을 공제한 금액과 보험가액과의 차액을 보상하여야 한다.
②제 1 항의 경우에 매수인이 대금을 지급하지 아니한 때에는 보험자는 그 금액을 지급하여야 한다. 보험자가 그 금액을 지급한 때에는 피보험자의 매수인에 대한 권리를 취득한다.(개정 1991 · 12 · 31)

第710條 (보험위부의 원인) 다음의 경우에는 피보험자는 보험의 목적을 보험자에게 위부하고 보험금액의 전부를 청구할 수 있다.(개정 1991 · 12 · 31)

1. 피보험자가 보험사고로 인하여 자기의 선박 또는 적하의 점유를 상실하여 이를 회복할 가능성이 없거나 회복하기 위한 비용이 회복하였을 때의 가액을 초과하리라고 예상될 경우
2. 선박이 보험사고로 인하여 심하게 훼손되어 이를 수선하기 위한 비용이 수선하였을 때의 가액을 초과하리라고 예상될 경우
3. 적하가 보험사고로 인하여 심하게 훼손되어서 이를 수선하기 위한 비용과 그 적하를 목적지까지 운송하기 위한 비용과의 합계액이 도착하는 때의 적하의 가액을 초과하리라고 예상될 경우

第711條 (선박의 행방불명) ①선박의 존부가 2월간 분명하지 아니한 때에는 그 선박의 행방이 불명한 것으로 한다.(개정 1991 · 12 · 31)
②제 1 항의 경우에 전손으로 추정한다.(개정 1991 · 12 · 31)

第712條 (대선에 의한 운송의 계속과 위부권의 소멸) 第710條제 2 호의 경우에 선장이 지체없이 다른 선박으로 적하의 운송을 계속한 때에는 피보험자는 그 적하를 위부할 수 없다.(개정 1991 · 12 · 31)

第713條 (위부의 통지) ①피보험자가 위부를 하고자 할 때에는 상당한 기간내에 보험자에 대하여 그 통지를 발송하여야 한다.(개정 1991 · 12 · 31)
②삭제(1991 · 12 · 31)

第714條 (위부권행사의 요건) ①위부는 무조건이어야 한다.
②위부는 보험의 목적의 전부에 대하여 이를 하여야 한다. 그러나 위부의 원인이 그 일부에 대하여 생긴 때에는 그 부분에 대하여서만 이를 할 수 있다.
③보험가액의 일부를 보험에 붙인 경우에는 위부는 보험금액의 보험가액에 대한 비율에 따라서만 이를 할 수 있다.

第715條 (다른 보험계약등에 관한 통고) ①피보험자가 위부를 함에 있어서는 보험자에 대하여 보험의 목적에 관한 다른 보험계약과 그 부담에 속한 채무의 유무와 그 종류 및 내용을 통지하여야 한다.
②보험자는 제 1 항의 통지를 받을 때까지 보험금액의 지급을 거부할 수 있다.(개정 1991 · 12 · 31)
③보험금액의 지급에 관한 기간의 약정이 있는 때에는 그 기간은 제 1 항의 통지를 받은 날로부터 기산한다.

第716條 (위부의 승인) 보험자가 위부를 승인한 후에는 그 위부에 대하여 이의를 하지 못한다.

第717條 (위부의 불승인) 보험자가 위부를 승인하지 아니한 때에는 피보험자는 위부의 원인을 증명하지 아니하면 보험금액의 지급을 청구하지 못한다.

第718條 (위부의 효과) ①보험자는 위부로 인하여 그 보험의 목적에 관한 피보험자의 모든 권리를 취득한다.
②피보험자가 위부를 한 때에는 보험의 목적에 관한 모든 서류를 보험자에게 교부하여야 한다.

제 5 절　책임보험

第719條 (책임보험자의 책임) 책임보험계약의 보험자는 피보험자가 보험기간중의 사고로 인하여 제3자에게 배상할 책임을 진 경우에 이를 보상할 책임이 있다.

第720條 (피보험자가 지출한 방어비용

의 부담) ①피보험자가 제 3 자의 청구를 방어하기 위하여 지출한 재판상 또는 재판외의 필요비용은 보험의 목적에 포함된 것으로 한다. 피보험자는 보험자에 대하여 그 비용의 선급을 청구할 수 있다.
②피보험자가 담보의 제공 또는 공탁으로써 재판의 집행을 면할 수 있는 경우에는 보험자에 대하여 보험금액의 한도내에서 그 담보의 제공 또는 공탁을 청구할 수 있다.
③제 1 항 또는 제 2 항의 행위가 보험자의 지시에 의한 것인 경우에는 그 금액에 손해액을 가산한 금액이 보험금액을 초과하는 때에도 보험자가 이를 부담하여야 한다.(개정 1991 · 12 · 31)

제721조 (영업책임보험의 목적) 피보험자가 경영하는 사업에 관한 책임을 보험의 목적으로 한 때에는 피보험자의 대리인 또는 그 사업감독자의 제 3 자에 대한 책임도 보험의 목적에 포함된 것으로 한다.

제722조 (피보험자의 사고통지의무) 피보험자가 제3자로부터 배상의 청구를 받은 때에는 지체없이 보험자에게 그 통지를 발송하여야 한다.

제723조 (피보험자의 변제등의 통지와 보험금액의 지급) ①피보험자가 제 3 자에 대하여 변제, 승인, 화해 또는 재판으로 인하여 채무가 확정된 때에는 지체없이 보험자에게 그 통지를 발송하여야 한다.
②보험자는 특별한 기간의 약정이 없으면 전항의 통지를 받은 날로부터 10일내에 보험금액을 지급하여야 한다.
③피보험자는 보험자의 동의없이 제 3 자에 대하여 변제, 승인 또는 화해를 한 경우에는 보험자가 그 책임을 면하게 되는 합의가 있는 때에도 그 행위가 현저하게 부당한 것이 아니면 보험자는 보상할 책임을 면하지 못한다.

제724조 (보험자와 제 3 자와의 관계) ①보험자는 피보험자가 책임을 질 사고로 인하여 생긴 손해에 대하여 제 3 자가 그 배상을 받기 전에는 보험금액의 전부 또는 일부를 피보험자에게 지급하지 못한다.
②제 3 자는 피보험자가 책임을 질 사고로 입은 손해에 대하여 보험금액의 한도내에서 보험자에게 직접 보상을 청구할 수 있다. 그러나 보험자는 피보험자가 그 사고에 관하여 가지는 항변으로써 제 3 자에게 대항할 수 있다.(개정 1991 · 12 · 31)
③보험자가 제 2 항의 규정에 의한 청구를 받은 때에는 지체없이 피보험자에게 이를 통지하여야 한다.(신설 1991 · 12 · 31)
④제 2 항의 경우에 피보험자는 보험자의 요구가 있을 때에는 필요한 서류 · 증거의 제출, 증언 또는 증인의 출석에 협조하여야 한다.(신설 1991 · 12 · 31)

제725조 (보관자의 책임보험) 임차인 기타 타인의 물건을 보관하는 자가 그 지급할 손해배상을 위하여 그 물건을 보험에 붙인 경우에는 그 물건의 소유자는 보험자에 대하여 직접 그 손해의 보상을 청구할 수 있다.

제725조의2 (수개의 책임보험) 피보험자가 동일한 사고로 제 3 자에게 배상책임을 짐으로써 입은 손해를 보상하는 수개의 책임보험계약이 동시 또는 순차로 체결된 경우에 그 보험금액의 총액이 피보험자의 제 3 자에 대한 손해배상액을 초과하는 때에는 제672조와 제673조의 규정을 준용한다.
(본조신설 1991 · 12 · 31)

제726조 (재보험에의 적용) 이 절의 규정은 재보험계약에 준용한다.(개정 1991 · 12 · 31)

제 6 절 자동차보험

제726조의2 (자동차보험자의 책임) 자동차보험계약의 보험자는 피보험자가 자동차를 소유, 사용 또는 관리하는 동안에 발생한 사고로 인하여 생긴 손해를 보상할 책임이 있다.
(본조신설 1991 · 12 · 31)

제726조의3 (자동차보험증권) 자동차보험증권에는 제666조에 게기한 사항외에 다음의 사항을 기재하여야 한다.

1. 자동차소유자와 그밖의 보유자의 성명과 생년월일 또는 상호
2. 피보험자동차의 등록번호, 차대번호, 차형연식과 기계장치
3. 차량가액을 정한 때에는 그 가액

(본조신설 1991 · 12 · 31)

제726조의4 (자동차의 양도) ①피보험자가 보험기간중에 자동차를 양도한 때에는 양수인은 보험자의 승낙을 얻은 경우에 한하여 보험계약으로 인하여 생긴 권리와 의무를 승계한다.
②보험자가 양수인으로부터 양수사실을 통지받은 때에는 지체없이 낙부를 통지하여야 하고 통지받은 날부터 10일내에 낙부의 통지가 없을 때에는 승낙한 것으로 본다.
(본조신설 1991 · 12 · 31)

제 3 장 인보험

제 1 절 통 칙

제727조 (인보험자의 책임) 인보험계약의 보험자는 생명 또는 신체에 관하여 보험사고가 생길 경우에 보험계약의 정하는 바에 따라 보험금액 기타의 급여를 할 책임이 있다.

제728조 (인보험증권) 인보험증권에는 제666조에 게기한 사항외에 다음의 사항을 기재하여야 한다.(개정 1991 · 12 · 31)

1. 보험계약의 종류
2. 피보험자의주소 · 성명 및 생년월일
3. 보험수익자를 정한 때에는 그 주소 · 성명 및 생년월일

제729조 (제3자에 대한 보험대위의 금지) 보험자는 보험사고로 인하여 생긴 보험계약자 또는 보험수익자의 제 3 자에 대한 권리를 대위하여 행사하지 못한다. 그러나 상해보험계약의 경우에 당사자간에 다른 약정이 있는 때에는 보험자는 피보험자의 권리를 해하지 아니하는 범위안에서 그 권리를 대위하여 행사할 수 있다.(개정 1991 · 12 · 31)

제 2 절 생명보험

제730조 (생명보험자의 책임) 생명보험계약의 보험자는 피보험자의 생명에 관한 보험사고가 생길 경우에 약정한 보험금액을 지급할 책임이 있다.

제731조 (타인의 생명의 보험) ①타인의 사망을 보험사고로 하는 보험계약에는 보험계약체결시에 그 타인의 서면에 의한 동의를 얻어야 한다.(개정 1991 · 12 · 31)
②보험계약으로 인하여 생긴 권리를 피보험자가 아닌 자에게 양도하는 경우에도 제 1 항과 같다.(개정 1991 · 12 · 31)

제732조 (15세미만자등에 대한 계약의 금지) 15세미만자, 심신상실자 또는 심신박약자의 사망을 보험사고로 한 보험계약은 무효로 한다.(개정 1962 · 12 · 12, 1991 · 12 · 31)

제732조의2 (중과실로 인한 보험사고) 사망을 보험사고로 한 보험계약에는 사고가 보험계약자 또는 피보험자나 보험수익자의 중대한 과실로 인하여 생긴 경우에도 보험자는 보험금액을 지급할 책임을 면하지 못한다.
(본조신설 1991 · 12 · 31)

제733조 (보험수익자의 지정 또는 변경의 권리) ①보험계약자는 보험수익자를 지정 또는 변경할 권리가 있다.
②보험계약자가 제 1 항의 지정권을 행사하지 아니하고 사망한 때에는 피보험자를 보험수익자로 하고 보험계약자가 제 1 항의 변경권을 행사하지 아니하고 사망한 때에는 보험수익자의 권리가 확정된다. 그러나 보험계약자가 사망한 경우에는 그 승계인이 제 1 항의 권리를 행사할 수 있다는 약정이 있는 때에는 그러하지 아니하다.(개정 1991 · 12 · 31)
③보험수익자가 보험존속중에 사망한 때에는 보험계약자는 다시 보험수익자를 지정할 수 있다. 이 경우에 보험계약자가 지정권을 행사하지 아니하고 사망한 때에는 보험수익자의 상속인을 보험수익자로 한다.
④보험계약자가 제 2 항과 제 3 항의 지정권을 행사하기 전에 보험사고가 생긴 경우에는 피보험자 또는 보험수익자의 상속인을 보험수익자로 한다.(신설 1991 · 12 · 31)

제734조 (보험수익자지정권등의 통지) ①보험계약자가 계약체결후에 보험수익자를 지정 또는 변경할 때에는 보험자에 대하여 그 통지를 하지 아니하면 이로써 보험자에게 대항하지 못한다.
②제731조제 1 항의 규정은 제 1 항의 지정 또는 변경에 준용한다.(개정 1962 · 12 · 12, 1991 · 12 · 31)

제735조 (양로보험) 피보험자의 사망을 보험사고로 한 보험계약에는 사고의 발생없이 보험기간이 종료한 때에도 보험금액을 지급할 것을 약정할 수 있다.

제735조의2 (연금보험) 생명보험계약의 보험자는 피보험자의 생명에 관한 보험사고가 생긴 때에 약정에 따라 보험금액을 연금으로 분할하여 지급할 수 있다.
(본조신설 1991 · 12 · 31)

제735조의3 (단체보험) ①단체가 규약에 따라 구성원의 전부 또는 일부를 피보험자로 하는 생명보험계약을 체결하는 경우에는 제731조를 적용하지 아니한다.
②제 1 항의 보험계약이 체결된 때에는 보험자는 보험계약자에 대하여서만 보험증권을 교부한다.
(본조신설 1991 · 12 · 31)

제736조 (보험적립금반환의무등) ①제649조, 제650조, 제651조 및 제652조 내지 제655조의 규정에 의하여 보험계약이 해지된 때, 제659조와 제660조의 규정에 의하여

보험금액의 지급책임이 면제된 때에는 보험자는 보험수익자를 위하여 적립한 금액을 보험계약자에게 지급하여야 한다. 그러나 다른 약정이 없으면 제659조제1항의 보험사고가 보험계약자에 의하여 생긴 경우에는 그러하지 아니하다.(개정 1991 · 12 · 31)
②삭제(1991 · 12 · 31)

제3절 상해보험

제737조 (상해보험자의 책임) 상해보험계약의 보험자는 신체의 상해에 관한 보험사고가 생길 경우에 보험금액 기타의 급여를 할 책임이 있다.

제738조 (상해보험증권) 상해보험의 경우에 피보험자와 보험계약자가 동일인이 아닐 때에는 그 보험증권기재사항중 제728조제2호에 게기한 사항에 갈음하여 피보험자의 직무 또는 직위만을 기재할 수 있다.

제739조 (준용규정) 상해보험에 관하여는 제732조를 제외하고 생명보험에 관한 규정을 준용한다.

제5편 해 상

제1장 해상기업

제1절 선 박

제740조(선박의 의의) 이 법에서 “선박”이란 상행위나 그 밖의 영리를 목적으로 항해에 사용하는 선박을 말한다.
(전문개정 2007 · 8 · 3 법8581)

제741조(적용범위) ① 항해용 선박에 대하여는 상행위나 그 밖의 영리를 목적으로 하지 아니하더라도 이 편의 규정을 준용한다. 다만, 국유 또는 공유의 선박에 대하여는 「선박법」 제29조 단서에도 불구하고 항해의 목적·성질 등을 고려하여 이 편의 규정을 준용하는 것이 적합하지 아니한 경우로서 대통령령으로 정하는 경우에는 그러하지 아니하다.
② 이 편의 규정은 단정(短艇) 또는 주로 노 또는 상앗대로 운전하는 선박에는 적용하지 아니한다.
(전문개정 2007 · 8 · 3 법8581)

제742조(선박의 종물) 선박의 속구목록(속구목록)에 기재한 물건은 선박의 종물로 추정한다.
(전문개정 2007 · 8 · 3 법8581)

제743조(선박소유권의 이전) 등기 및 등록할 수 있는 선박의 경우 그 소유권의 이전은 당사자 사이의 합의만으로 그 효력이 생긴다. 다만, 이를 등기하고 선박국적증서에 기재하지 아니하면 제3자에게 대항하지 못한다.
(전문개정 2007 · 8 · 3 법8581)

제744조(선박의 압류 · 가압류) ① 항해의 준비를 완료한 선박과 그 속구는 압류 또는 가압류를 하지 못한다. 다만, 항해를 준비하기 위하여 생긴 채무에 대하여는 그러하지 아니하다.
② 제1항은 총톤수 20톤 미만의 선박에는 적용하지 아니한다.
(전문개정 2007 · 8 · 3 법8581)

제2절 선 장

제745조(선장의 선임 · 해임) 선장은 선박소유자가 선임 또는 해임한다.
(전문개정 2007 · 8 · 3 법8581)

제746조(선장의 부당한 해임에 대한 손해배상청구권) 선박소유자가 정당한 사유 없이 선장을 해임한 때에는 선장은 이로 인하여 생긴 손해의 배상을 청구할 수 있다.
(전문개정 2007 · 8 · 3 법8581)

제747조(선장의 계속직무집행의 책임) 선장은 항해 중에 해임 또는 임기가 만료된 경우에도 다른 선장이 그 업무를 처리할 수 있는 때 또는 그 선박이 선적항에 도착할 때까지 그 직무를 집행할 책임이 있다.
(전문개정 2007 · 8 · 3 법8581)

제748조(선장의 대선장 선임의 권한 및 책임) 선장은 불가항력으로 인하여 그 직무를 집행하기가 불능한 때에 법령에 다른 규정이 있는 경우를 제외하고는 자기의 책임으로 타인을 선정하여 선장의 직무를 집행하게 할 수 있다.
(전문개정 2007 · 8 · 3 법8581)

제749조(대리권의 범위) ① 선적항 외에서는 선장은 항해에 필요한 재판상 또는 재판 외의 모든 행위를 할 권한이 있다.
② 선적항에서는 선장은 특히 위임을 받은 경우 외에는 해원의 고용과 해고를 할 권한만을 가진다.
(전문개정 2007 · 8 · 3 법8581)

제750조(특수한 행위에 대한 권한) ① 선장은 선박수선료 · 해난구조료, 그 밖에 항해의 계속에 필요한 비용을 지급하여야 할 경우 외에는 다음의 행위를 하지 못한다.
1. 선박 또는 속구를 담보에 제공하는 일

2. 차재(借財)하는 일
3. 적하의 전부나 일부를 처분하는 일

② 적하를 처분할 경우의 손해배상액은 그 적하가 도달할 시기의 양륙항의 가격에 의하여 정한다. 다만, 그 가격 중에서 지급을 요하지 아니하는 비용을 공제하여야 한다.
(전문개정 2007·8·3 법8581)

제751조(대리권에 대한 제한) 선장의 대리권에 대한 제한은 선의의 제3자에게 대항하지 못한다.
(전문개정 2007·8·3 법8581)

제752조(이해관계인을 위한 적하의 처분) ① 선장이 항해 중에 적하를 처분하는 경우에는 이해관계인의 이익을 위하여 가장 적당한 방법으로 하여야 한다.
② 제1항의 경우에 이해관계인은 선장의 처분으로 인하여 생긴 채권자에게 적하의 가액을 한도로 하여 그 책임을 진다. 다만, 그 이해관계인에게 과실이 있는 때에는 그러하지 아니하다.
(전문개정 2007·8·3 법8581)

제753조(선박경매권) 선적항 외에서 선박이 수선하기 불가능하게 된 때에는 선장은 해무관청의 인가를 받아 이를 경매할 수 있다.
(전문개정 2007·8·3 법8581)

제754조(선박의 수선불능) ① 다음 각 호의 경우에는 선박은 수선하기 불가능하게 된 것으로 본다.
1. 선박이 그 현재지에서 수선을 받을 수 없으며 또 그 수선을 할 수 있는 곳에 도달하기 불가능한 때
2. 수선비가 선박의 가액의 4분의 3을 초과할 때

② 제1항제2호의 가액은 선박이 항해 중 훼손된 경우에는 그 발항한 때의 가액으로 하고 그 밖의 경우에는 그 훼손 전의 가액으로 한다.
(전문개정 2007·8·3 법8581)

제755조(보고·계산의 의무) ① 선장은 항해에 관한 중요한 사항을 지체 없이 선박소유자에게 보고하여야 한다.
② 선장은 매 항해를 종료한 때에는 그 항해에 관한 계산서를 지체 없이 선박소유자에게 제출하여 그 승인을 받아야 한다.
③ 선장은 선박소유자의 청구가 있을 때에는 언제든지 항해에 관한 사항과 계산의 보고를 하여야 한다.
(전문개정 2007·8·3 법8581)

제3절 선박공유

제756조(선박공유자의 업무결정) ① 공유선박의 이용에 관한 사항은 공유자의 지분의 가격에 따라 그 과반수로 결정한다.
② 선박공유에 관한 계약을 변경하는 사항은 공유자의 전원일치로 결정하여야 한다.
(전문개정 2007·8·3 법8581)

제757조(선박공유와 비용의 부담) 선박공유자는 그 지분의 가격에 따라 선박의 이용에 관한 비용과 이용에 관하여 생긴 채무를 부담한다.
(전문개정 2007·8·3 법8581)

제758조(손익분배) 손익의 분배는 매 항해의 종료 후에 있어서 선박공유자의 지분의 가격에 따라서 한다.
(전문개정 2007·8·3 법8581)

제759조(지분의 양도) 선박공유자 사이에 조합관계가 있는 경우에도 각 공유자는 다른 공유자의 승낙 없이 그 지분을 타인에게 양도할 수 있다. 다만, 선박관리인의 경우에는 그러하지 아니하다.
(전문개정 2007·8·3 법8581)

제760조(공유선박의 국적상실과 지분의 매수 또는 경매청구) 선박공유자의 지분의 이전 또는 그 국적상실로 인하여 선박이 대한민국의 국적을 상실할 때에는 다른 공유자는 상당한 대가로 그 지분을 매수하거나 그 경매를 법원에 청구할 수 있다.
(전문개정 2007·8·3 법8581)

제761조(결의반대자의 지분매수청구권) ① 선박공유자가 신항해를 개시하거나 선박을 대수선할 것을 결의한 때에는 그 결의에 이의가 있는 공유자는 다른 공유자에 대하여 상당한 가액으로 자기의 지분을 매수할 것을 청구할 수 있다.
② 제1항의 청구를 하고자 하는 자는 그 결의가 있은 날부터, 결의에 참가하지 아니한 경우에는 결의통지를 받은 날부터 3일 이내에 다른 공유자 또는 선박관리인에 대하여 그 통지를 발송하여야 한다.
(전문개정 2007·8·3 법8581)

제762조(해임선장의 지분매수청구권) ① 선박공유자인 선장이 그 의사에 반하여 해임된 때에는 다른 공유자에 대하여 상당한 가액으로 그 지분을 매수할 것을 청구할 수 있다.
② 선박공유자가 제1항의 청구를 하고자 하는 때에는 지체 없이 다른 공유자 또는 선박관리인에 대하여 그 통지를 발송하여야 한다.
(전문개정 2007·8·3 법8581)

第763條(항해 중 선박 등의 양도) 항해 중에 있는 선박이나 그 지분을 양도한 경우에 당사자 사이에 다른 약정이 없으면 양수인이 그 항해로부터 생긴 이익을 얻고 손실을 부담한다.
(전문개정 2007·8·3 법8581)

第764條(선박관리인의 선임·등기) ① 선박공유자는 선박관리인을 선임하여야 한다. 이 경우 선박공유자가 아닌 자를 선박관리인으로 선임함에는 공유자 전원의 동의가 있어야 한다.
② 선박관리인의 선임과 그 대리권의 소멸은 등기하여야 한다.
(전문개정 2007·8·3 법8581)

第765條(선박관리인의 권한) ① 선박관리인은 선박의 이용에 관한 재판상 또는 재판 외의 모든 행위를 할 권한이 있다.
② 선박관리인의 대리권에 대한 제한은 선의의 제3자에게 대항하지 못한다.
(전문개정 2007·8·3 법8581)

第766條(선박관리인의 권한의 제한) 선박관리인은 선박공유자의 서면에 의한 위임이 없으면 다음 각 호의 행위를 하지 못한다.
1. 선박을 양도·임대 또는 담보에 제공하는 일
2. 신항해를 개시하는 일
3. 선박을 보험에 붙이는 일
4. 선박을 대수선하는 일
5. 차재하는 일

(전문개정 2007·8·3 법8581)

第767條(장부의 기재·비치) 선박관리인은 업무집행에 관한 장부를 비치하고 그 선박의 이용에 관한 모든 사항을 기재하여야 한다.
(전문개정 2007·8·3 법8581)

第768條(선박관리인의 보고·승인) 선박관리인은 매 항해의 종료 후에 지체 없이 그 항해의 경과상황과 계산에 관한 서면을 작성하여 선박공유자에게 보고하고 그 승인을 받아야 한다.
(전문개정 2007·8·3 법8581)

제 4 절 선박소유자 등의 책임제한

第769條(선박소유자의 유한책임) 선박소유자는 청구원인의 여하에 불구하고 다음 각 호의 채권에 대하여 제770조에 따른 금액의 한도로 그 책임을 제한할 수 있다. 다만, 그 채권이 선박소유자 자신의 고의 또는 손해발생의 염려가 있음을 인식하면서 무모하게 한 작위 또는 부작위로 인하여 생긴 손해에 관한 것인 때에는 그러하지 아니하다.
1. 선박에서 또는 선박의 운항에 직접 관련하여 발생한 사람의 사망, 신체의 상해 또는 그 선박 외의 물건의 멸실 또는 훼손으로 인하여 생긴 손해에 관한 채권
2. 운송물, 여객 또는 수하물의 운송의 지연으로 인하여 생긴 손해에 관한 채권
3. 제1호 및 제2호 외에 선박의 운항에 직접 관련하여 발생한 계약상의 권리 외의 타인의 권리의 침해로 인하여 생긴 손해에 관한 채권
4. 제1호부터 제3호까지의 채권의 원인이 된 손해를 방지 또는 경감하기 위한 조치에 관한 채권 또는 그 조치의 결과로 인하여 생긴 손해에 관한 채권

(전문개정 2007·8·3 법8581)

第770條(책임의 한도액) ① 선박소유자가 제한할 수 있는 책임의 한도액은 다음 각 호의 금액으로 한다.
1. 여객의 사망 또는 신체의 상해로 인한 손해에 관한 채권에 대한 책임의 한도액은 그 선박의 선박검사증서에 기재된 여객의 정원에 17만5천 계산단위(국제통화기금의 1 특별인출권에 상당하는 금액을 말한다. 이하 같다)를 곱하여 얻은 금액으로 한다.
2. 여객 외의 사람의 사망 또는 신체의 상해로 인한 손해에 관한 채권에 대한 책임의 한도액은 그 선박의 톤수에 따라서 다음 각 목에 정하는 바에 따라 계산된 금액으로 한다. 다만, 300톤 미만의 선박의 경우에는 16만7천 계산단위에 상당하는 금액으로 한다.
   가. 500톤 이하의 선박의 경우에는 33만3천 계산단위에 상당하는 금액
   나. 500톤을 초과하는 선박의 경우에는 가목의 금액에 500톤을 초과하여 3천톤까지의 부분에 대하여는 매 톤당 500 계산단위, 3천톤을 초과하여 3만톤까지의 부분에 대하여는 매 톤당 333 계산단위, 3만톤을 초과하여 7만톤까지의 부분에 대하여는 매 톤당 250 계산단위 및 7만톤을 초과한 부분에 대하여는 매 톤당 167 계산단위를 각 곱하여 얻은 금액을 순차로 가산한 금액
3. 제1호 및 제2호 외의 채권에 대한 책임의 한도액은 그 선박의 톤수에 따

라서 다음 각 목에 정하는 바에 따라 계산된 금액으로 한다. 다만, 300톤 미만의 선박의 경우에는 8만3천 계산단위에 상당하는 금액으로 한다.
가. 500톤 이하의 선박의 경우에는 16만7천 계산단위에 상당하는 금액
나. 500톤을 초과하는 선박의 경우에는 가목의 금액에 500톤을 초과하여 3만톤까지의 부분에 대하여는 매 톤당 167 계산단위, 3만톤을 초과하여 7만톤까지의 부분에 대하여는 매 톤당 125 계산단위 및 7만톤을 초과한 부분에 대하여는 매 톤당 83 계산단위를 각 곱하여 얻은 금액을 순차로 가산한 금액

② 제1항 각 호에 따른 각 책임한도액은 선박마다 동일한 사고에서 생긴 각 책임한도액에 대응하는 선박소유자에 대한 모든 채권에 미친다.
③ 제769조에 따라 책임이 제한되는 채권은 제1항 각 호에 따른 각 책임한도액에 대하여 각 채권액의 비율로 경합한다.
④ 제1항제2호에 따른 책임한도액이 같은 호의 채권의 변제에 부족한 때에는 제3호에 따른 책임한도액을 그 잔액채권의 변제에 충당한다. 이 경우 동일한 사고에서 제3호의 채권도 발생한 때에는 이 채권과 제2호의 잔액채권은 제3호에 따른 책임한도액에 대하여 각 채권액의 비율로 경합한다.
(전문개정 2007·8·3 법8581)

제771조(동일한 사고로 인한 반대채권액의 공제) 선박소유자가 책임의 제한을 받는 채권자에 대하여 동일한 사고로 인하여 생긴 손해에 관한 채권을 가지는 경우에는 그 채권액을 공제한 잔액에 한하여 책임의 제한을 받는 채권으로 한다.
(전문개정 2007·8·3 법8581)

제772조(책임제한을 위한 선박톤수) 제770조제1항에서 규정하는 선박의 톤수는
국제항해에 종사하는 선박의 경우에는 「선박법」에서 규정하는 국제총톤수로 하고 그 밖의 선박의 경우에는 같은 법에서 규정하는 총톤수로 한다.
(전문개정 2007·8·3 법8581)

제773조(유한책임의 배제) 선박소유자는 다음 각 호의 채권에 대하여는 그 책임을 제한하지 못한다.
1. 선장·해원, 그 밖의 사용인으로서 그 직무가 선박의 업무에 관련된 자 또는 그 상속인, 피부양자, 그 밖의 이해관계인의 선박소유자에 대한 채권
2. 해난구조로 인한 구조료 채권 및 공동해손의 분담에 관한 채권
3. 1969년 11월 29일 성립한 「유류오염손해에 대한 민사책임에 관한 국제조약」 또는 그 조약의 개정조항이 적용되는 유류오염손해에 관한 채권
4. 침몰·난파·좌초·유기, 그 밖의 해양사고를 당한 선박 및 그 선박 안에 있거나 있었던 적하와 그 밖의 물건의 인양·제거·파괴 또는 무해조치에 관한 채권
5. 원자력손해에 관한 채권

(전문개정 2007·8·3 법8581)

제774조(책임제한을 할 수 있는 자의 범위) ① 다음 각 호의 어느 하나에 해당하는 자는 이 절의 규정에 따라 선박소유자의 경우와 동일하게 책임을 제한할 수 있다.
1. 용선자·선박관리인 및 선박운항자
2. 법인인 선박소유자 및 제1호에 규정된 자의 무한책임사원
3. 자기의 행위로 인하여 선박소유자 또는 제1호에 규정된 자에 대하여 제769조 각 호에 따른 채권이 성립하게 한 선장·해원·도선사, 그 밖의 선박소유자 또는 제1호에 규정된 자의 사용인 또는 대리인

② 동일한 사고에서 발생한 모든 채권에 대한 선박소유자 및 제1항에 규정된 자에 의한 책임제한의 총액은 선박마다 제770조에 따른 책임한도액을 초과하지 못한다.
③ 선박소유자 또는 제1항 각 호에 규정된 자의 1인이 책임제한절차개시의 결정을 받은 때에는 책임제한을 할 수 있는 다른 자도 이를 원용할 수 있다.
(전문개정 2007·8·3 법8581)

제775조(구조자의 책임제한) ① 구조자 또는 그 피용자의 구조활동과 직접 관련하여 발생한 사람의 사망·신체의 상해, 재산의 멸실이나 훼손, 계약상 권리 외의 타인의 권리의 침해로 인하여 생긴 손해에 관한 채권 및 그러한 손해를 방지 혹은 경감하기 위한 조치에 관한 채권 또는 그 조치의 결과로 인하여 생긴 손해에 관한 채권에 대하여는 제769조부터 제774조(제769조제2호 및 제770조제1항제1호를 제외한다)까지의 규정에 따라 구조자도 책임을 제한할 수 있다.
② 구조활동을 선박으로부터 행하지 아니한 구조자 또는 구조를 받는 선박에서만 행한 구조자는 제770조에 따른 책임의 한

도액에 관하여 1천500톤의 선박에 의한 구조자로 본다.
③ 구조자의 책임의 한도액은 구조선마다 또는 제2항의 경우에는 구조자마다 동일한 사고로 인하여 생긴 모든 채권에 미친다.
④ 제1항에서 "구조자"란 구조활동에 직접 관련된 용역을 제공한 자를 말하며, "구조활동"이란 해난구조 시의 구조활동은 물론 침몰·난파·좌초·유기, 그 밖의 해양사고를 당한 선박 및 그 선박 안에 있거나 있었던 적하와 그 밖의 물건의 인양·제거·파괴 또는 무해조치 및 이와 관련된 손해를 방지 또는 경감하기 위한 모든 조치를 말한다.
(전문개정 2007·8·3 법8581)

제776조(책임제한의 절차) ① 이 절의 규정에 따라 책임을 제한하고자 하는 자는 채권자로부터 책임한도액을 초과하는 청구금액을 명시한 서면에 의한 청구를 받은 날부터 1년 이내에 법원에 책임제한절차개시의 신청을 하여야 한다.
② 책임제한절차 개시의 신청, 책임제한의 기금의 형성·공고·참가·배당, 그 밖에 필요한 사항은 별도로 법률로 정한다.
(전문개정 2007·8·3 법8581)

제5절 선박담보

제777조(선박우선특권 있는 채권) ① 다음의 채권을 가진 자는 선박·그 속구, 그 채권이 생긴 항해의 운임, 그 선박과 운임에 부수한 채권에 대하여 우선특권이 있다.
1. 채권자의 공동이익을 위한 소송비용, 항해에 관하여 선박에 과한 제세금, 도선료·예선료, 최후 입항 후의 선박과 그 속구의 보존비·검사비
2. 선원과 그 밖의 선박사용인의 고용계약으로 인한 채권
3. 해난구조로 인한 선박에 대한 구조료 채권과 공동해손의 분담에 대한 채권
4. 선박의 충돌과 그 밖의 항해사고로 인한 손해, 항해시설·항만시설 및 항로에 대한 손해와 선원이나 여객의 생명·신체에 대한 손해의 배상채권

② 제1항의 우선특권을 가진 선박채권자는 이 법과 그 밖의 법률의 규정에 따라 제1항의 재산에 대하여 다른 채권자보다 자기채권의 우선변제를 받을 권리가 있다. 이 경우 그 성질에 반하지 아니하는 한 「민법」의 저당권에 관한 규정을 준용한다.
(전문개정 2007·8·3 법8581)

제778조(선박·운임에 부수한 채권) 제777조에 따른 선박과 운임에 부수한 채권은 다음과 같다.
1. 선박 또는 운임의 손실로 인하여 선박소유자에게 지급할 손해배상
2. 공동해손으로 인한 선박 또는 운임의 손실에 대하여 선박소유자에게 지급할 상금
3. 해난구조로 인하여 선박소유자에게 지급할 구조료

(전문개정 2007·8·3 법8581)

제779조(운임에 대한 우선특권) 운임에 대한 우선특권은 지급을 받지 아니한 운임 및 지급을 받은 운임 중 선박소유자나 그 대리인이 소지한 금액에 한하여 행사할 수 있다.
(전문개정 2007·8·3 법8581)

제780조(보험금 등의 제외) 보험계약에 의하여 선박소유자에게 지급할 보험금과 그 밖의 장려금이나 보조금에 대하여는 제778조를 적용하지 아니한다.
(전문개정 2007·8·3 법8581)

제781조(선박사용인의 고용계약으로 인한 채권) 제777조제1항제2호에 따른 채권은 고용계약 존속 중의 모든 항해로 인한 운임의 전부에 대하여 우선특권이 있다.
(전문개정 2007·8·3 법8581)

제782조(동일항해로 인한 채권에 대한 우선특권의 순위) ① 동일항해로 인한 채권의 우선특권이 경합하는 때에는 그 우선의 순위는 제777조제1항 각 호의 순서에 따른다.
② 제777조제1항제3호에 따른 채권의 우선특권이 경합하는 때에는 후에 생긴 채권이 전에 생긴 채권에 우선한다. 동일한 사고로 인한 채권은 동시에 생긴 것으로 본다.
(전문개정 2007·8·3 법8581)

제783조(수회항해에 관한 채권에 대한 우선특권의 순위) ① 수회의 항해에 관한 채권의 우선특권이 경합하는 때에는 후의 항해에 관한 채권이 전의 항해에 관한 채권에 우선한다.
② 제781조에 따른 우선특권은 그 최후의 항해에 관한 다른 채권과 동일한 순위로 한다.
(전문개정 2007·8·3 법8581)

제784조(동일순위의 우선특권이 경합한 경우) 제781조부터 제783조까지의 규정에 따른 동일순위의 우선특권이 경합하는 때에는 각 채권액의 비율에 따라 변제

한다.
(전문개정 2007 · 8 · 3 법8581)

第785條(우선특권의 추급권) 선박채권자의 우선특권은 그 선박소유권의 이전으로 인하여 영향을 받지 아니한다.
(전문개정 2007 · 8 · 3 법8581)

第786條(우선특권의 소멸) 선박채권자의 우선특권은 그 채권이 생긴 날부터 1년 이내에 실행하지 아니하면 소멸한다.
(전문개정 2007 · 8 · 3 법8581)

第787條(선박저당권) ① 등기한 선박은 저당권의 목적으로 할 수 있다.
② 선박의 저당권은 그 속구에 미친다.
③ 선박의 저당권에는 「민법」의 저당권에 관한 규정을 준용한다.
(전문개정 2007 · 8 · 3 법8581)

第788條(선박저당권 등과 우선특권의 경합) 선박채권자의 우선특권은 질권과 저당권에 우선한다.
(전문개정 2007 · 8 · 3 법8581)

第789條(등기선박의 입질불허) 등기한 선박은 질권의 목적으로 하지 못한다.
(전문개정 2007 · 8 · 3 법8581)

第790條(건조 중의 선박에의 준용) 이 절의 규정은 건조 중의 선박에 준용한다.
(전문개정 2007 · 8 · 3 법8581)

제 2 장 운송과 용선

제 1 절 개품운송

第791條(개품운송계약의 의의) 개품운송계약은 운송인이 개개의 물건을 해상에서 선박으로 운송할 것을 인수하고, 송하인이 이에 대하여 운임을 지급하기로 약정함으로써 그 효력이 생긴다.
(전문개정 2007 · 8 · 3 법8581)

第792條(운송물의 제공) ① 송하인은 당사자 사이의 합의 또는 선적항의 관습에 의한 때와 곳에서 운송인에게 운송물을 제공하여야 한다.
② 제1항에 따른 때와 곳에서 송하인이 운송물을 제공하지 아니한 경우에는 계약을 해제한 것으로 본다. 이 경우 선장은 즉시 발항할 수 있고, 송하인은 운임의 전액을 지급하여야 한다.
(전문개정 2007 · 8 · 3 법8581)

第793條(운송에 필요한 서류의 교부) 송하인은 선적기간 이내에 운송에 필요한 서류를 선장에게 교부하여야 한다.
(전문개정 2007 · 8 · 3 법8581)

第794條(감항능력 주의의무) 운송인은 자기 또는 선원이나 그 밖의 선박사용인이 발항 당시 다음의 사항에 관하여 주의를 해태하지 아니하였음을 증명하지 아니하면 운송물의 멸실 · 훼손 또는 연착으로 인한 손해를 배상할 책임이 있다.
1. 선박이 안전하게 항해를 할 수 있게 할 것
2. 필요한 선원의 승선, 선박의장(艤裝)과 필요품의 보급
3. 선창 · 냉장실, 그 밖에 운송물을 적재할 선박의 부분을 운송물의 수령 · 운송과 보존을 위하여 적합한 상태에 둘 것

(전문개정 2007 · 8 · 3 법8581)

第795條(운송물에 관한 주의의무) ① 운송인은 자기 또는 선원이나 그 밖의 선박사용인이 운송물의 수령 · 선적 · 적부(積付) · 운송 · 보관 · 양륙과 인도에 관하여 주의를 해태하지 아니하였음을 증명하지 아니하면 운송물의 멸실 · 훼손 또는 연착으로 인한 손해를 배상할 책임이 있다.
② 운송인은 선장 · 해원 · 도선사, 그 밖의 선박사용인의 항해 또는 선박의 관리에 관한 행위 또는 화재로 인하여 생긴 운송물에 관한 손해를 배상할 책임을 면한다. 다만, 운송인의 고의 또는 과실로 인한 화재의 경우에는 그러하지 아니하다.
(전문개정 2007 · 8 · 3 법8581)

第796條(운송인의 면책사유) 운송인은 다음 각 호의 사실이 있었다는 것과 운송물에 관한 손해가 그 사실로 인하여 보통 생길 수 있는 것임을 증명한 때에는 이를 배상할 책임을 면한다. 다만, 제794조 및 제795조제1항에 따른 주의를 다하였더라면 그 손해를 피할 수 있었음에도 불구하고 그 주의를 다하지 아니하였음을 증명한 때에는 그러하지 아니하다.
1. 해상이나 그 밖에 항행할 수 있는 수면에서의 위험 또는 사고
2. 불가항력
3. 전쟁 · 폭동 또는 내란
4. 해적행위나 그 밖에 이에 준한 행위
5. 재판상의 압류, 검역상의 제한, 그 밖에 공권에 의한 제한
6. 송하인 또는 운송물의 소유자나 그 사용인의 행위
7. 동맹파업이나 그 밖의 쟁의행위 또는 선박폐쇄
8. 해상에서의 인명이나 재산의 구조행위 또는 이로 인한 항로이탈이나 그

밖의 정당한 사유로 인한 항로이탈
9. 운송물의 포장의 불충분 또는 기호의 표시의 불완전
10. 운송물의 특수한 성질 또는 숨은 하자
11. 선박의 숨은 하자

(전문개정 2007 · 8 · 3 법8581)

제797조(책임의 한도) ① 제794조부터 제796조까지의 규정에 따른 운송인의 손해배상의 책임은 당해 운송물의 매 포장당 또는 선적단위당 666과 100분의 67 계산단위의 금액과 중량 1킬로그램당 2 계산단위의 금액 중 큰 금액을 한도로 제한할 수 있다. 다만, 운송물에 관한 손해가 운송인 자신의 고의 또는 손해발생의 염려가 있음을 인식하면서 무모하게 한 작위 또는 부작위로 인하여 생긴 것인 때에는 그러하지 아니하다.(시행일 2010 · 8 · 4)

② 제1항의 적용에 있어서 운송물의 포장 또는 선적단위의 수는 다음과 같이 정한다.
1. 컨테이너나 그 밖에 이와 유사한 운송용기가 운송물을 통합하기 위하여 사용되는 경우에 그러한 운송용기에 내장된 운송물의 포장 또는 선적단위의 수를 선하증권이나 그 밖에 운송계약을 증명하는 문서에 기재한 때에는 그 각 포장 또는 선적단위를 하나의 포장 또는 선적단위로 본다. 이 경우를 제외하고는 이러한 운송용기 내의 운송물 전부를 하나의 포장 또는 선적단위로 본다.
2. 운송인이 아닌 자가 공급한 운송용기 자체가 멸실 또는 훼손된 경우에는 그 용기를 별개의 포장 또는 선적단위로 본다.

③ 제1항 및 제2항은 송하인이 운송인에게 운송물을 인도할 때에 그 종류와 가액을 고지하고 선하증권이나 그 밖에 운송계약을 증명하는 문서에 이를 기재한 경우에는 적용하지 아니한다. 다만, 송하인이 운송물의 종류 또는 가액을 고의로 현저하게 부실의 고지를 한 때에는 운송인은 자기 또는 그 사용인이 악의인 경우를 제외하고 운송물의 손해에 대하여 책임을 면한다.

④ 제1항부터 제3항까지의 규정은 제769조부터 제774조까지 및 제776조의 적용에 영향을 미치지 아니한다.

(전문개정 2007 · 8 · 3 법8581)

제798조(비계약적 청구에 대한 적용) ① 이 절의 운송인의 책임에 관한 규정은 운송인의 불법행위로 인한 손해배상의 책임에도 적용한다.

② 운송물에 관한 손해배상청구가 운송인의 사용인 또는 대리인에 대하여 제기된 경우에 그 손해가 그 사용인 또는 대리인의 직무집행에 관하여 생긴 것인 때에는 그 사용인 또는 대리인은 운송인이 주장할 수 있는 항변과 책임제한을 원용할 수 있다. 다만, 그 손해가 그 사용인 또는 대리인의 고의 또는 운송물의 멸실 · 훼손 또는 연착이 생길 염려가 있음을 인식하면서 무모하게 한 작위 또는 부작위로 인하여 생긴 것인 때에는 그러하지 아니하다.

③ 제2항 본문의 경우에 운송인과 그 사용인 또는 대리인의 운송물에 대한 책임제한금액의 총액은 제797조제1항에 따른 한도를 초과하지 못한다.

④ 제1항부터 제3항까지의 규정은 운송물에 관한 손해배상청구가 운송인 외의 실제운송인 또는 그 사용인이나 대리인에 대하여 제기된 경우에도 적용한다.

(전문개정 2007 · 8 · 3 법8581)

제799조(운송인의 책임경감금지) ① 제794조부터 제798조까지의 규정에 반하여 운송인의 의무 또는 책임을 경감 또는 면제하는 당사자 사이의 특약은 효력이 없다. 운송물에 관한 보험의 이익을 운송인에게 양도하는 약정 또는 이와 유사한 약정도 또한 같다.

② 제1항은 산 동물의 운송 및 선하증권이나 그 밖에 운송계약을 증명하는 문서의 표면에 갑판적(甲板積)으로 운송할 취지를 기재하여 갑판적으로 행하는 운송에 대하여는 적용하지 아니한다.

(전문개정 2007 · 8 · 3 법8581)

제800조(위법선적물의 처분) ① 선장은 법령 또는 계약을 위반하여 선적된 운송물은 언제든지 이를 양륙할 수 있고, 그 운송물이 선박 또는 다른 운송물에 위해를 미칠 염려가 있는 때에는 이를 포기할 수 있다.

② 선장이 제1항의 물건을 운송하는 때에는 선적한 때와 곳에서의 동종 운송물의 최고운임의 지급을 청구할 수 있다.

③ 제1항 및 제2항은 운송인과 그 밖의 이해관계인의 손해배상청구에 영향을 미치지 아니한다.

(전문개정 2007 · 8 · 3 법8581)

제801조(위험물의 처분) ① 인화성 · 폭발성이나 그 밖의 위험성이 있는 운송물은 운송인이 그 성질을 알고 선적한 경우에도 그 운송물이 선박이나 다른 운송물에 위

해를 미칠 위험이 있는 때에는 선장은 언제든지 이를 양륙·파괴 또는 무해조치할 수 있다.
② 운송인은 제1항의 처분에 의하여 그 운송물에 발생한 손해에 대하여는 공동해손분담책임을 제외하고 그 배상책임을 면한다.
(전문개정 2007·8·3 법8581)

제802조(운송물의 수령) 운송물의 도착통지를 받은 수하인은 당사자 사이의 합의 또는 양륙항의 관습에 의한 때와 곳에서 지체 없이 운송물을 수령하여야 한다.
(전문개정 2007·8·3 법8581)

제803조(운송물의 공탁 등) ① 수하인이 운송물의 수령을 게을리한 때에는 선장은 이를 공탁하거나 세관이나 그 밖에 법령으로 정한 관청의 허가를 받은 곳에 인도할 수 있다. 이 경우 지체 없이 수하인에게 그 통지를 발송하여야 한다.
② 수하인을 확실히 알 수 없거나 수하인이 운송물의 수령을 거부한 때에는 선장은 이를 공탁하거나 세관이나 그 밖에 법령으로 정한 관청의 허가를 받은 곳에 인도하고 지체 없이 용선자 또는 송하인 및 알고 있는 수하인에게 그 통지를 발송하여야 한다.
③ 제1항 및 제2항에 따라 운송물을 공탁하거나 세관이나 그 밖에 법령으로 정한 관청의 허가를 받은 곳에 인도한 때에는 선하증권소지인이나 그 밖의 수하인에게 운송물을 인도한 것으로 본다.
(전문개정 2007·8·3 법8581)

제804조(운송물의 일부 멸실·훼손에 관한 통지) ① 수하인이 운송물의 일부 멸실 또는 훼손을 발견한 때에는 수령 후 지체 없이 그 개요에 관하여 운송인에게 서면에 의한 통지를 발송하여야 한다. 다만, 그 멸실 또는 훼손이 즉시 발견할 수 없는 것인 때에는 수령한 날부터 3일 이내에 그 통지를 발송하여야 한다.
② 제1항의 통지가 없는 경우에는 운송물이 멸실 또는 훼손 없이 수하인에게 인도된 것으로 추정한다.
③ 제1항 및 제2항은 운송인 또는 그 사용인이 악의인 경우에는 적용하지 아니한다.
④ 운송물에 멸실 또는 훼손이 발생하였거나 그 의심이 있는 경우에는 운송인과 수하인은 서로 운송물의 검사를 위하여 필요한 편의를 제공하여야 한다.
⑤ 제1항부터 제4항까지의 규정에 반하여 수하인에게 불리한 당사자 사이의 특약은 효력이 없다.
(전문개정 2007·8·3 법8581)

제805조(운송물의 중량·용적에 따른 운임) 운송물의 중량 또는 용적으로 운임을 정한 때에는 운송물을 인도하는 때의 중량 또는 용적에 의하여 그 액을 정한다.
(전문개정 2007·8·3 법8581)

제806조(운송기간에 따른 운임) ① 기간으로 운임을 정한 때에는 운송물의 선적을 개시한 날부터 그 양륙을 종료한 날까지의 기간에 의하여 그 액을 정한다.
② 제1항의 기간에는 불가항력으로 인하여 선박이 선적항이나 항해도중에 정박한 기간 또는 항해 도중에 선박을 수선한 기간을 산입하지 아니한다.
(전문개정 2007·8·3 법8581)

제807조(수하인의 의무, 선장의 유치권) ① 수하인이 운송물을 수령하는 때에는 운송계약 또는 선하증권의 취지에 따라 운임·부수비용·체당금·체선료, 운송물의 가액에 따른 공동해손 또는 해난구조로 인한 부담액을 지급하여야 한다.
② 선장은 제1항에 따른 금액의 지급과 상환하지 아니하면 운송물을 인도할 의무가 없다.
(전문개정 2007·8·3 법8581)

제808조(운송인의 운송물경매권) ① 운송인은 제807조제1항에 따른 금액의 지급을 받기 위하여 법원의 허가를 받아 운송물을 경매하여 우선변제를 받을 권리가 있다.
② 선장이 수하인에게 운송물을 인도한 후에도 운송인은 그 운송물에 대하여 제1항의 권리를 행사할 수 있다. 다만, 인도한 날부터 30일을 경과하거나 제3자가 그 운송물에 점유를 취득한 때에는 그러하지 아니하다.
(전문개정 2007·8·3 법8581)

제809조(항해용선자 등의 재운송계약 시 선박소유자의 책임) 항해용선자 또는 정기용선자가 자기의 명의로 제3자와 운송계약을 체결한 경우에는 그 계약의 이행이 선장의 직무에 속한 범위 안에서 선박소유자도 그 제3자에 대하여 제794조 및 제795조에 따른 책임을 진다.
(전문개정 2007·8·3 법8581)

제810조(운송계약의 종료사유) ① 운송계약은 다음의 사유로 인하여 종료한다.
1. 선박이 침몰 또는 멸실한 때
2. 선박이 수선할 수 없게 된 때
3. 선박이 포획된 때
4. 운송물이 불가항력으로 인하여 멸실된

때

② 제1항제1호부터 제3호까지의 사유가 항해 도중에 생긴 때에는 송하인은 운송의 비율에 따라 현존하는 운송물의 가액의 한도에서 운임을 지급하여야 한다.
(전문개정 2007·8·3 법8581)

제811조(법정사유로 인한 해제 등) ① 항해 또는 운송이 법령을 위반하게 되거나 그 밖에 불가항력으로 인하여 계약의 목적을 달할 수 없게 된 때에는 각 당사자는 계약을 해제할 수 있다.

② 제1항의 사유가 항해 도중에 생긴 경우에 계약을 해지한 때에는 송하인은 운송의 비율에 따라 운임을 지급하여야 한다.
(전문개정 2007·8·3 법8581)

제812조(운송물의 일부에 관한 불가항력) ① 제810조제1항제4호 및 제811조제1항의 사유가 운송물의 일부에 대하여 생긴 때에는 송하인은 운송인의 책임이 가중되지 아니하는 범위 안에서 다른 운송물을 선적할 수 있다.

② 송하인이 제1항의 권리를 행사하고자 하는 때에는 지체 없이 운송물의 양륙 또는 선적을 하여야 한다. 그 양륙 또는 선적을 게을리한 때에는 운임의 전액을 지급하여야 한다.
(전문개정 2007·8·3 법8581)

제813조(선장의 적하처분과 운임) 운송인은 다음 각 호의 어느 하나에 해당하는 경우에는 운임의 전액을 청구할 수 있다.

1. 선장이 제750조제1항에 따라 적하를 처분하였을 때
2. 선장이 제865조에 따라 적하를 처분하였을 때

(전문개정 2007·8·3 법8581)

제814조(운송인의 채권·채무의 소멸) ① 운송인의 송하인 또는 수하인에 대한 채권 및 채무는 그 청구원인의 여하에 불구하고 운송인이 수하인에게 운송물을 인도한 날 또는 인도할 날부터 1년 이내에 재판상 청구가 없으면 소멸한다. 다만, 이 기간은 당사자의 합의에 의하여 연장할 수 있다.

② 운송인이 인수한 운송을 다시 제3자에게 위탁한 경우에 송하인 또는 수하인이 제1항의 기간 이내에 운송인과 배상 합의를 하거나 운송인에게 재판상 청구를 하였다면, 그 합의 또는 청구가 있은 날부터 3개월이 경과하기 이전에는 그 제3자에 대한 운송인의 채권·채무는 제1항에도 불구하고 소멸하지 아니한다. 운송인과 그 제3자 사이에 제1항 단서와 동일한 취지의 약정이 있는 경우에도 또한 같다.

③ 제2항의 경우에 있어서 재판상 청구를 받은 운송인이 그로부터 3개월 이내에 그 제3자에 대하여 소송고지를 하면 3개월의 기간은 그 재판이 확정되거나 그 밖에 종료된 때부터 기산한다.
(전문개정 2007·8·3 법8581)

제815조(준용규정) 제134조, 제136조부터 제140조까지의 규정은 이 절에서 정한 운송인에 준용한다.
(전문개정 2007·8·3 법8581)

제816조(복합운송인의 책임) ① 운송인이 인수한 운송에 해상 외의 운송구간이 포함된 경우 운송인은 손해가 발생한 운송구간에 적용될 법에 따라 책임을 진다.

② 어느 운송구간에서 손해가 발생하였는지 불분명한 경우 또는 손해의 발생이 성질상 특정한 지역으로 한정되지 아니하는 경우에는 운송인은 운송거리가 가장 긴 구간에 적용되는 법에 따라 책임을 진다. 다만, 운송거리가 같거나 가장 긴 구간을 정할 수 없는 경우에는 운임이 가장 비싼 구간에 적용되는 법에 따라 책임을 진다.
(전문개정 2007·8·3 법8581)

제2절 해상여객운송

제817조(해상여객운송계약의 의의) 해상여객운송계약은 운송인이 특정한 여객을 출발지에서 도착지까지 해상에서 선박으로 운송할 것을 인수하고, 이에 대하여 상대방이 운임을 지급하기로 약정함으로써 그 효력이 생긴다.
(전문개정 2007·8·3 법8581)

제818조(기명식의 선표) 기명식의 선표는 타인에게 양도하지 못한다.
(전문개정 2007·8·3 법8581)

제819조(식사·거처제공의무 등) ① 여객의 항해 중의 식사는 다른 약정이 없으면 운송인의 부담으로 한다.

② 항해 도중에 선박을 수선하는 경우에는 운송인은 그 수선 중 여객에게 상당한 거처와 식사를 제공하여야 한다. 다만, 여객의 권리를 해하지 아니하는 범위 안에서 상륙항까지의 운송의 편의를 제공한 때에는 그러하지 아니하다.

③ 제2항의 경우에 여객은 항해의 비율에 따른 운임을 지급하고 계약을 해지할 수 있다.

(전문개정 2007 · 8 · 3 법8581)

제820조(수하물 무임운송의무) 여객이 계약에 의하여 선내에서 휴대할 수 있는 수하물에 대하여는 운송인은 다른 약정이 없으면 별도로 운임을 청구하지 못한다.
(전문개정 2007 · 8 · 3 법8581)

제821조(승선지체와 선장의 발항권)
① 여객이 승선시기까지 승선하지 아니한 때에는 선장은 즉시 발항할 수 있다. 항해도중의 정박항에서도 또한 같다.
② 제1항의 경우에는 여객은 운임의 전액을 지급하여야 한다.
(전문개정 2007 · 8 · 3 법8581)

제822조(여객의 계약해제와 운임) 여객이 발항 전에 계약을 해제하는 경우에는 운임의 반액을 지급하고, 발항 후에 계약을 해제하는 경우에는 운임의 전액을 지급하여야 한다.
(전문개정 2007 · 8 · 3 법8581)

제823조(법정사유에 의한 해제) 여객이 발항 전에 사망 · 질병이나 그 밖의 불가항력으로 인하여 항해할 수 없게 된 때에는 운송인은 운임의 10분의 3을 청구할 수 있고, 발항 후에 그 사유가 생긴 때에는 운송인의 선택으로 운임의 10분의 3 또는 운송의 비율에 따른 운임을 청구할 수 있다.
(전문개정 2007 · 8 · 3 법8581)

제824조(사망한 여객의 수하물처분의무) 여객이 사망한 때에는 선장은 그 상속인에게 가장 이익이 되는 방법으로 사망자가 휴대한 수하물을 처분하여야 한다.
(전문개정 2007 · 8 · 3 법8581)

제825조(법정종료사유) 운송계약은 제810조제1항제1호부터 제3호까지의 사유로 인하여 종료한다. 그 사유가 항해 도중에 생긴 때에는 여객은 운송의 비율에 따른 운임을 지급하여야 한다.
(전문개정 2007 · 8 · 3 법8581)

제826조(준용규정) ① 제148조 · 제794조 · 제799조제1항 및 제809조는 해상여객운송에 준용한다.
② 제134조 · 제136조 · 제149조제2항 · 제794조부터 제801조까지 · 제804조 · 제807조 · 제809조 · 제811조 및 제814조는 운송인이 위탁을 받은 여객의 수하물의 운송에 준용한다.
③ 제150조, 제797조제1항 · 제4항, 제798조, 제799조제1항, 제809조 및 제814조는 운송인이 위탁을 받지 아니한 여객의 수하물에 준용한다.
(전문개정 2007 · 8 · 3 법8581)

제3절 항해용선

제827조(항해용선계약의 의의) ① 항해용선계약은 특정한 항해를 할 목적으로 선박소유자가 용선자에게 선원이 승무하고 항해장비를 갖춘 선박의 전부 또는 일부를 물건의 운송에 제공하기로 약정하고 용선자가 이에 대하여 운임을 지급하기로 약정함으로써 그 효력이 생긴다.
② 이 절의 규정은 그 성질에 반하지 아니하는 한 여객운송을 목적으로 하는 항해용선계약에도 준용한다.
③ 선박소유자가 일정한 기간 동안 용선자에게 선박을 제공할 의무를 지지만 항해를 단위로 운임을 계산하여 지급하기로 약정한 경우에도 그 성질에 반하지 아니하는 한 이 절의 규정을 준용한다.
(전문개정 2007 · 8 · 3 법8581)

제828조(용선계약서) 용선계약의 당사자는 상대방의 청구에 의하여 용선계약서를 교부하여야 한다.
(전문개정 2007 · 8 · 3 법8581)

제829조(선적준비완료의 통지, 선적기간)
① 선박소유자는 운송물을 선적함에 필요한 준비가 완료된 때에는 지체 없이 용선자에게 그 통지를 발송하여야 한다.
② 운송물을 선적할 기간의 약정이 있는 경우에는 그 기간은 제1항의 통지가 오전에 있은 때에는 그 날의 오후 1시부터 기산하고, 오후에 있은 때에는 다음날 오전 6시부터 기산한다. 이 기간에는 불가항력으로 인하여 선적할 수 없는 날과 그 항의 관습상 선적작업을 하지 아니하는 날을 산입하지 아니한다.
③ 제2항의 기간을 경과한 후 운송물을 선적한 때에는 선박소유자는 상당한 보수를 청구할 수 있다.
(전문개정 2007 · 8 · 3 법8581)

제830조(제3자가 선적인인 경우의 통지 · 선적) 용선자 외의 제3자가 운송물을 선적할 경우에 선장이 그 제3자를 확실히 알 수 없거나 그 제3자가 운송물을 선적하지 아니한 때에는 선장은 지체 없이 용선자에게 그 통지를 발송하여야 한다. 이 경우 선적기간 이내에 한하여 용선자가 운송물을 선적할 수 있다.
(전문개정 2007 · 8 · 3 법8581)

제831조(용선자의 발항청구권, 선장의 발항권) ① 용선자는 운송물의 전부를 선적

하지 아니한 경우에도 선장에게 발항을 청구할 수 있다.
② 선적기간의 경과 후에는 용선자가 운송물의 전부를 선적하지 아니한 경우에도 선장은 즉시 발항할 수 있다.
③ 제1항 및 제2항의 경우에 용선자는 운임의 전액과 운송물의 전부를 선적하지 아니함으로 인하여 생긴 비용을 지급하고, 또한 선박소유자의 청구가 있는 때에는 상당한 담보를 제공하여야 한다.
(전문개정 2007·8·3 법8581)

第832條(전부용선의 발항 전의 계약해제 등) ① 발항 전에는 전부용선자는 운임의 반액을 지급하고 계약을 해제할 수 있다.
② 왕복항해의 용선계약인 경우에 전부용선자가 그 회항 전에 계약을 해지하는 때에는 운임의 3분의 2를 지급하여야 한다.
③ 선박이 다른 항에서 선적항에 항행하여야 할 경우에 전부용선자가 선적항에서 발항하기 전에 계약을 해지하는 때에도 제2항과 같다.
(전문개정 2007·8·3 법8581)

第833條(일부용선과 발항 전의 계약해제 등) ① 일부용선자나 송하인은 다른 용선자와 송하인 전원과 공동으로 하는 경우에 한하여 제832조의 해제 또는 해지를 할 수 있다.
② 제1항의 경우 외에는 일부용선자나 송하인이 발항 전에 계약을 해제 또는 해지한 때에도 운임의 전액을 지급하여야 한다.
③ 발항 전이라도 일부용선자나 송하인이 운송물의 전부 또는 일부를 선적한 경우에는 다른 용선자와 송하인의 동의를 받지 아니하면 계약을 해제 또는 해지하지 못한다.
(전문개정 2007·8·3 법8581)

第834條(부수비용·체당금 등의 지급의무) ① 용선자나 송하인이 제832조 및 제833조제1항에 따라 계약을 해제 또는 해지를 한 때에도 부수비용과 체당금을 지급할 책임을 면하지 못한다.
② 제832조제2항 및 제3항의 경우에는 용선자나 송하인은 제1항에 규정된 것 외에도 운송물의 가액에 따라 공동해손 또는 해난구조로 인하여 부담할 금액을 지급하여야 한다.
(전문개정 2007·8·3 법8581)

第835條(선적·양륙비용의 부담) 제833조 및 제834조의 경우에 운송물의 전부 또는 일부를 선적한 때에는 그 선적과 양륙의 비용은 용선자 또는 송하인이 부담한다.
(전문개정 2007·8·3 법8581)

第836條(선적기간 내의 불선적의 효과) 용선자가 선적기간 내에 운송물의 선적을 하지 아니한 때에는 계약을 해제 또는 해지한 것으로 본다.
(전문개정 2007·8·3 법8581)

第837條(발항 후의 계약해지) 발항 후에는 용선자나 송하인은 운임의 전액, 체당금·체선료와 공동해손 또는 해난구조의 부담액을 지급하고 그 양륙하기 위하여 생긴 손해를 배상하거나 이에 대한 상당한 담보를 제공하지 아니하면 계약을 해지하지 못한다.
(전문개정 2007·8·3 법8581)

第838條(운송물의 양륙) ① 운송물을 양륙함에 필요한 준비가 완료된 때에는 선장은 지체 없이 수하인에게 그 통지를 발송하여야 한다.
② 제829조제2항은 운송물의 양륙기간의 계산에 준용한다.
③ 제2항의 양륙기간을 경과한 후 운송물을 양륙한 때에는 선박소유자는 상당한 보수를 청구할 수 있다.
(전문개정 2007·8·3 법8581)

第839條(선박소유자의 책임경감 금지) ① 제794조에 반하여 이 절에서 정한 선박소유자의 의무 또는 책임을 경감 또는 면제하는 당사자 사이의 특약은 효력이 없다. 운송물에 관한 보험의 이익을 선박소유자에게 양도하는 약정 또는 이와 유사한 약정도 또한 같다.
② 제799조제2항은 제1항의 경우에 준용한다.
(전문개정 2007·8·3 법8581)

第840條(선박소유자의 채권·채무의 소멸) ① 선박소유자의 용선자 또는 수하인에 대한 채권 및 채무는 그 청구원인의 여하에 불구하고 선박소유자가 운송물을 인도한 날 또는 인도할 날부터 2년 이내에 재판상 청구가 없으면 소멸한다. 이 경우 제814조제1항 단서를 준용한다.
② 제1항의 기간을 단축하는 선박소유자와 용선자의 약정은 이를 운송계약에 명시적으로 기재하지 아니하면 그 효력이 없다.
(전문개정 2007·8·3 법8581)

第841條(준용규정) ① 제134조, 제136조, 제137조, 제140조, 제793조부터 제797조까지, 제798조제1항부터 제3항까지, 제800조, 제801조, 제803조, 제804조제1항부터 제4항까지, 제805조부터 제808조까지와 제810조부터 제813조까지의 규정은 항해용선

계약에 준용한다.
② 제1항에 따라 제806조의 운임을 계산함에 있어서 제829조제2항의 선적기간 또는 제838조제2항의 양륙기간이 경과한 후에 운송물을 선적 또는 양륙한 경우에는 그 기간경과 후의 선적 또는 양륙기간은 선적 또는 양륙기간에 산입하지 아니하고 제829조제3항 및 제838조제3항에 따라 별도로 보수를 정한다.
(전문개정 2007·8·3 법8581)

제4절 정기용선

제842조(정기용선계약의 의의) 정기용선계약은 선박소유자가 용선자에게 선원이 승무하고 항해장비를 갖춘 선박을 일정한 기간동안 항해에 사용하게 할 것을 약정하고 용선자가 이에 대하여 기간으로 정한 용선료를 지급하기로 약정함으로써 그 효력이 생긴다.
(전문개정 2007·8·3 법8581)

제843조(정기용선자의 선장지휘권) ① 정기용선자는 약정한 범위 안의 선박의 사용을 위하여 선장을 지휘할 권리가 있다.
② 선장·해원, 그 밖의 선박사용인이 정기용선자의 정당한 지시를 위반하여 정기용선자에게 손해가 발생한 경우에는 선박소유자가 이를 배상할 책임이 있다.
(전문개정 2007·8·3 법8581)

제844조(선박소유자의 운송물유치권 및 경매권) ① 제807조제2항 및 제808조는 정기용선자가 선박소유자에게 용선료·체당금, 그 밖에 이와 유사한 정기용선계약에 의한 채무를 이행하지 아니하는 경우에 준용한다. 다만, 선박소유자는 정기용선자가 발행한 선하증권을 선의로 취득한 제3자에게 대항하지 못한다.
② 제1항에 따른 선박소유자의 운송물에 대한 권리는 정기용선자가 운송물에 관하여 약정한 용선료 또는 운임의 범위를 넘어서 행사하지 못한다.
(전문개정 2007·8·3 법8581)

제845조(용선료의 연체와 계약해지 등) ① 정기용선자가 용선료를 약정기일에 지급하지 아니한 때에는 선박소유자는 계약을 해제 또는 해지할 수 있다.
② 정기용선자가 제3자와 운송계약을 체결하여 운송물을 선적한 후 선박의 항해 중에 선박소유자가 제1항에 따라 계약을 해제 또는 해지한 때에는 선박소유자는 적하이해관계인에 대하여 정기용선자와 동일한 운송의무가 있다.
③ 선박소유자가 제2항에 따른 계약의 해제 또는 해지 및 운송계속의 뜻을 적하이해관계인에게 서면으로 통지를 한 때에는 선박소유자의 정기용선자에 대한 용선료·체당금, 그 밖에 이와 유사한 정기용선계약상의 채권을 담보하기 위하여 정기용선자가 적하이해관계인에 대하여 가지는 용선료 또는 운임의 채권을 목적으로 질권을 설정한 것으로 본다.
④ 제1항부터 제3항까지의 규정은 선박소유자 또는 적하이해관계인의 정기용선자에 대한 손해배상청구에 영향을 미치지 아니한다.
(전문개정 2007·8·3 법8581)

제846조(정기용선계약상의 채권의 소멸) ① 정기용선계약에 관하여 발생한 당사자 사이의 채권은 선박이 선박소유자에게 반환된 날부터 2년 이내에 재판상 청구가 없으면 소멸한다. 이 경우 제814조제1항 단서를 준용한다.
② 제840조제2항은 제1항의 경우에 준용한다.
(전문개정 2007·8·3 법8581)

제5절 선체용선

제847조(선체용선계약의 의의) ① 선체용선계약은 용선자의 관리·지배 하에 선박을 운항할 목적으로 선박소유자가 용선자에게 선박을 제공할 것을 약정하고 용선자가 이에 따른 용선료를 지급하기로 약정함으로써 그 효력이 생긴다.
② 선박소유자가 선장과 그 밖의 해원을 공급할 의무를 지는 경우에도 용선자의 관리·지배하에서 해원이 선박을 운항하는 것을 목적으로 하면 이를 선체용선계약으로 본다.
(전문개정 2007·8·3 법8581)

제848조(법적 성질) ① 선체용선계약은 그 성질에 반하지 아니하는 한 「민법」상 임대차에 관한 규정을 준용한다.
② 용선기간이 종료된 후에 용선자가 선박을 매수 또는 인수할 권리를 가지는 경우 및 금융의 담보를 목적으로 채권자를 선박소유자로 하여 선체용선계약을 체결한 경우에도 용선기간 중에는 당사자 사이에서는 이 절의 규정에 따라 권리와 의무가 있다.
(전문개정 2007·8·3 법8581)

제849조(선체용선자의 등기청구권, 등기의 효력) ① 선체용선자는 선박소유자에

대하여 선체용선등기에 협력할 것을 청구할 수 있다.
② 선체용선을 등기한 때에는 그 때부터 제3자에 대하여 효력이 생긴다.
(전문개정 2007·8·3 법8581)

제850조(선체용선과 제3자에 대한 법률관계) ① 선체용선자가 상행위나 그 밖의 영리를 목적으로 선박을 항해에 사용하는 경우에는 그 이용에 관한 사항에는 제3자에 대하여 선박소유자와 동일한 권리의무가 있다.
② 제1항의 경우에 선박의 이용에 관하여 생긴 우선특권은 선박소유자에 대하여도 그 효력이 있다. 다만, 우선특권자가 그 이용의 계약에 반함을 안 때에는 그러하지 아니하다.
(전문개정 2007·8·3 법8581)

제851조(선체용선계약상의 채권의 소멸) ① 선체용선계약에 관하여 발생한 당사자 사이의 채권은 선박이 선박소유자에게 반환된 날부터 2년 이내에 재판상 청구가 없으면 소멸한다. 이 경우 제814조제1항 단서를 준용한다.
② 제840조제2항은 제1항의 경우에 준용한다.
(전문개정 2007·8·3 법8581)

제6절 운송증서

제852조(선하증권의 발행) ① 운송인은 운송물을 수령한 후 송하인의 청구에 의하여 1통 또는 수통의 선하증권을 교부하여야 한다.
② 운송인은 운송물을 선적한 후 송하인의 청구에 의하여 1통 또는 수통의 선적선하증권을 교부하거나 제1항의 선하증권에 선적의 뜻을 표시하여야 한다.
③ 운송인은 선장 또는 그 밖의 대리인에게 선하증권의 교부 또는 제2항의 표시를 위임할 수 있다.
(전문개정 2007·8·3 법8581)

제853조(선하증권의 기재사항) ① 선하증권에는 다음 각 호의 사항을 기재하고 운송인이 기명날인 또는 서명하여야 한다.

1. 선박의 명칭·국적 및 톤수
2. 송하인이 서면으로 통지한 운송물의 종류, 중량 또는 용적, 포장의 종별, 개수와 기호
3. 운송물의 외관상태
4. 용선자 또는 송하인의 성명·상호
5. 수하인 또는 통지수령인의 성명·상호
6. 선적항
7. 양륙항
8. 운 임
9. 발행지와 그 발행연월일
10. 수통의 선하증권을 발행한 때에는 그 수
11. 운송인의 성명 또는 상호
12. 운송인의 주된 영업소 소재지

② 제1항제2호의 기재사항 중 운송물의 중량·용적·개수 또는 기호가 운송인이 실제로 수령한 운송물을 정확하게 표시하고 있지 아니하다고 의심할 만한 상당한 이유가 있는 때 또는 이를 확인할 적당한 방법이 없는 때에는 그 기재를 생략할 수 있다.
③ 송하인은 제1항제2호의 기재사항이 정확함을 운송인에게 담보한 것으로 본다.
④ 운송인이 선하증권에 기재된 통지수령인에게 운송물에 관한 통지를 한 때에는 송하인 및 선하증권소지인과 그 밖의 수하인에게 통지한 것으로 본다.
(전문개정 2007·8·3 법8581)

제854조(선하증권 기재의 효력) ① 제853조제1항에 따라 선하증권이 발행된 경우 운송인과 송하인 사이에 선하증권에 기재된 대로 개품운송계약이 체결되고 운송물을 수령 또는 선적한 것으로 추정한다.
② 제1항의 선하증권을 선의로 취득한 소지인에 대하여 운송인은 선하증권에 기재된 대로 운송물을 수령 혹은 선적한 것으로 보고 선하증권에 기재된 바에 따라 운송인으로서 책임을 진다.
(전문개정 2007·8·3 법8581)

제855조(용선계약과 선하증권) ① 용선자의 청구가 있는 경우 선박소유자는 운송물을 수령한 후에 제852조 및 제853조에 따라 선하증권을 발행한다.
② 제1항에 따라 선하증권이 발행된 경우 선박소유자는 선하증권에 기재된 대로 운송물을 수령 또는 선적한 것으로 추정한다.
③ 제3자가 선의로 제1항의 선하증권을 취득한 경우 선박소유자는 제854조제2항에 따라 운송인으로서 권리와 의무가 있다. 용선자의 청구에 따라 선박소유자가 제3자에게 선하증권을 발행한 경우에도 또한 같다.
④ 제3항의 경우에 그 제3자는 제833조부터 제835조까지 및 제837조에 따른 송하인으로 본다.
⑤ 제3항의 경우 제799조를 위반하여 운송인으로서의 의무와 책임을 감경 또는 면

제하는 특약을 하지 못한다.
(전문개정 2007·8·3 법8581)

제856조(등본의 교부) 선하증권의 교부를 받은 용선자 또는 송하인은 발행자의 청구가 있는 때에는 선하증권의 등본에 기명날인 또는 서명하여 교부하여야 한다.
(전문개정 2007·8·3 법8581)

제857조(수통의 선하증권과 양륙항에 있어서의 운송물의 인도) ① 양륙항에서 수통의 선하증권 중 1통을 소지한 자가 운송물의 인도를 청구하는 경우에도 선장은 그 인도를 거부하지 못한다.
② 제1항에 따라 수통의 선하증권 중 1통의 소지인이 운송물의 인도를 받은 때에는 다른 선하증권은 그 효력을 잃는다.
(전문개정 2007·8·3 법8581)

제858조(수통의 선하증권과 양륙항 외에서의 운송물의 인도) 양륙항 외에서는 선장은 선하증권의 각 통의 반환을 받지 아니하면 운송물을 인도하지 못한다.
(전문개정 2007·8·3 법8581)

제859조(2인 이상 소지인의 운송물인도청구와 공탁) ① 2인 이상의 선하증권소지인이 운송물의 인도를 청구한 때에는 선장은 지체 없이 운송물을 공탁하고 각 청구자에게 그 통지를 발송하여야 한다.
② 선장이 제857조제1항에 따라 운송물의 일부를 인도한 후 다른 소지인이 운송물의 인도를 청구한 경우에도 그 인도하지 아니한 운송물에 대하여는 제1항과 같다.
(전문개정 2007·8·3 법8581)

제860조(수인의 선하증권소지인의 순위) ① 제859조에 따라 공탁한 운송물에 대하여는 수인의 선하증권소지인에게 공통되는 전 소지인으로부터 먼저 교부를 받은 증권소지인의 권리가 다른 소지인의 권리에 우선한다.
② 격지자에 대하여 발송한 선하증권은 그 발송한 때를 교부받은 때로 본다.
(전문개정 2007·8·3 법8581)

제861조(준용규정) 제129조·제130조·제132조 및 제133조는 제852조 및 제855조의 선하증권에 준용한다.
(전문개정 2007·8·3 법8581)

제862조(전자선하증권) ① 운송인은 제852조 또는 제855조의 선하증권을 발행하는 대신에 송하인 또는 용선자의 동의를 받아 법무부장관이 지정하는 등록기관에 등록을 하는 방식으로 전자선하증권을 발행할 수 있다. 이 경우 전자선하증권은 제852조 및 제855조의 선하증권과 동일한 법적 효력을 갖는다.
② 전자선하증권에는 제853조제1항 각 호의 정보가 포함되어야 하며, 운송인이 전자서명을 하여 송신하고 용선자 또는 송하인이 이를 수신하여야 그 효력이 생긴다.
③ 전자선하증권의 권리자는 배서의 뜻을 기재한 전자문서를 작성한 다음 전자선하증권을 첨부하여 지정된 등록기관을 통하여 상대방에게 송신하는 방식으로 그 권리를 양도할 수 있다.
④ 제3항에서 정한 방식에 따라 배서의 뜻을 기재한 전자문서를 상대방이 수신하면 제852조 및 제855조의 선하증권을 배서하여 교부한 것과 동일한 효력이 있고, 제2항 및 제3항의 전자문서를 수신한 권리자는 제852조 및 제855조의 선하증권을 교부받은 소지인과 동일한 권리를 취득한다.
⑤ 전자선하증권의 등록기관의 지정요건, 발행 및 배서의 전자적인 방식, 운송물의 구체적인 수령절차와 그 밖에 필요한 사항은 대통령령으로 정한다.
(전문개정 2007·8·3 법8581)

제863조(해상화물운송장의 발행) ① 운송인은 용선자 또는 송하인의 청구가 있으면 제852조 또는 제855조의 선하증권을 발행하는 대신 해상화물운송장을 발행할 수 있다. 해상화물운송장은 당사자 사이의 합의에 따라 전자식으로도 발행할 수 있다.
② 해상화물운송장에는 해상화물운송장임을 표시하는 외에 제853조제1항 각 호 사항을 기재하고 운송인이 기명날인 또는 서명하여야 한다.
③ 제853조제2항 및 제4항은 해상화물운송장에 준용한다.
(전문개정 2007·8·3 법8581)

제864조(해상화물운송장의 효력) ① 제863조제1항의 규정에 따라 해상화물운송장이 발행된 경우 운송인이 그 운송장에 기재된 대로 운송물을 수령 또는 선적한 것으로 추정한다.
② 운송인이 운송물을 인도함에 있어서 수령인이 해상화물운송장에 기재된 수하인 또는 그 대리인이라고 믿을만한 정당한 사유가 있는 때에는 수령인이 권리자가 아니라고 하더라도 운송인은 그 책임을 면한다.
(전문개정 2007·8·3 법8581)

제3장 해상위험

제1절 공동해손

第865條(공동해손의 요건) 선박과 적하의 공동위험을 면하기 위한 선장의 선박 또는 적하에 대한 처분으로 인하여 생긴 손해 또는 비용은 공동해손으로 한다.
(전문개정 2007·8·3 법8581)

第866條(공동해손의 분담) 공동해손은 그 위험을 면한 선박 또는 적하의 가액과 운임의 반액과 공동해손의 액과의 비율에 따라 각 이해관계인이 이를 분담한다.
(전문개정 2007·8·3 법8581)

第867條(공동해손분담액의 산정) 공동해손의 분담액을 정함에 있어서는 선박의 가액은 도달의 때와 곳의 가액으로 하고, 적하의 가액은 양륙의 때와 곳의 가액으로 한다. 다만, 적하에 관하여는 그 가액 중에서 멸실로 인하여 지급을 면하게 된 운임과 그 밖의 비용을 공제하여야 한다.
(전문개정 2007·8·3 법8581)

第868條(공동해손분담자의 유한책임) 제866조 및 제867조에 따라 공동해손의 분담책임이 있는 자는 선박이 도달하거나 적하를 인도한 때에 현존하는 가액의 한도에서 책임을 진다.
(전문개정 2007·8·3 법8581)

第869條(공동해손의 손해액산정) 공동해손의 액을 정함에 있어서는 선박의 가액은 도달의 때와 곳의 가액으로 하고, 적하의 가액은 양륙의 때와 곳의 가액으로 한다. 다만, 적하에 관하여는 그 손실로 인하여 지급을 면하게 된 모든 비용을 공제하여야 한다.
(전문개정 2007·8·3 법8581)

第870條(책임있는 자에 대한 구상권) 선박과 적하의 공동위험이 선박 또는 적하의 하자나 그 밖의 과실 있는 행위로 인하여 생긴 경우에는 공동해손의 분담자는 그 책임이 있는 자에 대하여 구상권을 행사할 수 있다.
(전문개정 2007·8·3 법8581)

第871條(공동해손분담제외) 선박에 비치한 무기, 선원의 급료, 선원과 여객의 식량·의류는 보존된 경우에는 그 가액을 공동해손의 분담에 산입하지 아니하고, 손실된 경우에는 그 가액을 공동해손의 액에 산입한다.
(전문개정 2007·8·3 법8581)

第872條(공동해손분담청구에서의 제외) ① 속구목록에 기재하지 아니한 속구, 선하증권이나 그 밖에 적하의 가격을 정할 수 있는 서류 없이 선적한 하물 또는 종류와 가액을 명시하지 아니한 화폐나 유가증권과 그 밖의 고가물은 보존된 경우에는 그 가액을 공동해손의 분담에 산입하고, 손실된 경우에는 그 가액을 공동해손의 액에 산입하지 아니한다.
② 갑판에 적재한 하물에 대하여도 제1항과 같다. 다만, 갑판에 선적하는 것이 관습상 허용되는 경우와 그 항해가 연안항행에 해당되는 경우에는 그러하지 아니하다.
(전문개정 2007·8·3 법8581)

第873條(적하가격의 부실기재와 공동해손) ① 선하증권이나 그 밖에 적하의 가격을 정할 수 있는 서류에 적하의 실가보다 고액을 기재한 경우에 그 하물이 보존된 때에는 그 기재액에 의하여 공동해손의 분담액을 정하고, 적하의 실가보다 저액을 기재한 경우에 그 하물이 손실된 때에는 그 기재액을 공동해손의 액으로 한다.
② 제1항은 적하의 가격에 영향을 미칠 사항에 관하여 거짓 기재를 한 경우에 준용한다.
(전문개정 2007·8·3 법8581)

第874條(공동해손인 손해의 회복) 선박소유자·용선자·송하인, 그 밖의 이해관계인이 공동해손의 액을 분담한 후 선박·속구 또는 적하의 전부나 일부가 소유자에게 복귀된 때에는 그 소유자는 공동해손의 상금으로 받은 금액에서 구조료와 일부손실로 인한 손해액을 공제하고 그 잔액을 반환하여야 한다.
(전문개정 2007·8·3 법8581)

第875條(공동해손 채권의 소멸) 공동해손으로 인하여 생긴 채권 및 제870조에 따른 구상채권은 그 계산이 종료한 날부터 1년 이내에 재판상 청구가 없으면 소멸한다. 이 경우 제814조제1항 단서를 준용한다.
(전문개정 2007·8·3 법8581)

제2절 선박충돌

第876條(선박충돌에의 적용법규) ① 항해선 상호 간 또는 항해선과 내수항행선 간의 충돌이 있은 경우에 선박 또는 선박 내에 있는 물건이나 사람에 관하여 생긴 손해의 배상에 대하여는 어떠한 수면에서 충돌한 때라도 이 절의 규정을 적용한다.
② 이 절에서 "선박의 충돌"이란 2척 이상의 선박이 그 운용상 작위 또는 부작위로 선박 상호 간에 다른 선박 또는 선박 내에 있는 사람 또는 물건에 손해를 생기게 하는 것을 말하며, 직접적인 접촉의 유

무를 묻지 아니한다.
(본조신설 2007·8·3 법8581)

제877조(불가항력으로 인한 충돌) 선박의 충돌이 불가항력으로 인하여 발생하거나 충돌의 원인이 명백하지 아니한 때에는 피해자는 충돌로 인한 손해의 배상을 청구하지 못한다.
(본조신설 2007·8·3 법8581)

제878조(일방의 과실로 인한 충돌) 선박의 충돌이 일방의 선원의 과실로 인하여 발생한 때에는 그 일방의 선박소유자는 피해자에 대하여 충돌로 인한 손해를 배상할 책임이 있다.
(본조신설 2007·8·3 법8581)

제879조(쌍방의 과실로 인한 충돌) ① 선박의 충돌이 쌍방의 선원의 과실로 인하여 발생한 때에는 쌍방의 과실의 경중에 따라 각 선박소유자가 손해배상의 책임을 분담한다. 이 경우 그 과실의 경중을 판정할 수 없는 때에는 손해배상의 책임을 균분하여 부담한다.

② 제1항의 경우에 제3자의 사상에 대한 손해배상은 쌍방의 선박소유자가 연대하여 그 책임을 진다.
(본조신설 2007·8·3 법8581)

제880조(도선사의 과실로 인한 충돌) 선박의 충돌이 도선사의 과실로 인하여 발생한 경우에도 선박소유자는 제878조 및 제879조를 준용하여 손해를 배상할 책임이 있다.
(본조신설 2007·8·3 법8581)

제881조(선박충돌채권의 소멸) 선박의 충돌로 인하여 생긴 손해배상의 청구권은 그 충돌이 있은 날부터 2년 이내에 재판상 청구가 없으면 소멸한다. 이 경우 제814조제1항 단서를 준용한다.
(본조신설 2007·8·3 법8581)

제3절 해난구조

제882조(해난구조의 요건) 항해선 또는 그 적하 그 밖의 물건이 어떠한 수면에서 위난에 조우한 경우에 의무 없이 이를 구조한 자는 그 결과에 대하여 상당한 보수를 청구할 수 있다. 항해선과 내수항행선 간의 구조의 경우에도 또한 같다.
(본조신설 2007·8·3 법8581)

제883조(보수의 결정) 구조의 보수에 관한 약정이 없는 경우에 그 액에 대하여 당사자 사이에 합의가 성립하지 아니한 때에는 법원은 당사자의 청구에 의하여 구조된 선박·재산의 가액, 위난의 정도, 구조자의 노력과 비용, 구조자나 그 장비가 조우했던 위험의 정도, 구조의 효과, 환경손해방지를 위한 노력, 그 밖의 제반사정을 참작하여 그 액을 정한다.
(본조신설 2007·8·3 법8581)

제884조(보수의 한도) ① 구조의 보수액은 다른 약정이 없으면 구조된 목적물의 가액을 초과하지 못한다.

② 선순위의 우선특권이 있는 때에는 구조의 보수액은 그 우선특권자의 채권액을 공제한 잔액을 초과하지 못한다.
(본조신설 2007·8·3 법8581)

제885조(환경손해방지작업에 대한 특별보상) ① 선박 또는 그 적하로 인하여 환경손해가 발생할 우려가 있는 경우에 손해의 경감 또는 방지의 효과를 수반하는 구조작업에 종사한 구조자는 구조의 성공 여부 및 제884조와 상관없이 구조에 소요된 비용을 특별보상으로 청구할 수 있다.

② 제1항에서 "비용"이란 구조작업에 실제로 지출한 합리적인 비용 및 사용된 장비와 인원에 대한 정당한 보수를 말한다.

③ 구조자는 발생할 환경손해가 구조작업으로 인하여 실제로 감경 또는 방지된 때에는 보상의 증액을 청구할 수 있고, 법원은 제883조의 사정을 참작하여 증액 여부 및 그 금액을 정한다. 이 경우 증액된다 하더라도 구조료는 제1항의 비용의 배액을 초과할 수 없다.

④ 구조자의 고의 또는 과실로 인하여 손해의 감경 또는 방지에 지장을 가져 온 경우 법원은 제1항 및 제3항에서 정한 금액을 감액 혹은 부인할 수 있다.

⑤ 하나의 구조작업을 시행한 구조자가 제1항부터 제4항까지의 규정에서 정한 특별보상을 청구하는 것 외에 제882조에서 정한 보수도 청구할 수 있는 경우 그 중 큰 금액을 구조료로 청구할 수 있다.
(본조신설 2007·8·3 법8581)

제886조(구조료의 지급의무) 선박소유자와 그 밖에 구조된 재산의 권리자는 그 구조된 선박 또는 재산의 가액에 비례하여 구조에 대한 보수를 지급하고 특별보상을 하는 등 구조료를 지급할 의무가 있다.
(본조신설 2007·8·3 법8581)

제887조(구조에 관한 약정) ① 당사자가 미리 구조계약을 하고 그 계약에 따라 구조가 이루어진 경우에도 그 성질에 반하지 아니하는 한 구조계약에서 정하지 아니한 사항은 이 절에서 정한 바에 따른다.

② 해난 당시에 구조료의 금액에 대하여

약정을 한 경우에도 그 금액이 현저하게 부당한 때에는 법원은 제883조의 사정을 참작하여 그 금액을 증감할 수 있다.
(본조신설 2007·8·3 법8581)

제888조(공동구조자 간의 구조료 분배) ① 수인이 공동으로 구조에 종사한 경우에 그 구조료의 분배비율에 관하여는 제883조를 준용한다.

② 인명의 구조에 종사한 자도 제1항에 따라 구조료의 분배를 받을 수 있다.
(본조신설 2007·8·3 법8581)

제889조(1선박 내부의 구조료 분배) ① 선박이 구조에 종사하여 그 구조료를 받은 경우에는 먼저 선박의 손해액과 구조에 들어간 비용을 선박소유자에게 지급하고 잔액을 절반하여 선장과 해원에게 지급하여야 한다.

② 제1항에 따라 해원에게 지급할 구조료의 분배는 선장이 각 해원의 노력, 그 효과와 사정을 참작하여 그 항해의 종료 전에 분배안을 작성하여 해원에게 고시하여야 한다.
(본조신설 2007·8·3 법8581)

제890조(예선의 구조의 경우) 예선의 본선 또는 그 적하에 대한 구조에 관하여는 예선계약의 이행으로 볼 수 없는 특수한 노력을 제공한 경우가 아니면 구조료를 청구하지 못한다.
(본조신설 2007·8·3 법8581)

제891조(동일소유자에 속한 선박 간의 보수) 동일소유자에 속한 선박의 상호 간에 있어서도 구조에 종사한 자는 상당한 구조료를 청구할 수 있다.
(본조신설 2007·8·3 법8581)

제892조(구조료청구권 없는 자) 다음 각 호에 해당하는 자는 구조료를 청구하지 못한다.

1. 구조받은 선박에 종사하는 자
2. 고의 또는 과실로 인하여 해난사고를 야기한 자
3. 정당한 거부에도 불구하고 구조를 강행한 자
4. 구조된 물건을 은닉하거나 정당한 사유 없이 처분한 자

(본조신설 2007·8·3 법8581)

제893조(구조자의 우선특권) ① 구조에 종사한 자의 구조료채권은 구조된 적하에 대하여 우선특권이 있다. 다만, 채무자가 그 적하를 제3취득자에게 인도한 후에는 그 적하에 대하여 이 권리를 행사하지 못한다.

② 제1항의 우선특권에는 그 성질에 반하지 아니하는 한 제777조의 우선특권에 관한 규정을 준용한다.
(본조신설 2007·8·3 법8581)

제894조(구조료지급에 관한 선장의 권한) ① 선장은 구조료를 지급할 채무자에 갈음하여 그 지급에 관한 재판상 또는 재판 외의 모든 행위를 할 권한이 있다.

② 선장은 그 구조료에 관한 소송의 당사자가 될 수 있고, 그 확정판결은 구조료의 채무자에 대하여도 효력이 있다.
(본조신설 2007·8·3 법8581)

제895조(구조료청구권의 소멸) 구조료 청구권은 구조가 완료된 날부터 2년 이내에 재판상 청구가 없으면 소멸한다. 이 경우 제814조제1항 단서를 준용한다.
(본조신설 2007·8·3 법8581)

제6편 항공운송

제1장 통 칙

제896조(항공기의 의의) 이 법에서 "항공기"란 상행위나 그 밖의 영리를 목적으로 운항에 사용하는 항공기를 말한다. 다만, 대통령령으로 정하는 초경량 비행장치(超輕量 飛行裝置)는 제외한다.
(본조신설 2011·5·23)

제897조(적용범위) 운항용 항공기에 대하여는 상행위나 그 밖의 영리를 목적으로 하지 아니하더라도 이 편의 규정을 준용한다. 다만, 국유(國有) 또는 공유(公有) 항공기에 대하여는 운항의 목적·성질 등을 고려하여 이 편의 규정을 준용하는 것이 적합하지 아니한 경우로서 대통령령으로 정하는 경우에는 그러하지 아니하다.
(본조신설 2011·5·23)

제898조(운송인 등의 책임감면) 제905조제1항을 포함하여 이 편에서 정한 운송인이나 항공기 운항자의 손해배상책임과 관련하여 운송인이나 항공기 운항자가 손해배상청구권자의 과실 또는 그 밖의 불법한 작위나 부작위가 손해를 발생시켰거나 손해에 기여하였다는 것을 증명한 경우에는, 그 과실 또는 그 밖의 불법한 작위나 부작위가 손해를 발생시켰거나 손해에 기여한 정도에 따라 운송인이나 항공기 운항자의 책임을 감경하거나 면제할 수 있다.

(본조신설 2011·5·23)

제2장 운 송

제1절 통 칙

제899조(비계약적 청구에 대한 적용 등) ① 이 장의 운송인의 책임에 관한 규정은 운송인의 불법행위로 인한 손해배상의 책임에도 적용한다.

② 여객, 수하물 또는 운송물에 관한 손해배상청구가 운송인의 사용인이나 대리인에 대하여 제기된 경우에 그 손해가 그 사용인이나 대리인의 직무집행에 관하여 생겼을 때에는 그 사용인이나 대리인은 운송인이 주장할 수 있는 항변과 책임제한을 원용할 수 있다.

③ 제2항에도 불구하고 여객 또는 수하물의 손해가 운송인의 사용인이나 대리인의 고의로 인하여 발생하였거나 또는 여객의 사망·상해·연착(수하물의 경우 멸실·훼손·연착)이 생길 염려가 있음을 인식하면서 무모하게 한 작위 또는 부

작위로 인하여 발생하였을 때에는 그 사용인이나 대리인은 운송인이 주장할 수 있는 항변과 책임제한을 원용할 수 없다.

④ 제2항의 경우에 운송인과 그 사용인이나 대리인의 여객, 수하물 또는 운송물에 대한 책임제한금액의 총액은 각각 제905조·제907조·제910조 및 제915조에 따른 한도를 초과하지 못한다.

(본조신설 2011·5·23)

제900조(실제운송인에 대한 청구) ① 운송계약을 체결한 운송인(이하 "계약운송인"이라 한다)의 위임을 받아 운송의 전부 또는 일부를 수행한 운송인(이하 "실제운송인"이라 한다)이 있을 경우 실제운송인이 수행한 운송에 관하여는 실제운송인에 대하여도 이 장의 운송인의 책임에 관한 규정을 적용한다. 다만, 제901조의 순차운송에 해당하는 경우는 그러하지 아니하다.

② 실제운송인이 여객·수하물 또는 운송물에 대한 손해배상책임을 지는 경우 계약운송인과 실제운송인은 연대하여 그 책임을 진다.

③ 제1항의 경우 제899조제2항부터 제4항까지를 준용한다. 이 경우 제899조제2항·제3항 중 "운송인"은 "실제운송인"으로, 같은 조 제4항 중 "운송인"은 "계약운송인과 실제운송인"으로 본다.

④ 이 장에서 정한 운송인의 책임과 의무 외에 운송인이 책임과 의무를 부담하기로 하는 특약 또는 이 장에서 정한 운송인의 권리나 항변의 포기는 실제운송인이 동의하지 아니하는 한 실제운송인에게 영향을 미치지 아니한다.

(본조신설 2011·5·23)

제901조(순차운송) ① 둘 이상이 순차(順次)로 운송할 경우에는 각 운송인의 운송구간에 관하여 그 운송인도 운송계약의 당사자로 본다.

② 순차운송에서 여객의 사망, 상해 또는 연착으로 인한 손해배상은 그 사실이 발생한 구간의 운송인에게만 청구할 수 있다. 다만, 최초 운송인이 명시적으로 전 구간에 대한 책임을 인수하기로 약정한 경우에는 최초 운송인과 그 사실이 발생한 구간의 운송인이 연대하여 그 손해를 배상할 책임이 있다.

③ 순차운송에서 수하물의 멸실, 훼손 또는 연착으로 인한 손해배상은 최초 운송인, 최종 운송인 및 그 사실이 발생한 구간의 운송인에게 각각 청구할 수 있다.

④ 순차운송에서 운송물의 멸실, 훼손 또는 연착으로 인한 손해배상은 송하인이 최초 운송인 및 그 사실이 발생한 구간의 운송인에게 각각 청구할 수 있다. 다만, 제918조제1항에 따라 수하인이 운송물의 인도를 청구할 권리를 가지는 경우에는 수하인이 최종 운송인 및 그 사실이 발생한 구간의 운송인에게 그 손해

배상을 각각 청구할 수 있다.

⑤ 제3항과 제4항의 경우 각 운송인은 연대하여 그 손해를 배상할 책임이 있다.

⑥ 최초 운송인 또는 최종 운송인이 제2항부터 제5항까지의 규정에 따라 손해를 배상한 경우에는 여객의 사망, 상해 또는 연착이나 수하물·운송물의 멸실, 훼손 또는 연착이 발생한 구간의 운송인에 대하여 구상권을 가진다.

(본조신설 2011·5·23)

제902조(운송인 책임의 소멸) 운송인의 여객, 송하인 또는 수하인에 대한 책임은 그 청구원인에 관계없이 여객 또는 운송물이 도착지에 도착한 날, 항공기가 도착할 날 또는 운송이 중지된 날 가운

데 가장 늦게 도래한 날부터 2년 이내에 재판상 청구가 없으면 소멸한다.
(본조신설 2011·5·23)

제903조(계약조항의 무효) 이 장의 규정에 반하여 운송인의 책임을 감면하거나 책임한도액을 낮게 정하는 특약은 효력이 없다.
(본조신설 2011·5·23)

제 2 절 여객운송

제904조(운송인의 책임) 운송인은 여객의 사망 또는 신체의 상해로 인한 손해에 관하여는 그 손해의 원인이 된 사고가 항공기상에서 또는 승강(乘降)을 위한 작업 중에 발생한 경우에만 책임을 진다.
(본조신설 2011·5·23)

제905조(운송인의 책임한도액) ① 제904조의 손해 중 여객 1명당 10만 계산단위의 금액까지는 운송인의 배상책임을 면제하거나 제한할 수 없다.

② 운송인은 제904조의 손해 중 여객 1명당 10만 계산단위의 금액을 초과하는 부분에 대하여는 다음 각 호의 어느 하나를 증명하면 배상책임을 지지 아니한다.

1. 그 손해가 운송인 또는 그 사용인이나 대리인의 과실 또는 그 밖의 불법한 작위나 부작위에 의하여 발생하지 아니하였다는 것
2. 그 손해가 오로지 제3자의 과실 또는 그 밖의 불법한 작위나 부작위에 의하여만 발생하였다는 것

(본조신설 2011·5·23)

제906조(선급금의 지급) ① 여객의 사망 또는 신체의 상해가 발생한 항공기사고의 경우에 운송인은 손해배상청구권자가 청구하면 지체 없이 선급금(先給金)을 지급하여야 한다. 이 경우 선급금의 지급만으로 운송인의 책임이 있는 것으로 보지 아니한다.

② 지급한 선급금은 운송인이 손해배상으로 지급하여야 할 금액에 충당할 수 있다.

③ 선급금의 지급액, 지급 절차 및 방법 등에 관하여는 대통령령으로 정한다.
(본조신설 2011·5·23)

제907조(연착에 대한 책임) ① 운송인은 여객의 연착으로 인한 손해에 대하여 책임을 진다. 다만, 운송인이 자신과 그 사용인 및 대리인이 손해를 방지하기 위하여 합리적으로 요구되는 모든 조치를 하였다는 것 또는 그 조치를 하는 것이 불가능하였다는 것을 증명한 경우에는 그 책임을 면한다.

② 제1항에 따른 운송인의 책임은 여객 1명당 4천150 계산단위의 금액을 한도로 한다. 다만, 여객과의 운송계약상 그 출발지, 도착지 및 중간 착륙지가 대한민국 영토 내에 있는 운송의 경우에는 여객 1명당 500 계산단위의 금액을 한도로 한다.

③ 제2항은 운송인 또는 그 사용인이나 대리인의 고의로 또는 연착이 생길 염려가 있음을 인식하면서 무모하게 한 작위 또는 부작위에 의하여 손해가 발생한 것이 증명된 경우에는 적용하지 아니한다.
(본조신설 2011·5·23)

제908조(수하물의 멸실·훼손에 대한 책임) ① 운송인은 위탁수하물의 멸실 또는 훼손으로 인한 손해에 대하여는 그 손해의 원인이 된 사실이 항공기상에서 또는 위탁수하물이 운송인의 관리하에 있는 기간 중에 발생한 경우에만 책임을 진다. 다만, 그 손해가 위탁수하물의 고유한 결함, 특수한 성질 또는 숨은 하자로 인하여 발생한 경우에는 그 범위에서 책임을 지지 아니한다.

② 운송인은 휴대수하물의 멸실 또는 훼손으로 인한 손해에 대하여는 그 손해가 자신 또는 그 사용인이나 대리인의 고의 또는 과실에 의하여 발생한 경우에만 책임을 진다.
(본조신설 2011·5·23)

제909조(수하물의 연착에 대한 책임) 운송인은 수하물의 연착으로 인한 손해에 대하여 책임을 진다. 다만, 운송인이 자신과 그 사용인 및 대리인이 손해를 방지하기 위하여 합리적으로 요구되는 모든 조치를 하였다는 것 또는 그 조치를 하는 것이 불가능하였다는 것을 증명한 경우에는 그 책임을 면한다.
(본조신설 2011·5·23)

제910조(수하물에 대한 책임한도액) ① 제908조와 제909조에 따른 운송인의 손해배상책임은 여객 1명당 1천 계산단위의 금액을 한도로 한다. 다만, 여객이 운송인에게 위탁수하물을 인도할 때에

도착지에서 인도받을 때의 예정가액을 미리 신고한 경우에는 운송인은 신고 가액이 위탁수하물을 도착지에서 인도할 때의 실제가액을 초과한다는 것을 증명하지 아니하는 한 신고 가액을 한도로 책임을 진다.

② 제1항은 운송인 또는 그 사용인이나 대리인의 고의로 또는 수하물의 멸실, 훼손 또는 연착이 생길 염려가 있음을 인식하면서 무모하게 한 작위 또는 부작위에 의하여 손해가 발생한 것이 증명된 경우에는 적용하지 아니한다.

(본조신설 2011 · 5 · 23)

제911조(위탁수하물의 일부 멸실 · 훼손 등에 관한 통지) ① 여객이 위탁수하물의 일부 멸실 또는 훼손을 발견하였을 때에는 위탁수하물을 수령한 후 지체 없이 그 개요에 관하여 운송인에게 서면 또는 전자문서로 통지를 발송하여야 한다. 다만, 그 멸실 또는 훼손이 즉시 발견할 수 없는 것일 경우에는 위탁수하물을 수령한 날부터 7일 이내에 그 통지를 발송하여야 한다.

② 위탁수하물이 연착된 경우 여객은 위탁수하물을 처분할 수 있는 날부터 21일 이내에 이의를 제기하여야 한다.

③ 위탁수하물이 일부 멸실, 훼손 또는 연착된 경우에는 제916조제3항부터 제6항까지를 준용한다.

(본조신설 2011 · 5 · 23)

제912조(휴대수하물의 무임운송의무) 운송인은 휴대수하물에 대하여는 다른 약정이 없으면 별도로 운임을 청구하지 못한다.

(본조신설 2011 · 5 · 23)

제3절 물건운송

제913조(운송물의 멸실 · 훼손에 대한 책임) ① 운송인은 운송물의 멸실 또는 훼손으로 인한 손해에 대하여 그 손해가 항공운송 중(운송인이 운송물을 관리하고 있는 기간을 포함한다. 이하 이 조에서 같다)에 발생한 경우에만 책임을 진다. 다만, 운송인이 운송물의 멸실 또는 훼손이 다음 각 호의 사유로 인하여 발생하였음을 증명하였을 경우에는 그 책임을 면한다.

1. 운송물의 고유한 결함, 특수한 성질 또는 숨은 하자
2. 운송인 또는 그 사용인이나 대리인 외의 자가 수행한 운송물의 부적절한 포장 또는 불완전한 기호 표시
3. 전쟁, 폭동, 내란 또는 무력충돌
4. 운송물의 출입국, 검역 또는 통관과 관련된 공공기관의 행위
5. 불가항력

② 제1항에 따른 항공운송 중에는 공항 외부에서 한 육상, 해상 운송 또는 내륙 수로운송은 포함되지 아니한다. 다만, 그러한 운송이 운송계약을 이행하면서 운송물의 적재(積載), 인도 또는 환적(換積)할 목적으로 이루어졌을 경우에는 항공운송 중인 것으로 추정한다.

③ 운송인이 송하인과의 합의에 따라 항공운송하기로 예정된 운송의 전부 또는 일부를 송하인의 동의 없이 다른 운송수단에 의한 운송으로 대체하였을 경우에는 그 다른 운송수단에 의한 운송은 항공운송으로 본다.

(본조신설 2011 · 5 · 23)

제914조(운송물 연착에 대한 책임) 운송인은 운송물의 연착으로 인한 손해에 대하여 책임을 진다. 다만, 운송인이 자신과 그 사용인 및 대리인이 손해를 방지하기 위하여 합리적으로 요구되는 모든 조치를 하였다는 것 또는 그 조치를 하는 것이 불가능하였다는 것을 증명한 경우에는 그 책임을 면한다.

(본조신설 2011 · 5 · 23)

제915조(운송물에 대한 책임한도액) ① 제913조와 제914조에 따른 운송인의 손해배상책임은 손해가 발생한 해당 운송물의 1킬로그램당 17 계산단위의 금액을 한도로 하되, 송하인과의 운송계약상 그 출발지, 도착지 및 중간 착륙지가 대한민국 영토 내에 있는 운송의 경우에는 손해가 발생한 해당 운송물의 1킬로그램당 15 계산단위의 금액을 한도로 한다. 다만, 송하인이 운송물을 운송인에게 인도할 때에 도착지에서 인도받을 때의 예정가액을 미리 신고한 경우에는 운송인은 신고 가액이 도착지에서 인도할 때의 실제가액을 초과한다는 것을 증명하지 아니하는 한 신고 가액을 한도로 책임을 진다.

② 제1항의 항공운송인의 책임한도를 결정할 때 고려하여야 할 중량은 해당 손해가 발생된 운송물의 중량을 말한다. 다만, 운송물의 일부 또는 운송물에 포함

된 물건의 멸실, 훼손 또는 연착이 동일한 항공화물운송장(제924조에 따라 항공화물운송장의 교부에 대체되는 경우를 포함한다) 또는 화물수령증에 적힌 다른 운송물의 가치에 영향을 미칠 때에는 운송인의 책임한도를 결정할 때 그 다른 운송물의 중량도 고려하여야 한다.
(본조신설 2011 · 5 · 23)

제916조(운송물의 일부 멸실 · 훼손 등에 관한 통지) ① 수하인은 운송물의 일부 멸실 또는 훼손을 발견하면 운송물을 수령한 후 지체 없이 그 개요에 관하여 운

송인에게 서면 또는 전자문서로 통지를 발송하여야 한다. 다만, 그 멸실 또는 훼손이 즉시 발견할 수 없는 것일 경우에는 수령일부터 14일 이내에 그 통지를 발송하여야 한다.

② 운송물이 연착된 경우 수하인은 운송물을 처분할 수 있는 날부터 21일 이내에 이의를 제기하여야 한다.

③ 제1항의 통지가 없는 경우에는 운송물이 멸실 또는 훼손 없이 수하인에게 인도된 것으로 추정한다.

④ 운송물에 멸실 또는 훼손이 발생하였거나 그런 것으로 의심되는 경우에는 운송인과 수하인은 서로 운송물의 검사를 위하여 필요한 편의를 제공하여야 한다.

⑤ 제1항과 제2항의 기간 내에 통지나 이의제기가 없을 경우에는 수하인은 운송인에 대하여 제소할 수 없다. 다만, 운송인 또는 그 사용인이나 대리인이 악의인 경우에는 그러하지 아니하다.

⑥ 제1항부터 제5항까지의 규정에 반하여 수하인에게 불리한 당사자 사이의 특약은 효력이 없다.
(본조신설 2011 · 5 · 23)

제917조(운송물의 처분청구권) ① 송하인은 운송인에게 운송의 중지, 운송물의 반환, 그 밖의 처분을 청구(이하 이 조에서 "처분청구권"이라 한다)할 수 있다. 이 경우에 운송인은 운송계약에서 정한 바에 따라 운임, 체당금과 처분으로 인한 비용의 지급을 청구할 수 있다.

② 송하인은 운송인 또는 다른 송하인의 권리를 침해하는 방법으로 처분청구권을 행사하여서는 아니 되며, 운송인이 송하인의 청구에 따르지 못할 경우에는 지체 없이 그 뜻을 송하인에게 통지하여야 한다.

③ 운송인이 송하인에게 교부한 항공화물운송장 또는 화물수령증을 확인하지 아니하고 송하인의 처분청구에 따른 경우, 운송인은 그로 인하여 항공화물운송장 또는 화물수령증의 소지인이 입은 손해를 배상할 책임을 진다.

④ 제918조제1항에 따라 수하인이 운송물의 인도를 청구할 권리를 취득하였을 때에는 송하인의 처분청구권은 소멸한다. 다만, 수하인이 운송물의 수령을 거부하거나 수하인을 알 수 없을 경우에는 그러하지 아니하다.
(본조신설 2011 · 5 · 23)

제918조(운송물의 인도) ① 운송물이 도착지에 도착한 때에는 수하인은 운송인에게 운송물의 인도를 청구할 수 있다. 다만, 송하인이 제917조제1항에 따라 처분청구권을 행사한 경우에는 그러하지 아니하다.

② 운송물이 도착지에 도착하면 다른 약정이 없는 한 운송인은 지체 없이 수하인에게 통지하여야 한다.
(본조신설 2011 · 5 · 23)

제919조(운송인의 채권의 시효) 운송인의 송하인 또는 수하인에 대한 채권은 2년간 행사하지 아니하면 소멸시효가 완성한다.
(본조신설 2011 · 5 · 23)

제920조(준용규정) 항공화물 운송에 관하여는 제120조, 제134조, 제141조부터 제143조까지, 제792조, 제793조, 제801조, 제802조, 제811조 및 제812조를 준용한다. 이 경우 "선적항"은 "출발지 공항"으로, "선장"은 "운송인"으로, "양륙항"은 "도착지 공항"으로 본다.
(본조신설 2011 · 5 · 23)

제4절 운송증서

제921조(여객항공권) ① 운송인이 여객운송을 인수하면 여객에게 다음 각 호의 사항을 적은 개인용 또는 단체용 여객항공권을 교부하여야 한다.

1. 여객의 성명 또는 단체의 명칭
2. 출발지와 도착지
3. 출발일시
4. 운항할 항공편
5. 발행지와 발행연월일
6. 운송인의 성명 또는 상호

② 운송인은 제1항 각 호의 정보를 전산정보처리조직에 의하여 전자적 형태로 저장하거나 그 밖의 다른 방식으로 보존함으로써 제1항의 여객항공권 교부를 갈음할 수 있다. 이 경우 운송인은 여객이 청구하면 제1항 각 호의 정보를 적은 서면을 교부하여야 한다.
(본조신설 2011·5·23)

제922조(수하물표) 운송인은 여객에게 개개의 위탁수하물마다 수하물표를 교부하여야 한다.
(본조신설 2011·5·23)

제923조(항공화물운송장의 발행) ① 송하인은 운송인의 청구를 받아 다음 각 호의 사항을 적은 항공화물운송장 3부를 작성하여 운송인에게 교부하여야 한다.
1. 송하인의 성명 또는 상호
2. 수하인의 성명 또는 상호
3. 출발지와 도착지
4. 운송물의 종류, 중량, 포장의 종별·개수와 기호
5. 출발일시
6. 운송할 항공편
7. 발행지와 발행연월일
8. 운송인의 성명 또는 상호

② 운송인이 송하인의 청구에 따라 항공화물운송장을 작성한 경우에는 송하인을 대신하여 작성한 것으로 추정한다.
③ 제1항의 항공화물운송장 중 제1원본에는 "운송인용"이라고 적고 송하인이 기명날인 또는 서명하여야 하고, 제2원본에는 "수하인용"이라고 적고 송하인과 운송인이 기명날인 또는 서명하여야 하며, 제3원본에는 "송하인용"이라고 적고 운송인이 기명날인 또는 서명하여야 한다.
④ 제3항의 서명은 인쇄 또는 그 밖의 다른 적절한 방법으로 할 수 있다.
⑤ 운송인은 송하인으로부터 운송물을 수령한 후 송하인에게 항공화물운송장 제3원본을 교부하여야 한다.
(본조신설 2011·5·23)

제924조(항공화물운송장의 대체) ① 운송인은 제923조제1항 각 호의 정보를 전산정보처리조직에 의하여 전자적 형태로 저장하거나 그 밖의 다른 방식으로 보존함으로써 항공화물운송장의 교부에 대체할 수 있다.
② 제1항의 경우 운송인은 송하인의 청구에 따라 송하인에게 제923조제1항 각 호의 정보를 적은 화물수령증을 교부하여야 한다.
(본조신설 2011·5·23)

제925조(복수의 운송물) ① 2개 이상의 운송물이 있는 경우에는 운송인은 송하인에 대하여 각 운송물마다 항공화물운송장의 교부를 청구할 수 있다.
② 항공화물운송장의 교부가 제924조제1항에 따른 저장·보존으로 대체되는 경우에는 송하인은 운송인에게 각 운송물마다 화물수령증의 교부를 청구할 수 있다.
(본조신설 2011·5·23)

제926조(운송물의 성질에 관한 서류) ① 송하인은 세관, 경찰 등 행정기관이나 그 밖의 공공기관의 절차를 이행하기 위하여 필요한 경우 운송인의 요청을 받아 운송물의 성질을 명시한 서류를 운송인에게 교부하여야 한다.
② 운송인은 제1항과 관련하여 어떠한 의무나 책임을 부담하지 아니한다.
(본조신설 2011·5·23)

제927조(항공운송증서에 관한 규정 위반의 효과) 운송인 또는 송하인이 제921조부터 제926조까지를 위반하는 경우에도 운송계약의 효력 및 이 법의 다른 규정의 적용에 영향을 미치지 아니한다.
(본조신설 2011·5·23)

제928조(항공운송증서 등의 기재사항에 관한 책임) ① 송하인은 항공화물운송장에 적었거나 운송인에게 통지한 운송물의 명세 또는 운송물에 관한 진술이 정확하고 충분함을 운송인에게 담보한 것으로 본다.
② 송하인은 제1항의 운송물의 명세 또는 운송물에 관한 진술이 정확하지 아니하거나 불충분하여 운송인이 손해를 입은 경우에는 운송인에게 배상할 책임이 있다.
③ 운송인은 제924조제1항에 따라 저장·보존되는 운송에 관한 기록이나 화물수령증에 적은 운송물의 명세 또는 운송물에 관한 진술이 정확하지 아니하거나 불충분하여 송하인이 손해를 입은 경우 송하인에게 배상할 책임이 있다. 다만, 제1항에 따라 송하인이 그 정확하고 충분함을 담보한 것으로 보는 경우에는 그러하지 아니하다.
(본조신설 2011·5·23)

제929조(항공운송증서 기재의 효력)

① 항공화물운송장 또는 화물수령증이 교부된 경우 그 운송증서에 적힌 대로 운송계약이 체결된 것으로 추정한다.

② 운송인은 항공화물운송장 또는 화물수령증에 적힌 운송물의 중량, 크기, 포장의 종별·개수·기호 및 외관상태대로 운송물을 수령한 것으로 추정한다.

③ 운송물의 종류, 외관상태 외의 상태, 포장 내부의 수량 및 부피에 관한 항공화물운송장 또는 화물수령증의 기재 내용은 송하인이 참여한 가운데 운송인이 그 기재 내용의 정확함을 확인하고 그 사실을 항공화물운송장이나 화물수령증에 적은 경우에만 그 기재 내용대로 운송물을 수령한 것으로 추정한다.
(본조신설 2011·5·23)

제 3 장 지상 제 3 자의 손해에 대한 책임

제930조(항공기 운항자의 배상책임) ① 항공기 운항자는 비행 중인 항공기 또는 항공기로부터 떨어진 사람이나 물건으로 인하여 사망하거나 상해 또는 재산상 손해를 입은 지상(지하, 수면 또는 수중을 포함한다)의 제 3 자에 대하여 손해배상책임을 진다.

② 이 편에서 "항공기 운항자"란 사고 발생 당시 항공기를 사용하는 자를 말한다. 다만, 항공기의 운항을 지배하는 자(이하 "운항지배자"라 한다)가 타인에게 항공기를 사용하게 한 경우에는 운항지배자를 항공기 운항자로 본다.

③ 이 편을 적용할 때에 항공기등록원부에 기재된 항공기 소유자는 항공기 운항자로 추정한다.

④ 제 1 항에서 "비행 중"이란 이륙을 목적으로 항공기에 동력이 켜지는 때부터 착륙이 끝나는 때까지를 말한다.

⑤ 2대 이상의 항공기가 관여하여 제 1 항의 사고가 발생한 경우 각 항공기 운항자는 연대하여 제 1 항의 책임을 진다.

⑥ 운항지배자의 승낙 없이 항공기가 사용된 경우 운항지배자는 이를 막기 위하여 상당한 주의를 하였음을 증명하지 못하는 한 승낙 없이 항공기를 사용한 자와 연대하여 제932조에서 정한 한도 내의 책임을 진다.
(본조신설 2011·5·23)

제931조(면책사유) 항공기 운항자는 제930조제 1 항에 따른 사망, 상해 또는 재산상 손해의 발생이 다음 각 호의 어느 하나에 해당함을 증명하면 책임을 지지 아니한다.

1. 전쟁, 폭동, 내란 또는 무력충돌의 직접적인 결과로 발생하였다는 것
2. 항공기 운항자가 공권력에 의하여 항공기 사용권을 박탈당한 중에 발생하였다는 것
3. 오로지 피해자 또는 피해자의 사용인이나 대리인의 과실 또는 그 밖의 불법한 작위나 부작위에 의하여서만 발생하였다는 것
4. 불가항력

(본조신설 2011·5·23)

제932조(항공기 운항자의 유한책임) ① 항공기 운항자의 제930조에 따른 책임은 하나의 항공기가 관련된 하나의 사고에 대하여 항공기의 이륙을 위하여 법으로 허용된 최대중량(이하 이 조에서 "최대중량"이라 한다)에 따라 다음 각 호에서 정한 금액을 한도로 한다.

1. 최대중량이 2천킬로그램 이하의 항공기의 경우 30만 계산단위의 금액
2. 최대중량이 2천킬로그램을 초과하는 항공기의 경우 2천킬로그램까지는 30만 계산단위, 2천킬로그램 초과 6천킬로그램까지는 매 킬로그램당 175 계산단위, 6천킬로그램 초과 3만킬로그램까지는 매 킬로그램당 62.5 계산단위, 3만킬로그램을 초과하는 부분에는 매 킬로그램당 65 계산단위를 각각 곱하여 얻은 금액을 순차로 더한 금액

② 하나의 항공기가 관련된 하나의 사고로 인하여 사망 또는 상해가 발생한 경우 항공기 운항자의 제930조에 따른 책임은 제 1 항의 금액의 범위에서 사망하거나 상해를 입은 사람 1명당 12만5천 계산단위의 금액을 한도로 한다.

③ 하나의 항공기가 관련된 하나의 사고로 인하여 여러 사람에게 생긴 손해의 합계가 제 1 항의 한도액을 초과하는 경우, 각각의 손해는 제 1 항의 한도액에 대한 비율에 따라 배상한다.

④ 하나의 항공기가 관련된 하나의 사고로 인하여 사망, 상해 또는 재산상의 손해가 발생한 경우 제 1 항에서 정한 금액의 한도에서 사망 또는 상해로 인한 손해를 먼저 배상하고, 남는 금액이 있으

면 재산상의 손해를 배상한다.
(본조신설 2011·5·23)

第933조(유한책임의 배제) ① 항공기 운항자 또는 그 사용인이나 대리인이 손해를 발생시킬 의도로 제930조제1항의 사고를 발생시킨 경우에는 제932조를 적용하지 아니한다. 이 경우 항공기 운항자의 사용인이나 대리인의 행위로 인하여 사고가 발생한 경우에는 그가 권한 범위에서 행위하고 있었다는 사실이 증명되어야 한다.

② 항공기를 사용할 권한을 가진 자의 동의 없이 불법으로 항공기를 탈취(奪取)하여 사용하는 중 제930조제1항의 사고를 발생시킨 자에 대하여는 제932조를 적용하지 아니한다.
(본조신설 2011·5·23)

第934조(항공기 운항자의 책임의 소멸) 항공기 운항자의 제930조의 책임은 사고가 발생한 날부터 3년 이내에 재판상 청구가 없으면 소멸한다.
(본조신설 2011·5·23)

第935조(책임제한의 절차) ① 이 장의 규정에 따라 책임을 제한하려는 자는 채권자로부터 책임한도액을 초과하는 청구금액을 명시한 서면에 의한 청구를 받은 날부터 1년 이내에 법원에 책임제한절차 개시의 신청을 하여야 한다.

② 책임제한절차 개시의 신청, 책임제한 기금의 형성·공고·참가·배당, 그 밖에 필요한 사항에 관하여는 성질에 반하지 아니하는 범위에서 「선박소유자 등의 책임제한절차에 관한 법률」의 예를 따른다.
(본조신설 2011·5·23)

부 칙

제1조 (위임규정) 소상인의 범위는 각령으로 정한다.

제2조 (동전) 제125조의 호천, 항만의 범위는 각령으로 정한다.

제3조 (상업등기공고의 유예) ①제36조의 공고에 관한 규정은 상당한 기간 이를 적용하지 아니한다. 이 기간은 대법원규칙으로 정한다.
②전항의 경우에 그 기간중에는 등기한 때에 공고한 것으로 본다.

제4조 (대한민국국민만으로 조직할 회사의 무기명식주권발행의 금지) 법령의 규정에 의하여 대한민국국민만으로 조직할 주식회사와 대한민국국민만으로 조직할 것을 조건으로 하여 특별한 권리를 가진 주식회사는 무기명식의 주권을 발행하지 못한다. 이에 위반한 경우에는 그 주권은 무효로 하고 최후의 기명주주를 주주로 한다.

제5조 삭제(1984·4·10)

제6조 (사채모집의 수탁자등의 자격) 은행·신탁회사 또는 증권회사가 아니면 사채의 모집의 위임을 받거나 제483조의 사무승계자가 되지 못한다.(개정 1984·4·10)

제7조 (무기명식채권소지인의 공탁의 방법) 제491조제4항, 제492조제2항 또는 그 준용규정에 의하여 할 공탁은 공탁공무원에게 이를 하지 아니하는 경우에는 대법원장이 정하는 은행 또는 신탁회사에 하여야 한다.(개정 1962·12·12)

제8조 (사채권자집회에 관한 공고의 방법) 사채권자집회의 소집, 상환액의 지급 또는 상환에 관한 사채권자집회의 결의를 집행함에 있어야 할 공고는 사채를 발행한 회사의 정관에 정하는 공고방법에 따라야 한다.

제9조 (위임규정) 제742조의 속구목록의 서식은 각령으로 정한다.

제10조 (동전) 제839조제2항단서의 연안항해의 범위는 각령으로 정한다.

제11조 (동전) 본법시행에 관한 사항은 따로 법률로 정한다.

제12조 (시행기일과 구법의 효력) ①본법은 1963년 1월 1일부터 시행한다.
②조선민사령 제1조에 의하여 의용된 상법, 유한회사법, 상법시행법과 상법중개정법률시행법은 본법시행시까지 그 효력이 있다.

부 칙(1962·12·12)

본법은 1963년 1월 1일부터 시행한다.

부 칙(1984·4·10)

제1조 (시행일) 이 법은 1984년 9월 1일부터 시행한다.

제2조 (경과조치의 원칙) 이 법은 특별한 정함이 있는 경우를 제외하고는 이 법 시행전에 생긴 사항에도 이를 적용한다. 그러나 종전의 규정에 의하여 생긴 효력에는 영향을 미치지 아니한다.

제3조 (상업장부등에 관한 경과조치) 이 법 시행당시 상인인 자가 이 법 시행

후 최초로 도달하는 제30조제2항의 개정규정의 일정시기(회사에 있어서는 결산기를 말한다. 이하 이 조에서 같다)이전에 작성하여야 할 상업장부 및 그 부속명세서와 그 일정시기 이전에 하는 계산 및 그 일정시기에 관한 계산에 관하여는 종전의 규정에 의한다.

제4조 (주식회사의 최저자본액에 관한 경과조치) ①이 법 시행전에 성립한 주식회사로서 이 법 시행당시 자본금액이 5천만원미만인 회사는 이 법 시행일로부터 3년이내에 5천만원이상으로 자본을 증가하거나 유한회사로 조직을 변경하여야 한다.
②제1항의 기간내에 동항의 절차를 밟지 아니한 회사는 해산된 것으로 본다.
③제2항의 규정에 의하여 해산된 것으로 보는 회사중 청산이 종결되지 아니한 회사는 이 법 시행일부터 1년이내에 제434조의 규정에 의한 특별결의로 제1항의 절차를 밟아 회사를 계속할 수 있다.(신설 1991·5·31)

제5조 (주식의 금액에 관한 경과조치) ①이 법 시행전에 성립한 주식회사가 발행하는 주식의 금액에 관하여는 제329조제4항의 개정규정에 불구하고 이 법 시행일로부터 3년까지는 종전의 규정에 의한다.
②이 법 시행전에 성립한 주식회사는 이 법 시행일로부터 3년이내에 액면 5천원미만의 주식을 액면 5천원이상의 주식으로 하기 위하여 제434조의 규정에 의한 결의에 의하여 주식을 병합하여야 한다. 이 경우 제440조 내지 제444조의 규정을 준용한다.

제6조 (주권발행전의 주식양도에 관한 경과조치) 제335조제2항단서의 개정규정은이 법 시행전에 주권의 발행없이 이루어진 주식의 양도에 관하여도 이를 적용한다.

제7조 (주권교부에 의한 주식양도에 관한 경과조치) ① 이 법 시행전의 주식의 이전 또는 주권의 취득에 관하여는 이 법시행후에도 종전의 제336조 및 제359조의 규정을 적용한다. 그러나 이 법 시행후의 주권의 점유에 관하여는 제336조제2항의 개정규정을 적용한다.
②이 법 시행전에 발행된 주권을 이 법 시행후에 취득한 자가 배서의 연속 또는양도증서의 적부에 관한 조사를 하지 아니한 경우에도 제359조의 개정규정의 적용에 관하여는 그 조사를 하지 아니한 것으로 악의 또는 중대한 과실이 있다고 보지 아니한다.

제8조 (명의개서대리인에 관한 경과조치) ① 이 법 시행전에 자본시장육성에관한법률 제11조의6의 규정에 의하여 둔 명의개서대리인은 이 법 제337조제2항의 개정규정에 의하여 둔 것으로 본다.
②이 법에 의한 명의개서대리인의 자격은 대통령령으로 정한다.

제9조 (자회사에 의한 모회사주식의 취득에 관한 경과조치) ①이 법 시행당시 제342조의2의 규정에 의한 자회사가 동규정에 의한 모회사의 주식을 가지고 있는 때에는 그 자회사는 이 법 시행일로부터 3년이내에 그 주식을 처분하여야 한다.
②제625조의2의 규정은 제1항의 규정에 위반하여 주식의 처분을 하지 않은 경우에 이를 준용한다.

제10조 (주권의 불소지에 관한 경과조치) 이 법 시행전에 자본시장육성에관한법률 제11조의7의 규정에 의하여 주권의 불발행에 관한 조치를 한 것은 이 법 제358조의2의 개정규정에 의하여 한 것으로 본다.

제11조 (주주명부폐쇄기간과 기준일에 관한 경과조치) 주주명부의 폐쇄기간과 기준일에 관하여 이 법 시행일로부터 2주간내의 날을 그 기간 또는 날로 하는 때에는 종전의 규정에 의한다.

제12조 (의결권의 불통일행사에 관한 경과조치) 제368조의2의 개정규정(제308조제2항, 제527조제3항에서 준용하는 경우를 포함한다)은 이 법 시행일로부터 2주간내의 날을 회일로 하는 주주총회 또는 창립총회에 있어서의 의결권의 행사에 관하여는 이를 적용하지 아니한다.

제13조 (총회결의부존재확인의 소에 관한 경과조치) 제380조의 개정규정(제308조제2항, 제578조에서 준용하는 경우를 포함한다)은 이 법 시행당시 법원에 계속된 사건에 관하여도 이를 적용한다. 그러나 이 법 시행전의 소송행위의 효력에는 영향을 미치지 아니한다.

제14조 (이사와 감사의 임기에 관한 경과조치) 이 법 시행당시 재임중에 있는 주식회사의 이사와 감사의 임기에 관하여는 제383조제2항 및 제410조의 개정규정에 불구하고 종전의 규정에 의한다.

제15조 (감사의 직무와 권한에 관한 경과조치) 이 법 시행전의 주식회사의 감사로서 이 법 시행후 최초로 도달하는 결산기에 관한 정기총회의 종결전에 재임하는 감사의 직무와 권한에 관하여는 종전의 규정에 의한다.

제16조 (회사와 이사간의 소에 관한 회사대표에 대한 경과조치) 이 법 시행전의

주식회사가 이사(청산인을 포함한다. 이하 이 조에서 같다)에 대하여 또는 이사가 그 회사에 대하여 제기한 소에 있어서 회사를 대표할 자에 관하여는 이 법 시행후 최초로 도달하는 결산기에 관한 정기총회의 종결전에는 종전의 규정에 의한다.

제17조 (신주의 배정일에 관한 경과조치) 제418조제 2 항의 개정규정은 이 법 시행전에 신주의 발행결의가 있은 때에는 이를 적용하지 아니한다.

제18조 (신주의 효력발생시기에 관한 경과조치) 이 법 시행전에 신주의 발행결의가 있은 때에 주주가 되는 시기에 관하여는 제423조의 개정규정에 불구하고 종전의 규정에 의한다.

제19조 (자본의 감소에 관한 경과조치) 이 법시행전에 자본의 감소의 결의가 있은 때에 단주의 처리에 관하여는 제443조제 1 항의 개정규정에 불구하고 종전의 규정에 의한다.

제20조 (배당금지급시기에 관한 경과조치) 제464조의2의 개정규정은 이 법 시행전에 제449조제 1 항의 승인결의에 의하여 배당하기로 된 이익배당금에 관하여는 이를 적용하지 아니한다.

제21조 (전환사채발행에 관한 경과조치) 이 법 시행전에 전환사채의 발행결의가 있은 때에는 그 전환사채의 발행에 관하여는 종전의 규정에 의한다.

제22조 (이익공여의 금지에 관한 경과조치) 제467조의2의 개정규정은 이 법 시행전에 한 행위에 대하여는 이를 적용하지 아니한다.

제23조 (합병대차대조표공시에 관한 경과조치) 제522조의2의 개정규정(제603조에서 준용하는 경우를 포함한다)은 동조제 1 항의 주주총회회일이 이 법 시행후 2주간 이내인 경우에는 이를 적용하지 아니한다.

제24조 (유한회사자본총액등에 관한 경과조치) ①이 법 시행전의 유한회사로서 이 법 시행당시 그 자본총액과 출자1좌의 금액이 제546조의 개정규정에 정한 금액에 미달한 회사는 이 법 시행일로부터 3년이내에 자본총액을 1천만원이상으로, 출자1좌의 금액을 5천원이상으로 증액하여야 한다.
②제 1 항의 기간내에 자본총액을 증액하지 아니한 회사는 해산된 것으로 본다.
③제 2 항의 규정에 의하여 해산된 것으로 보는 회사중 청산이 종결되지 아니한 회사는 이 법 시행일부터 1년이내에 제585조의 규정에 의한 특별결의로 제 1 항의 절차를 밟아 회사를 계속할 수 있다.(신설 1991·5·31)

제25조 (관계법률의 개정 및 다른 법률과의 관계) ①비송사건절차법중 다음과 같이 개정한다.

제146조중 "동법제425조"를 "동법제425조제 1 항 및 제516조의8제 4 항"으로 한다.

제147조중 "동법제530조"를 "동법제641조제 2 항 및 제530조제 3 항"으로 한다.

제249조에 제 9 호의2를 다음과 같이 신설한다.

9의2. 명의개서대리인을 둔 때에는 명의개서대리인과의 계약을 증명하는 서면

제250조제 2 항중 "주주총회의"를 "주주총회 또는 이사회의"로 한다.

제252조제 3 호를 다음과 같이 한다.

3. 주식의 청약을 증명하는 서면

제252조의2 및 제253조의2를 각각 다음과 같이 신설한다.

제252조의2 (신주인수권부사채에 부여된 신주의 인수권의 행사로 인한 변경등기신청) 신주인수권부사채에 부여된 신주의 인수권의 행사로 인한 변경등기의 신청서에는 다음 각호의 서류를 첨부하여야 한다.

1. 상법 제516조의8제 1 항의 청구서
2. 제252조제 8 호에 게기한 서면 또는 상법 제516조의2제 2 항제 5 호의 청구를 증명하는 서면

제253조의2 (명의개서대리인의 설치로 인한 변경등기신청) 명의개서대리인의 설치로 인한 변경등기의 신청서에는 명의개서대리인과의 계약을 증명하는 서면을 첨부하여야 한다.

제254조의 제목 "(사채의 등기신청)"을 "(전환사채등의 등기신청)"으로 하고, 동조제 1 항중 "사채의 등기는"을 "전환사채 또는 신주인수권부사채의 등기는"으로 하며, 동조제 2 항제 6 호를 삭제한다.

제255조의2를 다음과 같이 신설한다.

제255조의2 (직권에 의한 해산등기) ①상법 제520조의2제 1 항의 규정에 의한 해산의 등기는 등기소가 직권으로 하여야 한다.
②등기소는 제 1 항의 등기를 한 때에는 지체없이 그 뜻을 지점의 소재지의 등기소에 통지하여야 한다.
③제 2 항의 통지를 받은 지점소재지의 등기소는 지체없이 해산의 등기를 하여야 한다.
④제 1 항 내지 제 3 항의 규정은 상법 제520조의2제 4 항의 규정에 의하여 청산이 종결된 것으로 보는 회사에 관하여 이를 준용한다.

제262조중 "제308조제 2 항"을 "제308조제 2 항, 제380조"로 한다.
②자본시장육성에관한법률중 다음과 같이 개정한다.
제11조의3, 제11조의6, 제11조의7 및 제11조의8을 각각 삭제한다.
③주식회사의외부감사에관한법률중 다음과 같이 개정한다.
제14조제 1 항중 "계산서류를"을 "재무제표등을"으로 하고, 동조제 2 항중 "상법 제449조제 2 항"을 "상법 제449조제 3 항"으로 한다.
④자산재평가법중 다음과 같이 개정한다.
제26조중 "상법 제31조제 2 항과"를 "상법 제31조와"로 한다.
⑤회사정리법중 다음과 같이 개정한다.
제182조중 "상법 제31조제 2 항과 제452조제 2 호"를 "상법 제31조제 2 호"로 한다.
제255조제 2 항중 "상법 제422조, 제424조"를 "상법 제422조, 제424조, 제424조의2"로 하고, 동조제 3 항중 "상법 제425조"를 "상법 제425조제 1 항"으로 한다.
제256조제 4 항 및 제 5 항을 각각 삭제한다.
제257조제 4 항을 다음과 같이 하고, 동조제 5 항을 삭제한다.
④제 1 항의 경우에 전환사채 또는 신주인수권부사채의 등기의 촉탁서 또는 신청서에는 계획인가의 결정서의 등본 또는 초본외에 전환사채 또는 신주인수권부사채의 청약 및 인수를 증명하는 서면 및 각 전환사채 또는 신주인수권부사채에 대하여 납입이 있은 것을 증명하는 서면을 첨부하여야 한다.
제258조제 3 항중 "상법 제529조의"를 "상법 제522조의2 및 제529조의"로 하고, 동조제 4 항중 "제231조"를 삭제한다.
제259조제 3 항 및 제260조제 6 항중 "제256조제 3 항 내지 제 5 항"을 각각 "제256조제 3 항"으로 한다.
제259조제 4 항중 "그 선임이나 선정에 관한 서류를 첨부하여야 한다"를 "그 선임이나 선정에 관한 서류와 명의개서대리인을 둔 때에는 이를 증명하는 서면을 첨부하여야 한다"로 한다.
⑥주택건설촉진법중 다음과 같이 개정한다.
제30조중 "상법 제470조 · 제471조 및 제477조의"를 "상법 제470조 및 제471조의"로 한다.
⑦공증인법중 다음과 같이 개정한다.
제62조중 "상법 제167조"를 "상법 제292조"로 한다.
⑧이 법 시행당시 제 1 항 내지 제 7 항의 법률외의 법률에서 종전의 상법의 규정을 인용한 경우에 이 법중 그에 해당하는 규정이 있을 때에는 종전의 규정에 갈음하여 이 법의 해당조항을 인용한 것으로 본다.

부 칙(1991 · 5 · 31)

이 법은 공포한 날부터 시행한다.

부 칙(1991 · 12 · 31)

제 1 조 (시행일) 이 법은 1993년 1월 1일부터 시행한다.
제 2 조 (경과조치) ①이 법 제 4 편의 규정은 이 법 시행전에 성립한 보험계약에도 이를 적용한다. 그러나 종전의 규정에 의하여 생긴 효력에는 영향을 미치지 아니한다.
②이 법 제 5 편의 규정은 이 법 시행전에 발생한 사고로 인하여 생긴 손해에 관한 채권에는 이를 적용하지 아니하고 종전의 예에 의한다.
제 3 조 (책임제한톤수의 적용에 관한 경과조치) 제751조의 적용에 관하여 국제항해에 종사하는 선박으로서 선박법 제13조의 규정에 의하여 해운항만청장으로부터 국제톤수증서 또는 국제톤수확인서를 아직 교부받지 못한 선박에 대하여는 국제총톤수 대신에 총톤수를 적용한다.
제 4 조 (다른 법률과의 관계) 이 법 시행당시 다른 법률에서 종전의 상법규정을 인용한 경우에 이 법중 그에 해당하는 규정이 있을 때에는 종전의 규정에 갈음하여 이 법의 해당조항을 인용한 것으로 본다.

부 칙(1994 · 12 · 22)

제 1 조 (시행일) 이 법은 1995년 1월 1일부터 시행한다.
제 2 조 내지 **제 4 조** 생략

부 칙(1995 · 12 · 29)

제 1 조 (시행일) 이 법은 1996년 10월 1일부터 시행한다.
제 2 조 (경과조치의 원칙) 이 법은 특별한 정함이 있는 경우를 제외하고는 이 법 시행전에 생긴 사항에도 이를 적용한다. 다만, 종전의 규정에 의하여 생긴 효력에는 영향을 미치지 아니한다.

제 3 조 (상업장부등에 관한 경과조치) 이 법 시행당시 상인인 자가 이 법 시행후 최초로 도달하는 제30조제 2 항의 규정에 의한 일정시기(회사에 있어서는 결산기를 말한다. 이하 이 조에서 같다)와 그전에 작성하여야 할 상업장부 및 그 부속명세서와 그 일정시기와 그 전에 하는 계산에 관하여는 종전의 규정에 의한다.

제 4 조 (우선적 내용이 있는 종류의 주식에 관한 경과조치) 이 법 시행전에 발행된 우선적 내용이 있는 종류의 주식에 관하여는 종전의 규정에 의한다.

제 5 조 (감사의 임기에 관한 경과조치) 이 법 시행당시 재임중인 주식회사의 감사의 임기에 관하여는 종전의 규정에 의한다.

제 6 조 (다른 법률과의 관계) 이 법 시행당시 다른 법률에서 종전의 상법의 규정을 인용한 경우에 이 법중 그에 해당하는 규정이 있는 때에는 종전의 규정에 갈음하여 이 법의 해당 조항을 인용한 것으로 본다.

부　　칙(1998 · 12 · 28)

제 1 조 (시행일) 이 법은 공포한 날부터 시행한다. 다만, 제382조의2의 개정규정은 공포후 6월이 경과한 날부터 시행한다.

제 2 조 (경과조치의 원칙) 이 법은 특별한 정함이 있는 경우를 제외하고는 이 법 시행전에 생긴 사항에 대하여도 이를 적용한다. 다만, 종전의 규정에 의하여 생긴 효력에는 영향을 미치지 아니한다.

제 3 조 (합병에 관한 경과조치) 이 법의 시행전에 체결된 합병계약에 의한 합병에 관하여는 이 법 시행후에도 계속하여 종전의 규정에 의한다. 다만, 제232조 및 제527조의5의 규정에 의한 채권자의 이의제출기간은 이 법 시행후 최초로 공고하는 분부터 적용한다.

제 4 조 (벌칙의 적용에 관한 경과조치) 이 법 시행전에 한 행위 및 제 3 조의 규정에 의하여 종전의 규정에 의하도록 한 경우에 이 법 시행후에 한 행위에 대한 벌칙의 적용에 관하여는 종전의 규정에 의한다.

제 5 조 (다른 법률의 개정등) ①비송사건절차법중 다음과 같이 개정한다.

제205조제 3 호를 다음과 같이 한다.

3. 상법 제422조의 규정에 의하여 검사인이 한 조사보고서와 그 부속서류 또는 감정인의 감정서와 그 부속서류

제215조제 2 호중 "주주총회나"를 "주주총회 또는 이사회의 의사록이나"로 하고, 동조제 3 호를 다음과 같이 하며, 동조제 5 호중 "상법 제526조제 3항"을 "상법 제526조제 3 항 또는 동법 제527조제 4 항"으로 하고, 동조에 제 6 호를 다음과 같이 신설한다.

3. 제193조제 3 호의 서면 및 상법 제527조의5제 1 항의 규정에 의한 공고 및 최고를 한 사실과 이의를 진술한 채권자가 있는 때에는 이에 대하여 변제 또는 담보를 제공하거나 신탁을 한 사실을 증명하는 서면

6. 상법 제527조의3제 3 항의 규정에 의하여 공고 또는 통지를 한 경우에는 이를 증명하는 서면

제216조의2를 다음과 같이 신설한다.

제216조의2 (분할 또는 분할합병에 의한 등기) ①분할 또는 분할합병에 의한 변경등기 · 해산등기 또는 설립등기의 신청서에는 분할계획서 또는 분할합병계약서를 첨부하여야 한다.

②제215조 및 제216조의 규정은 분할 또는 분할합병의 경우에 이를 준용한다.

②증권거래법중 다음과 같이 개정한다.

제192조의2를 삭제한다.

제192조의3제 1 항중 "협회등록법인은 상법 제462조제 1 항의 규정에 불구하고"를 "협회등록법인은"으로 한다.

③보험업법중 다음과 같이 개정한다.

제25조를 삭제한다.

제65조제 2 항중 "상법 제403조제 3 항 내지 제 5 항"을 "상법 제403조제 3 항 · 제 4 항 및 제 7 항"으로 한다.

제77조제 1 항 단서를 다음과 같이 한다.

다만, 상법 제528조제 1 항의 "제317조"는 이를 "보험업법 제47조"로 한다.

④농업협동조합법중 다음과 같이 개정한다.

제57조 단서를 다음과 같이 한다.

다만, 상법 제385조제 2 항의 "발행주식의 총수의 100분의 3이상에 해당하는 주식을 가진 주주"와 동법 제402조 및 제403조제 1 항의 "발행주식의 총수의 100분의 1이상에 해당하는 주식을 가진 주주"는 이를 각각 "조합원 10분의 1이상의 동의를 얻은 조합원"으로 한다.

⑤수산업협동조합법중 다음과 같이 개정한다.

제14조의3 단서를 다음과 같이 한다.

다만, 상법 제385조제 2 항의 "발행주식의 총수의 100분의 3이상에 해당하는 주식을 가진 주주"와 동법 제402조 및 제403조제 1 항의 "발행주식의 총수의 100분의 1이상에 해당하는 주식을 가진 주주"는 이를 각각 "조합원 5분의 1이상의 동의를 얻은 조합

원"으로 한다.
⑥임업협동조합법중 다음과 같이 개정한다.
제42조의4 단서를 다음과 같이 한다.
다만, 상법 제385조제2항의 "발행주식의 총수의 100분의 3이상에 해당하는 주식을 가진 주주"와 동법 제402조 및 제403조제1항의 "발행주식총수의 100분의 1이상에 해당하는 주식을 가진 주주"는 이를 각각 "조합원 10분의 1이상의 동의를 얻은 조합원"으로 한다.
⑦축산업협동조합법중 다음과 같이 개정한다.
제52조제1항 단서를 다음과 같이 한다.
다만, 상법 제385조제2항의 "발행주식의 총수의 100분의 3이상에 해당하는 주식을 가진 주주"와 동법 제402조 및 제403조제1항의 "발행주식의 총수의 100분의 1이상에 해당하는 주식을 가진 주주"는 이를 각각 "조합원 10분의 1이상의 동의를 얻은 조합원"으로 한다.
⑧벤처기업육성에관한특별조치법중 다음과 같이 개정한다.
제10조를 삭제한다.
⑨이 법 시행당시 다른 법률에서 종전의 상법규정을 인용한 경우에 이 법중 그에 해당하는 규정이 있는 때에는 종전의 규정에 갈음하여 이 법의 해당 조항을 인용한 것으로 본다.

부 칙(1999 · 2 · 5 법5809)

제1조 (시행일) 이 법은 공포후 6월이 경과한 날부터 시행한다.(단서 생략)
제2조 내지 **제6조** 생략

부 칙(1999 · 12 · 31 법6086)

제1조 (시행일) 이 법은 공포한 날부터 시행한다.
제2조 (일반적 경과조치) 이 법은 특별한 정함이 있는 경우를 제외하고는 이 법 시행전에 발생된 사항에 대하여도 이를 적용한다. 다만, 종전의 규정에 의하여 생긴 효력에는 영향을 미치지 아니한다.
제3조 (분할에 관한 경과조치) 이 법의 시행전에 체결된 분할계약에 의한 분할에 관하여는 이 법 시행후에도 계속하여 종전의 규정에 의한다.
제4조 (다른 법률의 개정) 비송사건절차법중 다음과 같이 개정한다.
제72조제1항중 "제310조제1항, 제417조"를 "제310조제1항, 제391조의3제4항, 제417조"로 하고, 동조에 제6항을 다음과 같이 신설한다.
⑥상법 제394조제2항에 관한 사건은 상법 제403조의 규정에 의한 사건의 관할법원의 관할로 한다.
제84조의2를 다음과 같이 신설한다.
제84조의2 (소송상 대표자선임의 재판) ①상법 제394조제2항의 규정에 의한 소송상 대표자의 선임에 관한 재판을 하는 경우에는 법원은 이사 또는 감사위원회의 진술을 들어야 한다.
②제81조의 규정은 제1항의 경우에 이를 준용한다.
제203조제5호중 "감사 또는 검사인"을 "감사 또는 감사위원회 및 검사인"으로 하고, 동조제9호중 "감사의"를 "감사 또는 감사위원회 위원"으로 한다.
제204조제1항 및 제2항중 "또는 감사"를 각각 " · 감사 또는 감사위원회 위원"으로 한다.

부 칙(2001 · 7 · 24 법6488)

①(시행일) 이 법은 공포한 날부터 시행한다.
②(승소한 제소주주의 소송비용청구에 관한 적용례) 제405조제1항의 개정규정은 이 법 시행 당시 법원에 계속중인 사건에 대하여도 적용한다.
③(일반적인 경과조치) 이 법은 특별한 규정이 있는 경우를 제외하고는 이 법 시행전에 발생한 사건에 대하여도 이를 적용한다. 다만, 종전의 규정에 의하여 생긴 효력에는 영향을 미치지 아니한다.

부 칙(2001 · 12 · 29 법6545)

이 법은 2002년 7월 1일부터 시행한다.

부 칙(2007 · 8 · 3 법8581)

제1조(시행일) 이 법은 공포 후 1년이 경과한 날부터 시행한다. 다만, 제797조제1항의 개정규정 중 중량 1킬로그램당 2 계산단위의 금액 부분은 공포 후 3년이 경과한 날부터 시행한다.
제2조(운송장에 관한 경과조치) 이 법 시행 당시 종전의 규정에 따라 발행된 운송장은 제126조의 개정규정에 따라 발행된 화물명세서로 본다.
제3조(손해배상에 관한 경과조치) 이 법

시행 전에 발생한 사고와 그 밖의 손해배상의 원인으로 인하여 생긴 손해에 관한 채권에는 제5편의 개정규정에도 불구하고 종전의 규정에 따른다.

제4조(책임한도액에 관한 경과조치) 이 법 시행 후 3년간 발생한 사고에 대한 제770조제1항제1호의 개정규정에 따른 선박소유자의 책임한도에 관하여는 그 선박의 선박검사증서에 기재된 여객의 정원에 8만7천500 계산단위를 곱하여 얻은 금액을 그 책임한도액으로 한다.

제5조(운송인 등의 채권·채무에 관한 경과조치) ① 이 법 시행 전에 운송인 또는 선박소유자가 개품운송계약·항해용선계약 또는 정기용선계약을 체결한 경우에 용선자·송하인 또는 수하인에 대한 채권·채무의 소멸에 관하여는 제814조제2항·제840조 및 제846조의 개정규정에도 불구하고 종전의 규정에 따른다.
② 이 법 시행 전에 선박소유자가 선박임대차계약을 체결한 경우에 있어서 당사자 간 채권의 소멸에 관하여는 제851조의 개정규정에도 불구하고 종전의 규정에 따른다.

제6조(선박임대차계약에 관한 경과조치) 이 법 시행 전에 체결된 선박임대차계약은 이 법 시행과 동시에 제847조의 개정규정에 따른 선체용선계약의 효력이 있는 것으로 본다.

제7조(선하증권에 관한 경과조치) 이 법 시행 당시 종전의 규정에 따라 발행된 선하증권은 제853조제1항의 개정규정에 적합한 선하증권으로 본다.

제8조(다른 법률과의 관계) 이 법 시행 당시 다른 법률에서 종전의 「상법」 규정을 인용한 경우에 이 법 중 그에 해당하는 규정이 있을 때에는 종전의 규정에 갈음하여 이 법의 해당 조항을 인용한 것으로 본다.

제9조(다른 법률의 개정) ① 민사집행법 일부를 다음과 같이 개정한다.

제185조제3항 중 "상법 제760조"를 "「상법」 제764조"로 한다,

② 비송사건절차법 일부를 다음과 같이 개정한다.

제72조제5항 중 "동법 제804조제1항"을 "같은 법 제808조제1항"으로 한다.

③ 선박소유자등의책임제한절차에관한법률 일부를 다음과 같이 개정한다.

제1조 중 "상법 제746조 내지 제752조의2"를 "「상법」 제769조부터 제776조까지"로 한다.

제10조 중 "상법 제747조제1항"을 "「상법」 제770조제1항"으로 한다.

제11조제1항 중 "상법 제747조제1항 각호와 제4항"을 "「상법」 제770조제1항 각 호와 제4항"으로 하고, 동조제2항 중 "상법 제747조제5항"을 "「상법」 제770조제5항"으로 한다.

제17조제1호 중 "상법 제752조제1항"을 "「상법」 제776조제1항"으로 한다.

제18조제1호 중 "상법 제747조제1항"을 "「상법」 제770조제1항"으로 하고, 동조제2호 중 "상법 제746조 단서 또는 제748조"를 "「상법」 제769조 각 호 외의 부분 단서 또는 제773조"로 한다.

제31조제1항 중 "상법 제747조제1항"을 "「상법」 제770조제1항"으로 한다.

제43조제2항제4호 중 "상법 제747조제1항"을 "「상법」 제770조제1항"으로 한다.

제53조 중 "상법 제747조제1항"을 "「상법」 제770조제1항"으로 한다.

제56조 중 "상법 제747조제1항"을 "「상법」 제770조제1항"으로 한다.

제57조제2항 중 "상법 제747조제1항"을 "「상법」 제770조제1항"으로 한다.

제66조제2항 중 "상법 제747조제1항"을 "「상법」 제770조제1항"으로 한다.

④ 원자력손해배상법 일부를 다음과 같이 개정한다.

제3조제4항 중 "상법 제746조 내지 제748조·제842조 및 제848조"를 "「상법」 제769조, 제770조, 제773조, 제875조 및 제881조"로 한다.

⑤ 유류오염손해배상 보장법 일부를 다음과 같이 개정한다.

제41조 후단 중 "상법 제747조제1항"을 각각 "상법 제770조제1항"으로, "각호와 제4항"을 "각 호와 제4항"으로, "상법 제752조제1항"을 "「상법」 제776조제1항"으로 한다.

제43조제2항 중 "상법 제861조제1항제4호"를 "「상법」 제777조제1항제4호"로 하고, 동조제3항 중 "상법 제861조 내지 제870조"를 "「상법」 제777조부터 제786조까지"로 한다.

부 칙(2007·8·3 법8582)

제1조(시행일) 이 법은 2008년 1월 1일부터 시행한다. 〈단서 생략〉

제2조부터 **제5조**까지 생략

제6조(다른 법률의 개정) 상법 일부를

다음과 같이 개정한다.
제22조의2제5항 및 제34조의2를 각각 삭제한다.

제 7 조 생략

부　　칙(2009 · 1 · 30 법9362)

①(시행일) 이 법은 2009년 2월 4일부터 시행한다.
②(일반적 경과조치) 이 법은 특별한 규정이 있는 경우를 제외하고는 이 법 시행 전에 발생한 사항에 대하여도 적용한다. 다만, 종전의 규정에 따라 생긴 효력에는 영향을 미치지 아니한다.
③(다른 법률 또는 규정의 인용) 이 법 시행 당시 다른 법령에서 종전의 「증권거래법」 또는 그 규정을 인용하고 있는 경우 이 법 중 그에 해당하는 규정이 있을 때에는 이 법 또는 이 법의 해당 규정을 인용한 것으로 본다.

부　　칙(2009 · 2 · 6 법9416)

제 1 조(시행일) 이 법은 공포 후 1년이 경과한 날부터 시행한다. 〈단서 생략〉

제 2 조부터 **제 7 조**까지 생략

부　　칙(2009 · 5 · 28 법9746)

①(시행일) 이 법은 공포 후 1년이 경과한 날부터 시행한다. 다만, 제292조, 제318조, 제329조, 제363조, 제383조, 제409조의 개정규정은 공포한 날부터 시행한다.
②(일반적 경과조치) 이 법은 특별한 규정이 있는 경우를 제외하고는 이 법 시행 전에 발생한 사항에 대하여도 적용한다. 다만, 종전의 규정에 따라 생긴 효력에는 영향을 미치지 아니한다.

부　　칙(2010 · 5 · 14 법10281)

제 1 조(시행일) 이 법은 공포 후 6개월이 경과한 날부터 시행한다.

제 2 조(다른 법률의 개정) ① 자산재평가법 일부를 다음과 같이 개정한다.
제26조 중 "상법 제31조와 동법 제452조"를 "「상법」 제452조"로 한다.
② 채무자 회생 및 파산에 관한 법률 일부를 다음과 같이 개정한다.
제94조제2항을 삭제한다.

부　　칙(2011 · 5 · 23 법10696)

이 법은 공포 후 6개월이 경과한 날부터 시행한다.

어음법

제정
1962. 1.20 법률제 1001호
개정
1995.12. 6 법률제 5009호
2007. 5.17 법률제 8441호
2010. 3.31 법률제10198호

제 1 편 환어음

제 1 장 환어음의 발행과 방식

제 1 조(어음의 요건) 환어음(換어음)에는 다음 각 호의 사항을 적어야 한다.
1. 증권의 본문 중에 그 증권을 작성할 때 사용하는 국어로 환어음임을 표시하는 글자
2. 조건 없이 일정한 금액을 지급할 것을 위탁하는 뜻
3. 지급인의 명칭
4. 만기(滿期)
5. 지급지(支給地)
6. 지급받을 자 또는 지급받을 자를 지시할 자의 명칭
7. 발행일과 발행지(發行地)
8. 발행인의 기명날인(記名捺印) 또는 서명

(전부개정 2010·3·31)

제 2 조(어음 요건의 흠) 제1조 각 호의 사항을 적지 아니한 증권은 환어음의 효력이 없다. 그러나 다음 각 호의 경우에는 그러하지 아니하다.
1. 만기가 적혀 있지 아니한 경우 : 일람출급(一覽出給)의 환어음으로 본다.
2. 지급지가 적혀 있지 아니한 경우 : 지급인의 명칭에 부기(附記)한 지(地)를 지급지 및 지급인의 주소지로 본다.
3. 발행지가 적혀 있지 아니한 경우 : 발행인의 명칭에 부기한 지(地)를 발행지로 본다.

(전부개정 2010·3·31)

제 3 조(자기지시어음, 자기앞어음, 위탁어음) ① 환어음은 발행인 자신을 지급받을 자로 하여 발행할 수 있다.
② 환어음은 발행인 자신을 지급인으로 하여 발행할 수 있다.
③ 환어음은 제3자의 계산으로 발행할 수 있다.
(전부개정 2010·3·31)

제 4 조(제3자방 지급의 기재) 환어음은 지급인의 주소지에 있든 다른 지(地)에 있든 관계없이 제3자방(第三者方)에서 지급하는 것으로 할 수 있다.
(전부개정 2010·3·31)

제 5 조(이자의 약정) ① 일람출급 또는 일람 후 정기출급의 환어음에는 발행인이 어음금액에 이자가 붙는다는 약정 내용을 적을 수 있다. 그 밖의 환어음에는 이자의 약정을 적어도 이를 적지 아니한 것으로 본다.
② 이율은 어음에 적어야 한다. 이율이 적혀 있지 아니하면 이자를 약정한다는 내용이 적혀 있더라도 이자를 약정하지 아니한 것으로 본다.
③ 특정한 날짜가 적혀 있지 아니한 경우에는 어음을 발행한 날부터 이자를 계산한다.
(전부개정 2010·3·31)

제 6 조(어음금액의 기재에 차이가 있는 경우) ① 환어음의 금액을 글자와 숫자로 적은 경우에 그 금액에 차이가 있으면 글자로 적은 금액을 어음금액으로 한다.
② 환어음의 금액을 글자 또는 숫자로 중복하여 적은 경우에 그 금액에 차이가 있으면 최소금액을 어음금액으로 한다.

(전부개정 2010 · 3 · 31)

제 7 조(어음채무의 독립성) 환어음에 다음 각 호의 어느 하나에 해당하는 기명날인 또는 서명이 있는 경우에도 다른 기명날인 또는 서명을 한 자의 채무는 그 효력에 영향을 받지 아니한다.

1. 어음채무를 부담할 능력이 없는 자의 기명날인 또는 서명
2. 위조된 기명날인 또는 서명
3. 가공인물의 기명날인 또는 서명
4. 그 밖의 사유로 환어음에 기명날인 또는 서명을 한 자나 그 본인에게 의무를 부담하게 할 수 없는 기명날인 또는 서명

(전부개정 2010 · 3 · 31)

제 8 조(어음행위의 무권대리) 대리권 없이 타인의 대리인으로 환어음에 기명날인하거나 서명한 자는 그 어음에 의하여 의무를 부담한다. 그 자가 어음금액을 지급한 경우에는 본인과 같은 권리를 가진다. 권한을 초과한 대리인의 경우도 같다.

(전부개정 2010 · 3 · 31)

제 9 조(발행인의 책임) ① 발행인은 어음의 인수(引受)와 지급을 담보한다.

② 발행인은 인수를 담보하지 아니한다는 내용을 어음에 적을 수 있다. 발행인이 지급을 담보하지 아니한다는 뜻의 모든 문구는 적지 아니한 것으로 본다.

(전부개정 2010 · 3 · 31)

제10조(백지어음) 미완성으로 발행한 환어음에 미리 합의한 사항과 다른 내용을 보충한 경우에는 그 합의의 위반을 이유로 소지인에게 대항하지 못한다. 그러나 소지인이 악의 또는 중대한 과실로 인하여 환어음을 취득한 경우에는 그러하지 아니하다.

(전부개정 2010 · 3 · 31)

제 2 장 배서

제11조(당연한 지시증권성) ① 환어음은 지시식(指示式)으로 발행하지 아니한 경우에도 배서(背書)에 의하여 양도할 수 있다.

② 발행인이 환어음에 "지시 금지"라는 글자 또는 이와 같은 뜻이 있는 문구를 적은 경우에는 그 어음은 지명채권의 양도 방식으로만, 그리고 그 효력으로써만 양도할 수 있다.

③ 배서는 다음 각 호의 자에 대하여 할 수 있으며, 다음 각 호의 자는 다시 어음에 배서할 수 있다.

1. 어음을 인수한 지급인
2. 어음을 인수하지 아니한 지급인
3. 어음의 발행인
4. 그 밖의 어음채무자

(전부개정 2010 · 3 · 31)

제12조(배서의 요건) ① 배서에는 조건을 붙여서는 아니 된다. 배서에 붙인 조건은 적지 아니한 것으로 본다.

② 일부의 배서는 무효로 한다.

③ 소지인에게 지급하라는 소지인출급의 배서는 백지식(白地式) 배서와 같은 효력이 있다.

(전부개정 2010 · 3 · 31)

제13조(배서의 방식) ① 배서는 환어음이나 이에 결합한 보충지〔補箋〕에 적고 배서인이 기명날인하거나 서명하여야 한다.

② 배서는 피배서인(被背書人)을 지명하지 아니하고 할 수 있으며 배서인의 기명날인 또는 서명만으로도 할 수 있다(백지식 배서). 배서인의 기명날인 또는 서명만으로 하는 백지식 배서는 환어음의 뒷면이나 보충지에 하지 아니하면 효력이 없다.

(전부개정 2010 · 3 · 31)

제14조(배서의 권리 이전적 효력) ① 배서는 환어음으로부터 생기는 모든 권리를 이전(移轉)한다.

② 배서가 백지식인 경우에 소지인은 다음 각 호의 행위를 할 수 있다.

1. 자기의 명칭 또는 타인의 명칭으로 백지(白地)를 보충하는 행위
2. 백지식으로 또는 타인을 표시하여 다시 어음에 배서하는 행위
3. 백지를 보충하지 아니하고 또 배서도 하지 아니하고 어음을 교부만으로 제 3 자에게 양도하는 행위

(전부개정 2010 · 3 · 31)

제15조(배서의 담보적 효력) ① 배서인은 반대의 문구가 없으면 인수와 지급을 담보한다.

② 배서인은 자기의 배서 이후에 새로 하는 배서를 금지할 수 있다. 이 경우 그 배서인은 어음의 그 후의 피배서인에 대하여 담보의 책임을 지지 아니한다.

(전부개정 2010 · 3 · 31)

제16조(배서의 자격 수여적 효력 및 어음의 선의취득) ① 환어음의 점유자가 배서의 연속에 의하여 그 권리를 증명할 때에는 그를 적법한 소지인으로 추정(推定)한다. 최후의 배서가 백지식인 경우에도 같다. 말소한 배서는 배서의 연속에 관하여는 배서를 하지 아니한 것으로 본다. 백

지식 배서의 다음에 다른 배서가 있는 경우에는 그 배서를 한 자는 백지식 배서에 의하여 어음을 취득한 것으로 본다.
② 어떤 사유로든 환어음의 점유를 잃은 자가 있는 경우에 그 어음의 소지인이 제1항에 따라 그 권리를 증명할 때에는 그 어음을 반환할 의무가 없다. 그러나 소지인이 악의 또는 중대한 과실로 인하여 어음을 취득한 경우에는 그러하지 아니하다.
(전부개정 2010·3·31)

제17조(인적 항변의 절단) 환어음에 의하여 청구를 받은 자는 발행인 또는 종전의 소지인에 대한 인적 관계로 인한 항변(抗辯)으로써 소지인에게 대항하지 못한다. 그러나 소지인이 그 채무자를 해할 것을 알고 어음을 취득한 경우에는 그러하지 아니하다.
(전부개정 2010·3·31)

제18조(추심위임배서) ① 배서한 내용 중 다음 각 호의 어느 하나에 해당하는 문구가 있으면 소지인은 환어음으로부터 생기는 모든 권리를 행사할 수 있다. 그러나 소지인은 대리(代理)를 위한 배서만을 할 수 있다.

1. 회수하기 위하여
2. 추심(推尋)하기 위하여
3. 대리를 위하여
4. 그 밖에 단순히 대리권을 준다는 내용의 문구

② 제1항의 경우에는 어음의 채무자는 배서인에게 대항할 수 있는 항변으로써만 소지인에게 대항할 수 있다.
③ 대리를 위한 배서에 의하여 주어진 대리권은 그 대리권을 준 자가 사망하거나 무능력자가 되더라도 소멸하지 아니한다.
(전부개정 2010·3·31)

제19조(입질배서) ① 배서한 내용 중 다음 각 호의 어느 하나에 해당하는 문구가 있으면 소지인은 환어음으로부터 생기는 모든 권리를 행사할 수 있다. 그러나 소지인이 한 배서는 대리를 위한 배서의 효력만 있다.

1. 담보하기 위하여
2. 입질(入質)하기 위하여
3. 그 밖에 질권(質權) 설정을 표시하는 문구

② 제1항의 경우 어음채무자는 배서인에 대한 인적 관계로 인한 항변으로써 소지인에게 대항하지 못한다. 그러나 소지인이 그 채무자를 해할 것을 알고 어음을 취득한 경우에는 그러하지 아니하다.
(전부개정 2010·3·31)

제20조(기한 후 배서) ① 만기 후의 배서는 만기 전의 배서와 같은 효력이 있다. 그러나 지급거절증서가 작성된 후에 한 배서 또는 지급거절증서 작성기간이 지난 후에 한 배서는 지명채권 양도의 효력만 있다.
② 날짜를 적지 아니한 배서는 지급거절증서 작성기간이 지나기 전에 한 것으로 추정한다.
(전부개정 2010·3·31)

제3장 인수

제21조(인수 제시의 자유) 환어음의 소지인 또는 단순한 점유자는 만기에 이르기까지 인수를 위하여 지급인에게 그 주소에서 어음을 제시할 수 있다.
(전부개정 2010·3·31)

제22조(인수 제시의 명령 및 금지) ① 발행인은 환어음에 기간을 정하거나 정하지 아니하고, 인수를 위하여 어음을 제시하여야 한다는 내용을 적을 수 있다.
② 발행인은 인수를 위한 어음의 제시를 금지한다는 내용을 어음에 적을 수 있다. 그러나 어음이 제3자방에서 또는 지급인의 주소지가 아닌 지(地)에서 지급하여야 하는 것이거나 일람 후 정기출급 어음인 경우에는 그러하지 아니하다.
③ 발행인은 일정한 기일(期日) 전에는 인수를 위한 어음의 제시를 금지한다는 내용을 적을 수 있다.
④ 각 배서인은 기간을 정하거나 정하지 아니하고, 인수를 위하여 어음을 제시하여야 한다는 내용을 적을 수 있다. 그러나 발행인이 인수를 위한 어음의 제시를 금지한 경우에는 그러하지 아니하다.
(전부개정 2010·3·31)

제23조(일람 후 정기출급 어음의 제시기간) ① 일람 후 정기출급의 환어음은 그 발행한 날부터 1년 내에 인수를 위한 제시를 하여야 한다.
② 발행인은 제1항의 기간을 단축하거나 연장할 수 있다.
③ 배서인은 제1항 및 제2항의 기간을 단축할 수 있다.
(전부개정 2010·3·31)

제24조(유예기간) ① 지급인은 첫 번째 제시일의 다음 날에 두 번째 제시를 할 것을 청구할 수 있다. 이해관계인은 이 청구가 거절증서에 적혀 있는 경우에만 그 청

구에 응한 두 번째 제시가 없었음을 주장할 수 있다.
② 소지인은 인수를 위하여 제시한 어음을 지급인에게 교부할 필요가 없다.
(전부개정 2010 · 3 · 31)

제25조(인수의 방식) ① 인수는 환어음에 적어야 하며, "인수" 또는 그 밖에 이와 같은 뜻이 있는 글자로 표시하고 지급인이 기명날인하거나 서명하여야 한다. 어음의 앞면에 지급인의 단순한 기명날인 또는 서명이 있으면 인수로 본다.
② 일람 후 정기출급의 어음 또는 특별한 기재에 의하여 일정한 기간 내에 인수를 위한 제시를 하여야 하는 어음의 경우에는 소지인이 제시한 날짜를 기재할 것을 청구한 경우가 아니면 인수에는 인수한 날짜를 적어야 한다. 날짜가 적혀 있지 아니한 경우 소지인은 배서인과 발행인에 대한 상환청구권(償還請求權)을 보전(保全)하기 위하여는 적법한 시기에 작성시킨 거절증서로써 그 기재가 없었음을 증명하여야 한다.
(전부개정 2010 · 3 · 31)

제26조(부단순인수) ① 인수는 조건 없이 하여야 한다. 그러나 지급인은 어음금액의 일부만을 인수할 수 있다.
② 환어음의 다른 기재사항을 변경하여 인수하였을 때에는 인수를 거절한 것으로 본다. 그러나 인수인은 그 인수 문구에 따라 책임을 진다.
(전부개정 2010 · 3 · 31)

제27조(제3자방 지급의 기재) ① 발행인이 지급인의 주소지와 다른 지급지를 환어음에 적은 경우에 제3자방에서 지급한다는 내용을 적지 아니하였으면 지급인은 인수를 함에 있어 그 제3자를 정할 수 있다. 그에 관하여 적은 내용이 없으면 인수인은 지급지에서 직접 지급할 의무를 부담한 것으로 본다.
② 지급인의 주소에서 지급될 어음의 경우 지급인은 인수를 함에 있어 지급지 내에 위치한 지급장소를 정할 수 있다.
(전부개정 2010 · 3 · 31)

제28조(인수의 효력) ① 지급인은 인수를 함으로써 만기에 환어음을 지급할 의무를 부담한다.
② 지급을 받지 못한 경우에 소지인은 제48조와 제49조에 따라 청구할 수 있는 모든 금액에 관하여 인수인에 대하여 환어음으로부터 생기는 직접청구권을 가진다. 소지인이 발행인인 경우에도 같다.
(전부개정 2010 · 3 · 31)

제29조(인수의 말소) ① 환어음에 인수를 기재한 지급인이 그 어음을 반환하기 전에 인수의 기재를 말소한 경우에는 인수를 거절한 것으로 본다. 말소는 어음의 반환 전에 한 것으로 추정한다.
② 제1항에도 불구하고 지급인이 소지인이나 어음에 기명날인 또는 서명을 한 자에게 서면으로 인수를 통지한 경우에는 그 상대방에 대하여 인수의 문구에 따라 책임을 진다.
(전부개정 2010 · 3 · 31)

제4장 보증

제30조(보증의 가능) ① 환어음은 보증에 의하여 그 금액의 전부 또는 일부의 지급을 담보할 수 있다.
② 제3자는 제1항의 보증을 할 수 있다. 어음에 기명날인하거나 서명한 자도 같다.
(전부개정 2010 · 3 · 31)

제31조(보증의 방식) ① 보증의 표시는 환어음 또는 보충지에 하여야 한다.
② 보증을 할 때에는 "보증" 또는 이와 같은 뜻이 있는 문구를 표시하고 보증인이 기명날인하거나 서명하여야 한다.
③ 환어음의 앞면에 단순한 기명날인 또는 서명이 있는 경우에는 보증을 한 것으로 본다. 그러나 지급인 또는 발행인의 기명날인 또는 서명의 경우에는 그러하지 아니하다.
④ 보증에는 누구를 위하여 한 것임을 표시하여야 한다. 그 표시가 없는 경우에는 발행인을 위하여 보증한 것으로 본다.
(전부개정 2010 · 3 · 31)

제32조(보증의 효력) ① 보증인은 보증된 자와 같은 책임을 진다.
② 보증은 담보된 채무가 그 방식에 흠이 있는 경우 외에는 어떠한 사유로 무효가 되더라도 그 효력을 가진다.
③ 보증인이 환어음의 지급을 하면 보증된 자와 그 자의 어음상의 채무자에 대하여 어음으로부터 생기는 권리를 취득한다.
(전부개정 2010 · 3 · 31)

제5장 만기

제33조(만기의 종류) ① 환어음은 다음 각 호의 어느 하나로 발행할 수 있다.
1. 일람출급
2. 일람 후 정기출급

3. 발행일자 후 정기출급
4. 확정일출급

② 제1항 외의 만기 또는 분할 출급의 환어음은 무효로 한다.
(전부개정 2010·3·31)

第34條(일람출급 어음의 만기) ① 일람출급의 환어음은 제시된 때를 만기로 한다. 이 어음은 발행일부터 1년 내에 지급을 받기 위한 제시를 하여야 한다. 발행인은 이 기간을 단축하거나 연장할 수 있고 배서인은 그 기간을 단축할 수 있다.
② 발행인은 일정한 기일 전에는 일람출급의 환어음의 지급을 받기 위한 제시를 금지한다는 내용을 적을 수 있다. 이 경우 제시기간은 그 기일부터 시작한다.
(전부개정 2010·3·31)

第35條(일람 후 정기출급 어음의 만기) ① 일람 후 정기출급의 환어음 만기는 인수한 날짜 또는 거절증서의 날짜에 따라 정한다.
② 인수일이 적혀 있지 아니하고 거절증서도 작성되지 아니한 경우에 인수인에 대한 관계에서는 인수제시기간의 말일에 인수한 것으로 본다.
(전부개정 2010·3·31)

第36條(만기일의 결정 및 기간의 계산) ① 발행일자 후 또는 일람 후 1개월 또는 수개월이 될 때 지급할 환어음은 지급할 달의 대응일(對應日)을 만기로 한다. 대응일이 없는 경우에는 그 달의 말일을 만기로 한다.
② 발행일자 후 또는 일람 후 1개월 반 또는 수개월 반이 될 때 지급할 환어음은 먼저 전월(全月)을 계산한다.
③ 월초, 월중 또는 월말로 만기를 표시한 경우에는 그 달의 1일, 15일 또는 말일을 말한다.
④ "8일" 또는 "15일"이란 1주 또는 2주가 아닌 만 8일 또는 만 15일을 말한다.
⑤ "반월"(半月)이란 만 15일을 말한다.
(전부개정 2010·3·31)

第37條(만기 결정의 표준이 되는 세력) ① 발행지와 세력(歲曆)을 달리하는 지(地)에서 확정일에 지급할 환어음의 만기일은 지급지의 세력에 따라 정한 것으로 본다.
② 세력을 달리하는 두 지(地) 간에 발행한 발행일자 후 정기출급 환어음은 발행일을 지급지 세력의 대응일로 환산하고 이에 따라 만기를 정한다.
③ 환어음의 제시기간은 제2항에 따라 계산한다.
④ 제1항부터 제3항까지의 규정은 환어음의 문구나 그 밖의 기재사항에 의하여 다른 의사를 알 수 있는 경우에는 적용하지 아니한다.
(전부개정 2010·3·31)

제6장 지급

第38條(지급 제시의 필요) ① 확정일출급, 발행일자 후 정기출급 또는 일람 후 정기출급의 환어음 소지인은 지급을 할 날 또는 그날 이후의 2거래일 내에 지급을 받기 위한 제시를 하여야 한다.
② 어음교환소에서 한 환어음의 제시는 지급을 받기 위한 제시로서의 효력이 있다.
③ 소지인으로부터 환어음의 추심을 위임받은 금융기관(이하 이 장에서 "제시금융기관"이라 한다)이 그 환어음의 기재사항을 정보처리시스템에 의하여 전자적 정보의 형태로 작성한 후 그 정보를 어음교환소에 송신하여 그 어음교환소의 정보처리시스템에 입력되었을 때에는 제2항에 따른 지급을 받기 위한 제시가 이루어진 것으로 본다.
(전부개정 2010·3·31)

第39條(상환증권성 및 일부지급) ① 환어음의 지급인은 지급을 할 때에 소지인에게 그 어음에 영수(領受)를 증명하는 뜻을 적어서 교부할 것을 청구할 수 있다.
② 소지인은 일부지급을 거절하지 못한다.
③ 일부지급의 경우 지급인은 소지인에게 그 지급 사실을 어음에 적고 영수증을 교부할 것을 청구할 수 있다.
(전부개정 2010·3·31)

第40條(지급의 시기 및 지급인의 조사 의무) ① 환어음의 소지인은 만기 전에는 지급을 받을 의무가 없다.
② 만기 전에 지급을 하는 지급인은 자기의 위험부담으로 하는 것으로 한다.
③ 만기에 지급하는 지급인은 사기 또는 중대한 과실이 없으면 그 책임을 면한다. 이 경우 지급인은 배서의 연속이 제대로 되어 있는지를 조사할 의무가 있으나 배서인의 기명날인 또는 서명을 조사할 의무는 없다.
④ 제38조제3항에 따른 지급 제시의 경우 지급인 또는 지급인으로부터 지급을 위임받은 금융기관은 제3항 후단에 따른 배서의 연속이 제대로 되어 있는지에 대한 조사를 제시금융기관에 위임할 수 있

다.
(전부개정 2010 · 3 · 31)

제41조(지급할 화폐) ① 지급지의 통화(通貨)가 아닌 통화로 지급한다는 내용이 기재된 환어음은 만기일의 가격에 따라 지급지의 통화로 지급할 수 있다. 어음채무자가 지급을 지체한 경우 소지인은 그 선택에 따라 만기일 또는 지급하는 날의 환시세(換時勢)에 따라 지급지의 통화로 어음금액을 지급할 것을 청구할 수 있다.
② 외국통화의 가격은 지급지의 관습에 따라 정한다. 그러나 발행인은 어음에서 정한 환산율에 따라 지급금액을 계산한다는 뜻을 어음에 적을 수 있다.
③ 제1항 및 제2항은 발행인이 특정한 종류의 통화로 지급한다는 뜻(외국통화 현실지급 문구)을 적은 경우에는 적용하지 아니한다.
④ 발행국과 지급국에서 명칭은 같으나 가치가 다른 통화로써 환어음의 금액을 정한 경우에는 지급지의 통화로 정한 것으로 추정한다.
(전부개정 2010 · 3 · 31)

제42조(어음금액의 공탁) 제38조에 따른 기간 내에 환어음의 지급을 받기 위한 제시가 없으면 각 어음채무자는 소지인의 비용과 위험부담으로 어음금액을 관할 관서에 공탁(供託)할 수 있다.
(전부개정 2010 · 3 · 31)

제7장 인수거절 또는 지급거절로 인한 상환청구

제43조(상환청구의 실질적 요건) 만기에 지급이 되지 아니한 경우 소지인은 배서인, 발행인, 그 밖의 어음채무자에 대하여 상환청구권(償還請求權)을 행사할 수 있다. 다음 각 호의 어느 하나에 해당하는 경우에는 만기 전에도 상환청구권을 행사할 수 있다.
1. 인수의 전부 또는 일부의 거절이 있는 경우
2. 지급인의 인수 여부와 관계없이 지급인이 파산한 경우, 그 지급이 정지된 경우 또는 그 재산에 대한 강제집행이 주효(奏效)하지 아니한 경우
3. 인수를 위한 어음의 제시를 금지한 어음의 발행인이 파산한 경우

(전부개정 2010 · 3 · 31)

제44조(상환청구의 형식적 요건) ① 인수 또는 지급의 거절은 공정증서(인수거절증서 또는 지급거절증서)로 증명하여야 한다.
② 인수거절증서는 인수를 위한 제시기간 내에 작성시켜야 한다. 다만, 기간의 말일에 제24조제1항에 따른 제시가 있으면 그 다음 날에도 거절증서를 작성시킬 수 있다.
③ 확정일출급, 발행일자 후 정기출급 또는 일람 후 정기출급 환어음의 지급거절증서는 지급을 할 날 이후의 2거래일 내에 작성시켜야 한다. 일람출급 어음의 지급거절증서는 인수거절증서 작성에 관한 제2항에 따라 작성시켜야 한다.
④ 인수거절증서가 작성되었을 때에는 지급을 받기 위한 제시와 지급거절증서의 작성이 필요하지 아니하다.
⑤ 지급인의 인수 여부와 관계없이 지급인이 지급을 정지한 경우 또는 그 재산에 대한 강제집행이 주효하지 아니한 경우 소지인은 지급인에 대하여 지급을 받기 위한 제시를 하고 거절증서를 작성시킨 후가 아니면 상환청구권을 행사하지 못한다.
⑥ 지급인의 인수 여부와 관계없이 지급인이 파산선고를 받은 경우 또는 인수를 위한 제시를 금지한 어음의 발행인이 파산선고를 받은 경우에 소지인이 상환청구권을 행사할 때에는 파산결정서를 제시하면 된다.
(전부개정 2010 · 3 · 31)

제45조(인수거절 및 지급거절의 통지) ① 소지인은 다음 각 호의 어느 하나에 해당하는 날 이후의 4거래일 내에 자기의 배서인과 발행인에게 인수거절 또는 지급거절이 있었음을 통지하여야 하고, 각 배서인은 그 통지를 받은 날 이후 2거래일 내에 전(前) 통지자 전원의 명칭과 처소(處所)를 표시하고 자기가 받은 통지를 자기의 배서인에게 통지하여 차례로 발행인에게 미치게 하여야 한다. 이 기간은 각 통지를 받은 때부터 진행한다.
1. 거절증서 작성일
2. 무비용상환(無費用償還)의 문구가 적혀 있는 경우에는 어음 제시일

② 제1항에 따라 환어음에 기명날인하거나 서명한 자에게 통지할 때에는 같은 기간 내에 그 보증인에게도 같은 통지를 하여야 한다.
③ 배서인이 그 처소를 적지 아니하거나 그 기재가 분명하지 아니한 경우에는 그 배서인의 직전(直前)의 자에게 통지하면 된다.
④ 통지를 하여야 하는 자는 어떠한 방법

으로도 할 수 있다. 단순히 어음을 반환하는 것으로도 통지할 수 있다.
⑤ 통지를 하여야 하는 자는 적법한 기간 내에 통지를 하였음을 증명하여야 한다. 이 기간 내에 통지서를 우편으로 부친 경우에는 그 기간을 준수한 것으로 본다.
⑥ 제5항의 기간 내에 통지를 하지 아니한 자도 상환청구권을 잃지 아니한다. 그러나 과실로 인하여 손해가 생긴 경우에는 환어음금액의 한도 내에서 배상할 책임을 진다.
(전부개정 2010 · 3 · 31)

제46조(거절증서 작성 면제) ① 발행인, 배서인 또는 보증인은 다음 각 호의 어느 하나에 해당하는 문구를 환어음에 적고 기명날인하거나 서명함으로써 소지인의 상환청구권 행사를 위한 인수거절증서 또는 지급거절증서의 작성을 면제할 수 있다.
1. 무비용상환
2. 거절증서 불필요
3. 제1호 및 제2호와 같은 뜻을 가진 문구

② 제1항 각 호의 문구가 있더라도 소지인의 법정기간 내 어음의 제시 및 통지 의무가 면제되는 것은 아니다. 법정기간을 준수하지 아니하였음은 소지인에 대하여 이를 원용(援用)하는 자가 증명하여야 한다.
③ 발행인이 제1항 각 호의 문구를 적은 경우에는 모든 어음채무자에 대하여 효력이 있고, 배서인 또는 보증인이 이 문구를 적은 경우에는 그 배서인 또는 보증인에 대하여만 효력이 있다. 발행인이 이 문구를 적었음에도 불구하고 소지인이 거절증서를 작성시켰으면 그 비용은 소지인이 부담하고, 배서인 또는 보증인이 이 문구를 적은 경우에 거절증서를 작성시켰으면 모든 어음채무자에게 그 비용을 상환하게 할 수 있다.
(전부개정 2010 · 3 · 31)

제47조(어음채무자의 합동책임) ① 환어음의 발행, 인수, 배서 또는 보증을 한 자는 소지인에 대하여 합동으로 책임을 진다.
② 소지인은 제1항의 어음채무자에 대하여 그 채무부담의 순서에도 불구하고 그 중 1명, 여러 명 또는 전원에 대하여 청구할 수 있다.
③ 어음채무자가 그 어음을 환수한 경우에도 제2항의 소지인과 같은 권리가 있다.
④ 어음채무자 중 1명에 대한 청구는 다른 채무자에 대한 청구에 영향을 미치지 아니한다. 이미 청구를 받은 자의 후자(後者)에 대하여도 같다.
(전부개정 2010 · 3 · 31)

제48조(상환청구금액) ① 소지인은 상환청구권에 의하여 다음 각 호의 금액의 지급을 청구할 수 있다.
1. 인수 또는 지급되지 아니한 어음금액과 이자가 적혀 있는 경우 그 이자
2. 연 6퍼센트의 이율로 계산한 만기 이후의 이자
3. 거절증서의 작성비용, 통지비용 및 그 밖의 비용

② 만기 전에 상환청구권을 행사하는 경우에는 할인에 의하여 어음금액을 줄인다. 그 할인은 소지인의 주소지에서 상환청구하는 날의 공정할인율(은행률)에 의하여 계산한다.
(전부개정 2010 · 3 · 31)

제49조(재상환청구금액) 환어음을 환수한 자는 그 전자(前者)에 대하여 다음 각 호의 금액의 지급을 청구할 수 있다.
1. 지급한 총금액
2. 제1호의 금액에 대하여 연 6퍼센트의 이율로 계산한 지급한 날 이후의 이자
3. 지출한 비용

(전부개정 2010 · 3 · 31)

제50조(상환의무자의 권리) ① 상환청구(償還請求)를 받은 어음채무자나 받을 어음채무자는 지급과 상환(相換)으로 거절증서, 영수를 증명하는 계산서와 그 어음의 교부를 청구할 수 있다.
② 환어음을 환수한 배서인은 자기의 배서와 후자의 배서를 말소할 수 있다.
(전부개정 2010 · 3 · 31)

제51조(일부인수의 경우의 상환청구) 일부인수 후에 상환청구권을 행사하는 경우에 인수되지 아니한 어음금액을 지급하는 자는 이를 지급한 사실을 어음에 적을 것과 영수증을 교부할 것을 청구할 수 있다. 소지인은 그 후의 상환청구를 할 수 있게 하기 위하여 어음의 증명등본과 거절증서를 교부하여야 한다.
(전부개정 2010 · 3 · 31)

제52조(역어음에 의한 상환청구) ① 상환청구권이 있는 자는 어음에 반대문구가 적혀 있지 아니하면 그 전자 중 1명을 지급인으로 하여 그 자의 주소에서 지급할 일람출급의 새 어음(이하 "역어음"이라 한다)을 발행함으로써 상환청구권을 행사할

수 있다.
② 역어음의 어음금액에는 제48조와 제49조에 따른 금액 외에 그 어음의 중개료와 인지세가 포함된다.
③ 소지인이 역어음을 발행하는 경우에 그 금액은 본어음의 지급지에서 그 전자의 주소지에 대하여 발행하는 일람출급 어음의 환시세에 따라 정한다. 배서인이 역어음을 발행하는 경우에 그 금액은 역어음의 발행인이 그 주소지에서 전자의 주소지에 대하여 발행하는 일람출급 어음의 환시세에 따라 정한다.
(전부개정 2010 · 3 · 31)

제53조(상환청구권의 상실) ① 다음 각 호의 기간이 지나면 소지인은 배서인, 발행인, 그 밖의 어음채무자에 대하여 그 권리를 잃는다. 그러나 인수인에 대하여는 그러하지 아니하다.

1. 일람출급 또는 일람 후 정기출급의 환어음의 제시기간
2. 인수거절증서 또는 지급거절증서의 작성기간
3. 무비용상환의 문구가 적혀 있는 경우에 지급을 받기 위한 제시기간

② 발행인이 기재한 기간 내에 인수를 위한 제시를 하지 아니한 소지인은 지급거절과 인수거절로 인한 상환청구권을 잃는다. 그러나 그 기재한 문구에 의하여 발행인에게 인수에 대한 담보의무만을 면할 의사(意思)가 있었음을 알 수 있는 경우에는 그러하지 아니하다.
③ 배서에 제시기간이 적혀 있는 경우에는 그 배서인만이 이를 원용할 수 있다.
(전부개정 2010 · 3 · 31)

제54조(불가항력과 기간의 연장) ① 피할 수 없는 장애〔국가법령에 따른 금제(禁制)나 그 밖의 불가항력을 말한다. 이하 "불가항력"이라 한다〕로 인하여 법정기간 내에 환어음을 제시하거나 거절증서를 작성하기 어려운 경우에는 그 기간을 연장한다.
② 소지인은 불가항력이 발생하면 자기의 배서인에게 지체 없이 그 사실을 통지하고 어음 또는 보충지에 통지를 하였다는 내용을 적고 날짜를 부기한 후 기명날인하거나 서명하여야 한다. 그 밖의 사항에 관하여는 제45조를 준용한다.
③ 불가항력이 사라지면 소지인은 지체 없이 인수 또는 지급을 위하여 어음을 제시하고 필요한 경우에는 거절증서를 작성시켜야 한다.
④ 불가항력이 만기부터 30일이 지나도 계속되는 경우에는 어음의 제시 또는 거절증서의 작성 없이 상환청구권을 행사할 수 있다.
⑤ 일람출급 또는 일람 후 정기출급의 환어음의 경우 제4항에 따른 30일의 기간은 제시기간이 지나기 전이라도 소지인이 배서인에게 불가항력이 발생하였다고 통지한 날부터 진행한다. 일람 후 정기출급의 환어음의 경우 제4항에 따른 30일의 기간에는 어음에 적은 일람 후의 기간을 가산한다.
⑥ 소지인이나 소지인으로부터 어음의 제시 또는 거절증서 작성을 위임받은 자의 단순한 인적 사유는 불가항력으로 보지 아니한다.
(전부개정 2010 · 3 · 31)

제8장 참가

제1절 통칙

제55조(참가의 당사자 및 통지) ① 발행인, 배서인 또는 보증인은 어음에 예비지급인을 적을 수 있다.
② 상환청구를 받을 어느 채무자를 위하여 참가하는 자도 이 장(章)의 규정에 따라 환어음을 인수하거나 지급할 수 있다.
③ 제3자, 지급인 또는 이미 어음채무를 부담한 자도 참가인이 될 수 있다. 다만, 인수인은 참가인이 될 수 없다.
④ 참가인은 피참가인에 대하여 2거래일 내에 참가하였음을 통지하여야 한다. 참가인이 이 기간을 지키지 아니한 경우에 과실로 인하여 손해가 생기면 그 참가인은 어음금액의 한도에서 배상할 책임을 진다.
(전부개정 2010 · 3 · 31)

제2절 참가인수

제56조(참가인수의 요건) ① 참가인수(參加引受)는 인수를 위한 제시를 금지하지 아니한 환어음의 소지인이 만기 전에 상환청구권을 행사할 수 있는 모든 경우에 할 수 있다.
② 환어음에 지급지에 있는 예비지급인을 기재한 경우 어음의 소지인은 예비지급인에게 어음을 제시하였으나 그 자가 참가인수를 거절하였음을 거절증서로 증명하지 아니하면 예비지급인을 기재한 자와 그 후자에 대하여 만기 전에 상환청구권

을 행사하지 못한다.
③ 제2항의 경우 외에는 소지인은 참가인수를 거절할 수 있다. 소지인이 참가인수를 승낙한 때에는 피참가인과 그 후자에 대하여 만기 전에 행사할 수 있는 상환청구권을 잃는다.
(전부개정 2010·3·31)

第57條(참가인수의 방식) 참가인수를 할 때에는 환어음에 그 내용을 적고 참가인이 기명날인하거나 서명하여야 한다. 이 경우 피참가인을 표시하여야 하며, 그 표시가 없을 때에는 발행인을 위하여 참가인수를 한 것으로 본다.
(전부개정 2010·3·31)

第58條(참가인수의 효력) ① 참가인수인은 소지인과 피참가인의 후자에 대하여 피참가인과 같은 의무를 부담한다.
② 피참가인과 그 전자는 참가인수에도 불구하고 소지인에 대하여 제48조에 따른 금액의 지급과 상환(相換)으로 어음의 교부를 청구할 수 있다. 거절증서와 영수를 증명하는 계산서가 있는 경우에는 그것을 교부할 것도 청구할 수 있다.
(전부개정 2010·3·31)

제3절 참가지급

第59條(참가지급의 요건) ① 참가지급은 소지인이 만기나 만기 전에 상환청구권을 행사할 수 있는 모든 경우에 할 수 있다.
②지급은 피참가인이 지급할 전액을 지급하여야 한다.
③ 지급은 지급거절증서를 작성시킬 수 있는 최종일의 다음 날까지 하여야 한다.
(전부개정 2010·3·31)

第60條(참가지급 제시의 필요) ① 지급지에 주소가 있는 자가 참가인수를 한 경우 또는 지급지에 주소가 있는 자가 예비지급인으로 기재된 경우에는 소지인은 늦어도 지급거절증서를 작성시킬 수 있는 마지막 날의 다음 날까지 그들 모두에게 어음을 제시하고 필요할 때에는 참가지급거절증서를 작성시켜야 한다.
② 제1항의 기간 내에 거절증서가 작성되지 아니하면 예비지급인을 기재한 자 또는 피참가인과 그 후의 배서인은 의무를 면한다.
(전부개정 2010·3·31)

第61條(참가지급거절의 효과) 참가지급을 거절한 소지인은 그 지급으로 인하여 의무를 면할 수 있었던 자에 대한 상환청구권을 잃는다.
(전부개정 2010·3·31)

第62條(참가지급의 방법) ① 참가지급이 있었으면 어음에 피참가인을 표시하고 그 영수를 증명하는 문구를 적어야 하며, 그 표시가 없을 때에는 발행인을 위하여 지급한 것으로 본다.
② 환어음은 참가지급인에게 교부하여야 하며, 거절증서를 작성시킨 경우에는 그 거절증서도 교부하여야 한다.
(전부개정 2010·3·31)

第63條(참가지급의 효력) ① 참가지급인은 피참가인과 그의 어음상의 채무자에 대하여 어음으로부터 생기는 권리를 취득한다. 그러나 다시 어음에 배서하지 못한다.
② 피참가인보다 후의 배서인은 의무를 면한다.
③ 참가지급이 경합(競合)하는 경우에는 가장 많은 수의 어음채무자의 의무를 면하게 하는 자가 우선한다. 이러한 사정을 알고도 이 규정을 위반하여 참가지급을 한 자는 의무를 면할 수 있었던 자에 대한 상환청구권을 잃는다.
(전부개정 2010·3·31)

제9장 복본과 등본

제1절 복본

第64條(복본 발행의 방식) ① 환어음은 같은 내용으로 여러 통을 복본(複本)으로 발행할 수 있다.
② 제1항의 복본을 발행할 때에는 그 증권의 본문 중에 번호를 붙여야 하며, 번호를 붙이지 아니한 경우에는 그 여러 통의 복본은 별개의 환어음으로 본다.
③ 어음에 한 통만을 발행한다는 내용을 적지 아니한 경우에는 소지인은 자기의 비용으로 복본의 교부를 청구할 수 있다. 이 경우 소지인은 자기에게 직접 배서한 배서인에게 그 교부를 청구하고 그 배서인은 다시 자기의 배서인에게 청구를 함으로써 이에 협력하여 차례로 발행인에게 그 청구가 미치게 한다. 각 배서인은 새 복본에 배서를 다시 하여야 한다.
(전부개정 2010·3·31)

第65條(복본의 효력) ① 복본의 한 통에 대하여 지급한 경우 그 지급이 다른 복본을 무효로 한다는 뜻이 복본에 적혀 있지 아니하여도 의무를 면하게 한다. 그러나 지급인은 인수한 각 통의 복본으로

서 반환을 받지 아니한 복본에 대하여 책임을 진다.
② 여럿에게 각각 복본을 양도한 배서인과 그 후의 배서인은 그가 기명날인하거나 서명한 각 통의 복본으로서 반환을 받지 아니한 것에 대하여 책임을 진다.
(전부개정 2010 · 3 · 31)

제66조(인수를 위하여 하는 송부) ① 인수를 위하여 복본 한 통을 송부한 자는 다른 각 통의 복본에 이 한 통의 복본을 보유하는 자의 명칭을 적어야 한다. 송부된 복본을 보유하는 자는 다른 복본의 정당한 소지인에게 그 복본을 교부할 의무가 있다.
② 복본 교부를 거절당한 소지인은 거절증서로 다음 각 호의 사실을 증명하지 아니하면 상환청구권을 행사하지 못한다.
1. 인수를 위하여 송부한 한 통의 복본이 소지인의 청구에도 불구하고 교부되지 아니하였다는 것
2. 다른 한 통의 복본으로는 인수 또는 지급을 받을 수 없었다는 것

(전부개정 2010 · 3 · 31)

제 2 절 등본

제67조(등본의 작성, 작성방식 및 효력) ① 환어음의 소지인은 그 등본(謄本)을 작성할 권리가 있다.
② 등본에는 배서된 사항이나 그 밖에 원본에 적힌 모든 사항을 정확히 다시 적고 끝부분임을 표시하는 기재를 하여야 한다.
③ 등본에 대하여는 원본과 같은 방법에 의하여 같은 효력으로 배서 또는 보증을 할 수 있다.
(전부개정 2010 · 3 · 31)

제68조(등본 보유자의 권리) ① 등본에는 원본 보유자를 표시하여야 한다. 그 보유자는 등본의 정당한 소지인에 대하여 그 원본을 교부할 의무가 있다.
② 원본 교부를 거절당한 소지인은 원본의 교부를 청구하였음에도 불구하고 받지 못하였음을 거절증서로 증명하지 아니하면 등본에 배서하거나 보증한 자에 대하여 상환청구권을 행사하지 못한다.
③ 등본 작성 전에 원본에 한 최후의 배서의 뒤에 다음 각 호의 어느 하나에 해당하는 문구를 적은 경우에는 원본에 한 그 후의 배서는 무효로 한다.
1. 이 후의 배서는 등본에 한 것만이 효력이 있다.
2. 제 1 호와 같은 뜻을 가진 문구

(전부개정 2010 · 3 · 31)

제10장 변조

제69조(변조와 어음행위자의 책임) 환어음의 문구가 변조된 경우에는 그 변조 후에 기명날인하거나 서명한 자는 변조된 문구에 따라 책임을 지고 변조 전에 기명날인하거나 서명한 자는 원래 문구에 따라 책임을 진다.
(전부개정 2010 · 3 · 31)

제11장 시효

제70조(시효기간) ① 인수인에 대한 환어음상의 청구권은 만기일부터 3년간 행사하지 아니하면 소멸시효가 완성된다.
② 소지인의 배서인과 발행인에 대한 청구권은 다음 각 호의 날부터 1년간 행사하지 아니하면 소멸시효가 완성된다.
1. 적법한 기간 내에 작성시킨 거절증서의 날짜
2. 무비용상환의 문구가 적혀 있는 경우에는 만기일

③ 배서인의 다른 배서인과 발행인에 대한 청구권은 그 배서인이 어음을 환수한 날 또는 그 자가 제소된 날부터 6개월간 행사하지 아니하면 소멸시효가 완성된다.
(전부개정 2010 · 3 · 31)

제71조(시효의 중단) 시효의 중단은 그 중단사유가 생긴 자에 대하여만 효력이 생긴다.
(전부개정 2010 · 3 · 31)

제12장 통칙

제72조(휴일과 기일 및 기간) ① 환어음의 만기가 법정휴일인 경우에는 만기 이후의 제 1 거래일에 지급을 청구할 수 있다. 환어음에 관한 다른 행위, 특히 인수를 위한 제시 및 거절증서 작성 행위는 거래일에만 할 수 있다.
② 제 1 항의 어느 행위를 일정 기간 내에 하여야 할 경우 그 기간의 말일이 법정휴일이면 말일 이후의 제 1 거래일까지 기간을 연장하고, 기간 중의 휴일은 그 기간에 산입(算入)한다.
(전부개정 2010 · 3 · 31)

제73조(기간의 초일 불산입) 법정기간 또는 약정기간에는 그 첫날을 산입하지 아

니한다.
(전부개정 2010 · 3 · 31)

제74조(은혜일의 불허) 은혜일(恩惠日)은 법률상으로든 재판상으로든 인정하지 아니한다.
(전부개정 2010 · 3 · 31)

제 2 편　약속어음

제75조(어음의 요건) 약속어음에는 다음 각 호의 사항을 적어야 한다.
1. 증권의 본문 중에 그 증권을 작성할 때 사용하는 국어로 약속어음임을 표시하는 글자
2. 조건 없이 일정한 금액을 지급할 것을 약속하는 뜻
3. 만기
4. 지급지
5. 지급받을 자 또는 지급받을 자를 지시할 자의 명칭
6. 발행일과 발행지
7. 발행인의 기명날인 또는 서명

(전부개정 2010 · 3 · 31)

제76조(어음 요건의 흠) 제75조 각 호의 사항을 적지 아니한 증권은 약속어음의 효력이 없다. 그러나 다음 각 호의 경우에는 그러하지 아니하다.
1. 만기가 적혀 있지 아니한 경우 : 일람출급의 약속어음으로 본다.
2. 지급지가 적혀 있지 아니한 경우 : 발행지를 지급지 및 발행인의 주소지로 본다.
3. 발행지가 적혀 있지 아니한 경우 : 발행인의 명칭에 부기한 지(地)를 발행지로 본다.

(전부개정 2010 · 3 · 31)

제77조(환어음에 관한 규정의 준용) ① 약속어음에 대하여는 약속어음의 성질에 상반되지 아니하는 한도에서 다음 각 호의 사항에 관한 환어음에 대한 규정을 준용한다.
1. 배서(제11조부터 제20조까지)
2. 만기(제33조부터 제37조까지)
3. 지급(제38조부터 제42조까지)
4. 지급거절로 인한 상환청구(제43조부터 제50조까지, 제52조부터 제54조까지)
5. 참가지급(제55조, 제59조부터 제63조까지)
6. 등본(제67조와 제68조)
7. 변조(제69조)
8. 시효(제70조와 제71조)
9. 휴일, 기간의 계산과 은혜일의 인정 금지(제72조부터 제74조까지)

② 약속어음에 관하여는 제 3 자방에서 또는 지급인의 주소지가 아닌 지(地)에서 지급할 환어음에 관한 제 4 조 및 제27조, 이자의 약정에 관한 제 5 조, 어음금액의 기재의 차이에 관한 제 6 조, 어음채무를 부담하게 할 수 없는 기명날인 또는 서명의 효과에 관한 제 7 조, 대리권한 없는 자 또는 대리권한을 초과한 자의 기명날인 또는 서명의 효과에 관한 제 8 조, 백지환어음에 관한 제10조를 준용한다.
③ 약속어음에 관하여는 보증에 관한 제30조부터 제32조까지의 규정을 준용한다. 제31조제 4 항의 경우에 누구를 위하여 보증한 것임을 표시하지 아니하였으면 약속어음의 발행인을 위하여 보증한 것으로 본다.
(전부개정 2010 · 3 · 31)

제78조(발행인의 책임 및 일람 후 정기출급 어음의 특칙) ① 약속어음의 발행인은 환어음의 인수인과 같은 의무를 부담한다.
② 일람 후 정기출급의 약속어음은 제23조에 따른 기간 내에 발행인이 일람할 수 있도록 제시하여야 한다. 일람 후의 기간은 발행인이 어음에 일람하였다는 내용을 적고 날짜를 부기하여 기명날인하거나 서명한 날부터 진행한다. 발행인이 일람 사실과 날짜의 기재를 거절한 경우에는 제25조에 따라 거절증서로써 이를 증명하여야 한다. 그 날짜는 일람 후의 기간의 첫날로 한다.
(전부개정 2010 · 3 · 31)

부　　칙

제79조 (이득상환청구권) 환어음 또는 약속어음에서 생긴 권리가 절차의 흠결로 인하여 소멸한 때나 그 소멸시효가 완성한 때라도 소지인은 발행인, 인수인 또는 배서인에 대하여 그가 받은 이익의 한도내에서 상환을 청구할 수 있다.

제80조 (소송고지로 인한 시효중단) ① 배서인의 다른 배서인과 발행인에 대한 환어음상과 약속어음상의 청구권의 소멸시효는 그 자가 제소된 경우에는 전자에 대한 소송고지를 함으로 인하여 중단한다.
②전항의 규정에 의하여 중단된 시효는 재판이 확정된 때로부터 다시 진행을 개시한다.

제81조 (휴일의 의의) 본법에서 휴일이

라 함은 국경일, 공휴일, 일요일 기타의 일반휴일을 이른다.

第82조 (본법시행전에 발행한 수형) 본법시행전에 발행한 위체수형과 약속수형에 관하여는 종전의 규정에 의한다.

第83조 (어음교환소의 지정) 제38조제2항(제77조제1항에서 준용하는 경우를 포함한다)의 어음교환소는 법무부장관이 지정한다.

第84조 (거절증서에 관한 사항) 거절증서의 작성에 관한 사항은 대통령령으로 정한다.(개정 1995·12·6)

第85조 (시행기일, 구법의 폐지) ①본법은 1963년 1월 1일부터 시행한다.
②조선민사령 제1조에 의하여 의용된 수형법은 본법시행시까지 효력이 있다.

부　　칙(1995·12·6)

이 법은 공포한 날부터 시행한다.

부　　칙(2007·5·17 법8441)

이 법은 공포 후 6개월이 경과한 날부터 시행한다.

부　　칙(2010·3·31 법10198)

이 법은 공포한 날부터 시행한다.

수표법

제정
1962. 1.20 법률제 1002호
개정
1995.12. 6 법률제 5010호
2007. 5.17 법률제 8440호
2010. 3.31 법률제10197호

제 1 장 수표의 발행과 방식

제 1 조(수표의 요건) 수표에는 다음 각 호의 사항을 적어야 한다.

1. 증권의 본문 중에 그 증권을 작성할 때 사용하는 국어로 수표임을 표시하는 글자
2. 조건 없이 일정한 금액을 지급할 것을 위탁하는 뜻
3. 지급인의 명칭
4. 지급지(支給地)
5. 발행일과 발행지(發行地)
6. 발행인의 기명날인(記名捺印) 또는 서명

(전부개정 2010 · 3 · 31)

제 2 조(수표 요건의 흠) 제 1 조 각 호의 사항을 적지 아니한 증권은 수표의 효력이 없다. 그러나 다음 각 호의 경우에는 그러하지 아니하다.

1. 지급지가 적혀 있지 아니한 경우 : 지급인의 명칭에 부기(附記)한 지(地)를 지급지로 본다. 지급인의 명칭에 여러 개의 지(地)를 부기한 경우에는 수표의 맨 앞에 적은 지(地)에서 지급할 것으로 한다.
2. 제 1 호의 기재나 그 밖의 다른 표시가 없는 경우 : 발행지에서 지급할 것으로 한다.
3. 발행지가 적혀 있지 아니한 경우 : 발행인의 명칭에 부기한 지(地)를 발행지로 본다.

(전부개정 2010 · 3 · 31)

제 3 조(수표자금, 수표계약의 필요) 수표는 제시한 때에 발행인이 처분할 수 있는 자금이 있는 은행을 지급인으로 하고, 발행인이 그 자금을 수표에 의하여 처분할 수 있는 명시적 또는 묵시적 계약에 따라서만 발행할 수 있다. 그러나 이 규정을 위반하는 경우에도 수표로서의 효력에 영향을 미치지 아니한다.
(전부개정 2010 · 3 · 31)

제 4 조(인수의 금지) 수표는 인수하지 못한다. 수표에 적은 인수의 문구는 적지 아니한 것으로 본다.
(전부개정 2010 · 3 · 31)

제 5 조(수취인의 지정) ① 수표는 다음 각 호의 어느 하나의 방식으로 발행할 수 있다.

1. 기명식(記名式) 또는 지시식(指示式)
2. 기명식으로 "지시금지"라는 글자 또는 이와 같은 뜻이 있는 문구를 적은 것
3. 소지인출급식(所持人出給式)

② 기명식 수표에 "또는 소지인에게"라는 글자 또는 이와 같은 뜻이 있는 문구를 적었을 때에는 소지인출급식 수표로 본다.
③ 수취인이 적혀 있지 아니한 수표는 소지인출급식 수표로 본다.
(전부개정 2010 · 3 · 31)

제 6 조(자기지시수표, 위탁수표, 자기앞수표) ① 수표는 발행인 자신을 지급받을 자로 하여 발행할 수 있다.
② 수표는 제 3 자의 계산으로 발행할 수 있다.
③ 수표는 발행인 자신을 지급인으로 하여 발행할 수 있다.
(전부개정 2010 · 3 · 31)

제 7 조(이자의 약정) 수표에 적은 이자의 약정은 적지 아니한 것으로 본다.
(전부개정 2010 · 3 · 31)

제 8 조(제 3 자방 지급 기재) 수표는 지급인의 주소지에 있든 다른 지(地)에 있든 관계없이 제 3 자방(第三者方)에서 지급하는 것으로 할 수 있다. 그러나 그 제 3자는 은행이어야 한다.
(전부개정 2010 · 3 · 31)

제 9 조(수표금액의 기재에 차이가 있

는 경우) ① 수표의 금액을 글자와 숫자로 적은 경우에 그 금액에 차이가 있으면 글자로 적은 금액을 수표금액으로 한다.
② 수표의 금액을 글자 또는 숫자로 중복하여 적은 경우에 그 금액에 차이가 있으면 최소금액을 수표금액으로 한다.
(전부개정 2010 · 3 · 31)

제10조(수표채무의 독립성) 수표에 다음 각 호의 어느 하나에 해당하는 기명날인 또는 서명이 있는 경우에도 다른 기명날인 또는 서명을 한 자의 채무는 그 효력에 영향을 받지 아니한다.

1. 수표채무를 부담할 능력이 없는 자의 기명날인 또는 서명
2. 위조된 기명날인 또는 서명
3. 가공인물의 기명날인 또는 서명
4. 그 밖의 사유로 수표에 기명날인 또는 서명을 한 자나 그 본인에게 의무를 부담하게 할 수 없는 기명날인 또는 서명

(전부개정 2010 · 3 · 31)

제11조(수표행위의 무권대리) 대리권 없이 타인의 대리인으로 수표에 기명날인하거나 서명한 자는 그 수표에 의하여 의무를 부담한다. 그 자가 수표금액을 지급한 경우에는 본인과 같은 권리를 가진다. 권한을 초과한 대리인의 경우도 같다.
(전부개정 2010 · 3 · 31)

제12조(발행인의 책임) 발행인은 지급을 담보한다. 발행인이 지급을 담보하지 아니한다는 뜻의 모든 문구는 적지 아니한 것으로 본다.
(전부개정 2010 · 3 · 31)

제13조(백지수표) 미완성으로 발행한 수표에 미리 합의한 사항과 다른 내용을 보충한 경우에는 그 합의의 위반을 이유로 소지인에게 대항하지 못한다. 그러나 소지인이 악의 또는 중대한 과실로 인하여 수표를 취득한 경우에는 그러하지 아니하다.
(전부개정 2010 · 3 · 31)

제 2 장 양도

제14조(당연한 지시증권성) ① 기명식 또는 지시식의 수표는 배서(背書)에 의하여 양도할 수 있다.
② 기명식 수표에 "지시금지"라는 글자 또는 이와 같은 뜻이 있는 문구를 적은 경우에는 그 수표는 지명채권의 양도 방식으로만, 그리고 그 효력으로써만 양도할 수 있다.
③ 배서는 발행인이나 그 밖의 채무자에 대하여도 할 수 있다. 이러한 자는 다시 수표에 배서할 수 있다.
(전부개정 2010 · 3 · 31)

제15조(배서의 요건) ① 배서에는 조건을 붙여서는 아니 된다. 배서에 붙인 조건은 적지 아니한 것으로 본다.
② 일부의 배서는 무효로 한다.
③ 지급인의 배서도 무효로 한다.
④ 소지인에게 지급하라는 소지인출급의 배서는 백지식 배서와 같은 효력이 있다.
⑤ 지급인에 대한 배서는 영수증의 효력만 있다. 그러나 지급인의 영업소가 여러 개인 경우에 그 수표가 지급될 곳으로 된 영업소 외의 영업소에 대한 배서는 그러하지 아니하다.
(전부개정 2010 · 3 · 31)

제16조(배서의 방식) ① 배서는 수표 또는 이에 결합한 보충지〔補箋〕에 적고 배서인이 기명날인하거나 서명하여야 한다.
② 배서는 피배서인(被背書人)을 지명하지 아니하고 할 수 있으며 배서인의 기명날인 또는 서명만으로도 할 수 있다(백지식 배서). 배서인의 기명날인 또는 서명만으로 하는 백지식 배서는 수표의 뒷면이나 보충지에 하지 아니하면 효력이 없다.
(전부개정 2010 · 3 · 31)

제17조(배서의 권리 이전적 효력) ① 배서는 수표로부터 생기는 모든 권리를 이전(移轉)한다.
② 배서가 백지식인 경우에 소지인은 다음 각 호의 행위를 할 수 있다.

1. 자기의 명칭 또는 타인의 명칭으로 백지(白地)를 보충하는 행위
2. 백지식으로 또는 타인을 표시하여 다시 수표에 배서하는 행위
3. 백지를 보충하지 아니하고 또 배서도 하지 아니하고 수표를 교부만으로 제3 자에게 양도하는 행위

(전부개정 2010 · 3 · 31)

제18조(배서의 담보적 효력) ① 배서인은 반대의 문구가 없으면 지급을 담보한다.
② 배서인은 자기의 배서 이후에 새로 하는 배서를 금지할 수 있다. 이 경우 그 배서인은 수표의 그 후의 피배서인에 대하여 담보의 책임을 지지 아니한다.
(전부개정 2010 · 3 · 31)

제19조(배서의 자격 수여적 효력) 배

서로 양도할 수 있는 수표의 점유자가 배서의 연속에 의하여 그 권리를 증명할 때에는 그를 적법한 소지인으로 추정(推定)한다. 최후의 배서가 백지식인 경우에도 같다. 말소한 배서는 배서의 연속에 관하여는 배서를 하지 아니한 것으로 본다. 백지식 배서의 다음에 다른 배서가 있는 경우에는 그 배서를 한 자는 백지식 배서에 의하여 수표를 취득한 것으로 본다.
(전부개정 2010 · 3 · 31)

제20조(무기명식 수표의 배서) 소지인출급의 수표에 배서한 자는 상환청구(償還請求)에 관한 규정에 따라 책임을 진다. 그러나 이로 인하여 그 수표가 지시식 수표로 변하지 아니한다.
(전부개정 2010 · 3 · 31)

제21조(수표의 선의취득) 어떤 사유로든 수표의 점유를 잃은 자가 있는 경우에 그 수표의 소지인은 그 수표가 소지인출급식일 때 또는 배서로 양도할 수 있는 수표의 소지인이 제19조에 따라 그 권리를 증명할 때에는 그 수표를 반환할 의무가 없다. 그러나 소지인이 악의 또는 중대한 과실로 인하여 수표를 취득한 경우에는 그러하지 아니하다.
(전부개정 2010 · 3 · 31)

제22조(인적 항변의 절단) 수표에 의하여 청구를 받은 자는 발행인 또는 종전의 소지인에 대한 인적 관계로 인한 항변(抗辯)으로써 소지인에게 대항하지 못한다. 그러나 소지인이 그 채무자를 해할 것을 알고 수표를 취득한 경우에는 그러하지 아니하다.
(전부개정 2010 · 3 · 31)

제23조(추심위임배서) ① 배서한 내용 중 다음 각 호의 어느 하나에 해당하는 문구가 있으면 소지인은 수표로부터 생기는 모든 권리를 행사할 수 있다. 그러나 소지인은 대리(代理)를 위한 배서만을 할 수 있다.
1. 회수하기 위하여
2. 추심(推尋)하기 위하여
3. 대리를 위하여
4. 그 밖에 단순히 대리권을 준다는 내용의 문구

② 제1항의 경우에는 채무자는 배서인에게 대항할 수 있는 항변으로써만 소지인에게 대항할 수 있다.
③ 대리를 위한 배서에 의하여 주어진 대리권은 그 대리권을 준 자가 사망하거나 무능력자가 되더라도 소멸하지 아니한다.
(전부개정 2010 · 3 · 31)

제24조(기한 후 배서) ① 거절증서나 이와 같은 효력이 있는 선언이 작성된 후에 한 배서 또는 제시기간이 지난 후에 한 배서는 지명채권 양도의 효력만 있다.
② 날짜를 적지 아니한 배서는 거절증서나 이와 같은 효력이 있는 선언이 작성되기 전 또는 제시기간이 지나기 전에 한 것으로 추정한다.
(전부개정 2010 · 3 · 31)

제 3 장 보증

제25조(보증의 가능) ① 수표는 보증에 의하여 그 금액의 전부 또는 일부의 지급을 담보할 수 있다.
② 지급인을 제외한 제3자는 제1항의 보증을 할 수 있다. 수표에 기명날인하거나 서명한 자도 같다.
(전부개정 2010 · 3 · 31)

제26조(보증의 방식) ① 보증의 표시는 수표 또는 보충지에 하여야 한다.
② 보증을 할 때에는 "보증" 또는 이와 같은 뜻이 있는 문구를 표시하고 보증인이 기명날인하거나 서명하여야 한다.
③ 수표의 앞면에 단순한 기명날인 또는 서명이 있는 경우에는 보증을 한 것으로 본다. 그러나 발행인의 기명날인 또는 서명의 경우에는 그러하지 아니하다.
④ 보증에는 누구를 위하여 한 것임을 표시하여야 한다. 그 표시가 없는 경우에는 발행인을 위하여 보증한 것으로 본다.
(전부개정 2010 · 3 · 31)

제27조(보증의 효력) ① 보증인은 보증된 자와 같은 책임을 진다.
② 보증은 담보된 채무가 그 방식에 흠이 있는 경우 외에는 어떠한 사유로 무효가 되더라도 그 효력을 가진다.
③ 보증인이 수표의 지급을 하면 보증된 자와 그 자의 수표상의 채무자에 대하여 수표로부터 생기는 권리를 취득한다.
(전부개정 2010 · 3 · 31)

제 4 장 제시와 지급

제28조(수표의 일람출급성) ① 수표는 일람출급(一覽出給)으로 한다. 이에 위반되는 모든 문구는 적지 아니한 것으로 본다.
② 기재된 발행일이 도래하기 전에 지급을 받기 위하여 제시된 수표는 그 제시된

날에 이를 지급하여야 한다.
(전부개정 2010 · 3 · 31)

제29조(지급제시기간) ① 국내에서 발행하고 지급할 수표는 10일 내에 지급을 받기 위한 제시를 하여야 한다.
② 지급지의 국가와 다른 국가에서 발행된 수표는 발행지와 지급지가 동일한 주(洲)에 있는 경우에는 20일 내에, 다른 주에 있는 경우에는 70일 내에 이를 제시하여야 한다.
③ 제2항에 관하여는 유럽주의 한 국가에서 발행하여 지중해 연안의 한 국가에서 지급할 수표 또는 지중해 연안의 한 국가에서 발행하여 유럽주의 한 국가에서 지급할 수표는 동일한 주에서 발행하고 지급할 수표로 본다.
④ 제1항부터 제3항까지의 기간은 수표에 적힌 발행일부터 기산(起算)한다.
(전부개정 2010 · 3 · 31)

제30조(표준이 되는 세력) 세력(歲曆)을 달리하는 두 지(地) 간에 발행한 수표는 발행일을 지급지의 세력의 대응일(對應日)로 환산한다.
(전부개정 2010 · 3 · 31)

제31조(어음교환소에서의 제시) ① 어음교환소에서 한 수표의 제시는 지급을 받기 위한 제시로서의 효력이 있다.
② 소지인으로부터 수표의 추심을 위임받은 은행(이하 제35조제2항 및 제39조제2호에서 "제시은행"이라 한다)이 그 수표의 기재사항을 정보처리시스템에 의하여 전자적 정보의 형태로 작성한 후 그 정보를 어음교환소에 송신하여 그 어음교환소의 정보처리시스템에 입력되었을 때에는 제1항에 따른 지급을 받기 위한 제시가 이루어진 것으로 본다.
(전부개정 2010 · 3 · 31)

제32조(지급위탁의 취소) ① 수표의 지급위탁의 취소는 제시기간이 지난 후에만 그 효력이 생긴다.
② 지급위탁의 취소가 없으면 지급인은 제시기간이 지난 후에도 지급을 할 수 있다.
(전부개정 2010 · 3 · 31)

제33조(발행인의 사망 또는 능력 상실) 수표를 발행한 후 발행인이 사망하거나 무능력자가 된 경우에도 그 수표의 효력에 영향을 미치지 아니한다.
(전부개정 2010 · 3 · 31)

제34조(상환증권성 및 일부지급) ① 수표의 지급인은 지급을 할 때에 소지인에게 그 수표에 영수(領受)를 증명하는 뜻을 적어서 교부할 것을 청구할 수 있다.
② 소지인은 일부지급을 거절하지 못한다.
③ 일부지급의 경우 지급인은 소지인에게 그 지급 사실을 수표에 적고 영수증을 교부할 것을 청구할 수 있다.
(전부개정 2010 · 3 · 31)

제35조(지급인의 조사의무) ① 배서로 양도할 수 있는 수표의 지급인은 배서의 연속이 제대로 되어 있는지를 조사할 의무가 있으나 배서인의 기명날인 또는 서명을 조사할 의무는 없다.
② 제31조제2항에 따른 지급제시의 경우 지급인은 제1항에 따른 배서의 연속이 제대로 되어 있는지에 대한 조사를 제시은행에 위임할 수 있다.
(전부개정 2010 · 3 · 31)

제36조(지급할 화폐) ① 지급지의 통화(通貨)가 아닌 통화로 지급한다는 내용이 기재된 수표는 그 제시기간 내에는 지급하는 날의 가격에 따라 지급지의 통화로 지급할 수 있다. 제시를 하여도 지급을 하지 아니하는 경우에는 소지인은 그 선택에 따라 제시한 날이나 지급하는 날의 환시세(換時勢)에 따라 지급지의 통화로 수표금액을 지급할 것을 청구할 수 있다.
② 외국통화의 가격은 지급지의 관습에 따라 정한다. 그러나 발행인은 수표에서 정한 환산율에 따라 지급금액을 계산한다는 뜻을 수표에 적을 수 있다.
③ 제1항 및 제2항은 발행인이 특정한 종류의 통화로 지급한다는 뜻(외국통화 현실지급 문구)을 적은 경우에는 적용하지 아니한다.
④ 발행국과 지급국에서 명칭은 같으나 가치가 다른 통화로써 수표의 금액을 정한 경우에는 지급지의 통화로 정한 것으로 추정한다.
(전부개정 2010 · 3 · 31)

제5장 횡선수표

제37조(횡선의 종류 및 방식) ① 수표의 발행인이나 소지인은 그 수표에 횡선(橫線)을 그을 수 있다. 이 횡선은 제38조에서 규정한 효력이 있다.
② 횡선은 수표의 앞면에 두 줄의 평행선으로 그어야 한다. 횡선은 일반횡선 또는

특정횡선으로 할 수 있다.
③ 두 줄의 횡선 내에 아무런 지정을 하지 아니하거나 "은행" 또는 이와 같은 뜻이 있는 문구를 적었을 때에는 일반횡선으로 하고, 두 줄의 횡선 내에 은행의 명칭을 적었을 때에는 특정횡선으로 한다.
④ 일반횡선은 특정횡선으로 변경할 수 있으나, 특정횡선은 일반횡선으로 변경하지 못한다.
⑤ 횡선 또는 지정된 은행의 명칭의 말소는 하지 아니한 것으로 본다.
(전부개정 2010 · 3 · 31)

제38조(횡선의 효력) ① 일반횡선수표의 지급인은 은행 또는 지급인의 거래처에만 지급할 수 있다.
② 특정횡선수표의 지급인은 지정된 은행에만 또는 지정된 은행이 지급인인 경우에는 자기의 거래처에만 지급할 수 있다. 그러나 지정된 은행은 다른 은행으로 하여금 추심하게 할 수 있다.
③ 은행은 자기의 거래처 또는 다른 은행에서만 횡선수표를 취득할 수 있다. 은행은 이 외의 자를 위하여 횡선수표의 추심을 하지 못한다.
④ 여러 개의 특정횡선이 있는 수표의 지급인은 이를 지급하지 못한다. 그러나 2개의 횡선이 있는 경우에 그 하나가 어음교환소에 제시하여 추심하게 하기 위한 것일 때에는 그러하지 아니하다.
⑤ 제1항부터 제4항까지의 규정을 준수하지 아니한 지급인이나 은행은 이로 인하여 생긴 손해에 대하여 수표금액의 한도 내에서 배상할 책임을 진다.
(전부개정 2010 · 3 · 31)

제6장 지급거절로 인한 상환청구

제39조(상환청구의 요건) 적법한 기간 내에 수표를 제시하였으나 지급받지 못한 경우에 소지인이 다음 각 호의 어느 하나의 방법으로 지급거절을 증명하였을 때에는 소지인은 배서인, 발행인, 그 밖의 채무자에 대하여 상환청구권(償還請求權)을 행사할 수 있다.
1. 공정증서(거절증서)
2. 수표에 제시된 날을 적고 날짜를 부기한 지급인(제31조제2항의 경우에는 지급인의 위임을 받은 제시은행)의 선언
3. 적법한 시기에 수표를 제시하였으나 지급받지 못하였음을 증명하고 날짜를 부기한 어음교환소의 선언

(전부개정 2010 · 3 · 31)

제40조(거절증서 등의 작성기간) ① 거절증서 또는 이와 같은 효력이 있는 선언은 제시기간이 지나기 전에 작성시켜야 한다.
② 제시기간 말일에 제시한 경우에는 거절증서 또는 이와 같은 효력이 있는 선언은 그 날 이후의 제1거래일에 작성시킬 수 있다.
(전부개정 2010 · 3 · 31)

제41조(지급거절의 통지) ① 소지인은 다음 각 호의 어느 하나에 해당하는 날 이후의 4거래일 내에 자기의 배서인과 발행인에게 지급거절이 있었음을 통지하여야 하고, 각 배서인은 그 통지를 받은 날 이후의 2거래일 내에 전(前) 통지자 전원의 명칭과 처소(處所)를 표시하고 자기가 받은 통지를 자기의 배서인에게 통지하여 차례로 발행인에게 미치게 하여야 한다. 이 기간은 각 통지를 받은 때부터 진행한다.
1. 거절증서 작성일
2. 거절증서와 같은 효력이 있는 선언의 작성일
3. 무비용상환(無費用償還)의 문구가 적혀 있는 경우에는 수표 제시일

② 제1항에 따라 수표에 기명날인하거나 서명한 자에게 통지할 때에는 같은 기간 내에 그 보증인에 대하여도 같은 통지를 하여야 한다.
③ 배서인이 그 처소를 적지 아니하거나 그 기재가 분명하지 아니한 경우에는 그 배서인의 직전(直前)의 자에게 통지하면 된다.
④ 통지를 하여야 하는 자는 어떠한 방법으로도 할 수 있다. 단순히 수표를 반환하는 것으로도 통지할 수 있다.
⑤ 통지를 하여야 하는 자는 적법한 기간 내에 통지를 하였음을 증명하여야 한다. 이 기간 내에 통지서를 우편으로 부친 경우에는 그 기간을 준수한 것으로 본다.
⑥ 제5항의 기간 내에 통지를 하지 아니한 자도 상환청구권을 잃지 아니한다. 그러나 과실로 인하여 손해가 생긴 경우에는 수표금액의 한도 내에서 배상할 책임을 진다.
(전부개정 2010 · 3 · 31)

제42조(거절증서 등의 작성 면제) ① 발행인, 배서인 또는 보증인은 다음 각 호의 어느 하나에 해당하는 문구를 수표에

적고 기명날인하거나 서명함으로써 소지인의 상환청구권 행사를 위한 거절증서 또는 이와 같은 효력이 있는 선언의 작성을 면제할 수 있다.

1. 무비용상환
2. 거절증서 불필요
3. 제1호 및 제2호와 같은 뜻을 가진 문구

② 제1항 각 호의 문구가 있더라도 소지인의 법정기간 내 수표의 제시 및 통지의무가 면제되는 것은 아니다. 법정기간을 준수하지 아니하였음은 소지인에 대하여 이를 원용(援用)하는 자가 증명하여야 한다.

③ 발행인이 제1항 각 호의 문구를 적은 경우에는 모든 채무자에 대하여 효력이 생기고, 배서인 또는 보증인이 이 문구를 적은 경우에는 그 배서인 또는 보증인에 대하여만 효력이 생긴다. 발행인이 이 문구를 적었음에도 불구하고 소지인이 거절증서 또는 이와 같은 효력이 있는 선언을 작성시켰으면 그 비용은 소지인이 부담하고, 배서인 또는 보증인이 이 문구를 적은 경우에 거절증서 또는 이와 같은 효력이 있는 선언을 작성시켰으면 모든 채무자에게 그 비용을 상환하게 할 수 있다.

(전부개정 2010 · 3 · 31)

제43조(수표상의 채무자의 합동책임) ① 수표상의 각 채무자는 소지인에 대하여 합동으로 책임을 진다.

② 소지인은 제1항의 채무자에 대하여 그 채무부담의 순서에도 불구하고 그중 1명, 여러 명 또는 전원에 대하여 청구할 수 있다.

③ 수표의 채무자가 수표를 환수한 경우에도 제2항의 소지인과 같은 권리가 있다.

④ 수표의 채무자 중 1명에 대한 청구는 다른 채무자에 대한 청구에 영향을 미치지 아니한다. 이미 청구를 받은 자의 후자(後者)에 대하여도 같다.

(전부개정 2010 · 3 · 31)

제44조(상환청구금액) 소지인은 상환청구권에 의하여 다음 각 호의 금액의 지급을 청구할 수 있다.

1. 지급되지 아니한 수표의 금액
2. 연 6퍼센트의 이율로 계산한 제시일 이후의 이자
3. 거절증서 또는 이와 같은 효력이 있는 선언의 작성비용, 통지비용 및 그 밖의 비용

(전부개정 2010 · 3 · 31)

제45조(재상환청구금액) 수표를 환수한 자는 그 전자(前者)에 대하여 다음 각 호의 금액의 지급을 청구할 수 있다.

1. 지급한 총금액
2. 제1호의 금액에 대하여 연 6퍼센트의 이율로 계산한 지급한 날 이후의 이자
3. 지출한 비용

(전부개정 2010 · 3 · 31)

제46조(상환의무자의 권리) ① 상환청구(償還請求)를 받은 채무자나 받을 채무자는 지급과 상환(相換)으로 거절증서 또는 이와 같은 효력이 있는 선언, 영수를 증명하는 계산서와 그 수표의 교부를 청구할 수 있다.

② 수표를 환수한 배서인은 자기의 배서와 후자의 배서를 말소할 수 있다.

(전부개정 2010 · 3 · 31)

제47조(불가항력과 기간의 연장) ① 피할 수 없는 장애〔국가법령에 따른 금제(禁制)나 그 밖의 불가항력을 말한다. 이하 "불가항력"이라 한다〕로 인하여 법정기간 내에 수표를 제시하거나 거절증서 또는 이와 같은 효력이 있는 선언을 작성하기 어려운 경우에는 그 기간을 연장한다.

② 소지인은 불가항력이 발생하면 자기의 배서인에게 지체 없이 그 사실을 통지하고 수표 또는 보충지에 통지를 하였다는 내용을 적고 날짜를 부기한 후 기명날인하거나 서명하여야 한다. 그 밖의 사항에 관하여는 제41조를 준용한다.

③ 불가항력이 사라지면 소지인은 지체 없이 지급을 받기 위하여 수표를 제시하고 필요한 경우에는 거절증서 또는 이와 같은 효력이 있는 선언을 작성시켜야 한다.

④ 불가항력이 제2항의 통지를 한 날부터 15일이 지나도 계속되는 경우에는 제시기간이 지나기 전에 그 통지를 한 경우에도 수표의 제시 또는 거절증서나 이와 같은 효력이 있는 선언을 작성하지 아니하고 상환청구권을 행사할 수 있다.

⑤ 소지인이나 소지인으로부터 수표의 제시 또는 거절증서나 이와 같은 효력이 있는 선언의 작성을 위임받은 자의 단순한 인적 사유는 불가항력으로 보지 아니한다.

(전부개정 2010 · 3 · 31)

제7장 복본

제48조(복본 발행의 조건 및 방식) 다음 각 호의 수표는 소지인출급수표 외에는 같은 내용으로 여러 통을 복본(複本)으로 발행할 수 있다. 수표를 복본으로 발행할 때에는 그 증권의 본문 중에 번호를 붙여야 하며, 번호를 붙이지 아니한 경우에는 그 여러 통의 복본은 별개의 수표로 본다.

1. 한 국가에서 발행하고 다른 국가나 발행국의 해외영토에서 지급할 수표
2. 한 국가의 해외영토에서 발행하고 그 본국에서 지급할 수표
3. 한 국가의 해외영토에서 발행하고 같은 해외영토에서 지급할 수표
4. 한 국가의 해외영토에서 발행하고 그 국가의 다른 해외영토에서 지급할 수표

(전부개정 2010·3·31)

제49조(복본의 효력) ① 복본의 한 통에 대하여 지급한 경우 그 지급이 다른 복본을 무효로 한다는 뜻이 복본에 적혀 있지 아니하여도 의무를 면하게 한다.
② 여럿에게 각각 복본을 양도한 배서인과 그 후의 배서인은 그가 기명날인하거나 서명한 각 통의 복본으로서 반환을 받지 아니한 것에 대하여 책임을 진다.
(전부개정 2010·3·31)

제 8 장 변조

제50조(변조와 수표행위자의 책임) 수표의 문구가 변조된 경우에는 그 변조 후에 기명날인하거나 서명한 자는 변조된 문구에 따라 책임을 지고, 변조 전에 기명날인하거나 서명한 자는 원래 문구에 따라 책임을 진다.
(전부개정 2010·3·31)

제 9 장 시효

제51조(시효기간) ① 소지인의 배서인, 발행인, 그 밖의 채무자에 대한 상환청구권은 제시기간이 지난 후 6개월간 행사하지 아니하면 소멸시효가 완성된다.
② 수표의 채무자의 다른 채무자에 대한 상환청구권은 그 채무자가 수표를 환수한 날 또는 그 자가 제소된 날부터 6개월간 행사하지 아니하면 소멸시효가 완성된다.
(전부개정 2010·3·31)

제52조(시효의 중단) 시효의 중단은 그 중단사유가 생긴 자에 대하여만 효력이 생긴다.
(전부개정 2010·3·31)

제10장 지급보증

제53조(지급보증의 가능방식) ① 지급인은 수표에 지급보증을 할 수 있다.
② 지급보증은 수표의 앞면에 "지급보증" 또는 그 밖에 지급을 하겠다는 뜻을 적고 날짜를 부기하여 지급인이 기명날인하거나 서명하여야 한다.
(전부개정 2010·3·31)

제54조(지급보증의 요건) ① 지급보증은 조건 없이 하여야 한다.
② 지급보증에 의하여 수표의 기재사항을 변경한 부분은 이를 변경하지 아니한 것으로 본다.
(전부개정 2010·3·31)

제55조(지급보증의 효력) ① 지급보증을 한 지급인은 제시기간이 지나기 전에 수표가 제시된 경우에만 지급할 의무를 부담한다.
② 제 1 항의 경우에 지급거절이 있을 때에는 수표의 소지인은 제39조에 따라 수표를 제시하였음을 증명하여야 한다.
③ 제 2 항의 경우에는 제44조와 제45조를 준용한다.
(전부개정 2010·3·31)

제56조(지급보증과 수표상의 채무자의 책임) 발행인이나 그 밖의 수표상의 채무자는 지급보증으로 인하여 그 책임을 면하지 못한다.
(전부개정 2010·3·31)

제57조(불가항력과 기간의 연장) 지급보증을 한 지급인에 대한 권리의 행사에 관하여는 제47조를 준용한다.
(전부개정 2010·3·31)

제58조(지급보증인의 의무의 시효) 지급보증을 한 지급인에 대한 수표상의 청구권은 제시기간이 지난 후 1년간 행사하지 아니하면 소멸시효가 완성된다.
(전부개정 2010·3·31)

제11장 통칙

제59조(은행의 의의) 이 법에서 "은행"이라는 글자는 법령에 따라 은행과 같은 것으로 보는 사람 또는 시설을 포함한다.
(전부개정 2010·3·31)

제60조(수표에 관한 행위와 휴일) ①

수표의 제시와 거절증서의 작성은 거래일에만 할 수 있다.
② 수표에 관한 행위를 하기 위하여 특히 수표의 제시 또는 거절증서나 이와 같은 효력이 있는 선언의 작성을 위하여 법령에 규정된 기간의 말일이 법정휴일일 때에는 그 말일 이후의 제1거래일까지 기간을 연장한다. 기간 중의 휴일은 그 기간에 산입한다.
(전부개정 2010 · 3 · 31)

제61조(기간과 초일 불산입) 이 법에서 규정하는 기간에는 그 첫날을 산입하지 아니한다.
(전부개정 2010 · 3 · 31)

제62조(은혜일의 불허) 은혜일(恩惠日)은 법률상으로든 재판상으로든 인정하지 아니한다.
(전부개정 2010 · 3 · 31)

부 칙

제63조 (이득상환청구권) 수표에서 생긴 권리가 절차의 흠결로 인하여 소멸한 때나 그 소멸시효가 완성한 때라도 소지인은 발행인, 배서인 또는 지급보증을 한 지급인에 대하여 그가 받은 이익의 한도내에서 상환을 청구할 수 있다.

제64조 (소송고지로 인한 시효중단) ①배서인의 다른 배서인과 발행인에 대한 수표상의 청구권의 소멸시효는 그 자가 제소된 경우에는 전자에 대한 소송고지를 함으로 인하여 중단한다.
②전항의 규정에 의하여 중단된 시효는 재판이 확정된 때로부터 다시 진행을 개시한다.

제65조 (계산수표) 발행인 또는 소지인이 증권의 표면에 「계산을 위한」의 문자 또는 이와 동일한 의의가 있는 문언을 기재하고 현금의 지급을 금지한 수표로서 외국에서 발행하여 대한민국에서 지급할 것은 일반횡선수표의 효력이 있다.

제66조 (휴일의 의의) 본법에서 휴일이라 함은 국경일, 공휴일, 일요일 기타의 일반휴일을 이른다.

제67조 (위법한 발행에 대한 벌칙) 수표의 발행인이 제3조의 규정에 위반한 때에는 50만환이하의 과태료에 처한다.

제68조 (본법시행전에 발행한 수표) 본법 시행전에 발행한 소절수에 관하여는 종전의 규정에 의한다.

제69조 (어음교환소의 지정) 제31조의 어음교환소는 법무부장관이 지정한다.

제70조 (거절증서에 관한 사항) 거절증서의 작성에 관한 사항은 대통령령으로 정한다.(개정 1995 · 12 · 6)

제71조 (시행기일, 구법의 폐지) ①본법은 1963년 1월 1일부터 시행한다.
②조선민사령 제1조에 의하여 의용된 소절수법은 본법 시행시까지 효력이 있다.

부 칙(1995 · 12 · 6)

이 법은 공포한 날부터 시행한다.

부 칙(2007 · 5 · 17 법8440)

이 법은 공포 후 6개월이 경과한 날부터 시행한다.

부 칙(2010 · 3 · 31 법10197)

이 법은 공포한 날부터 시행한다.

編者 禹 哉 永

建國大學校 法學科 卒業
建國大學校 行政大學院 不動産學科 卒業
高麗大學校 經營大學院 修了
서울大學校 經營大學 最高經營者課程 修了
延世大學校 經營大學院 最高經營者敎室 修了
大法院 法院行政處
鑑定評價士
法 務 士

編 著

基本六法
編別基本小六法
不動産六法
古碑法帖 五體千字文
現代書家 五體千字文
韓國書藝千人集
國際現代美術集

版 權
所 有

2012年版
分冊基本六法 **憲法·商法** 定價 8,000원

2012年 1月 25日 印 刷
2012年 1月 30日 發 行

編 者 禹 哉 永
發行人 禹 哉 永
印 刷 한국법령정보(주)
發行處 文一出版社

(143-854) 서울特別市 광진구 자양동 227-336
건대동문회관1층
電話 : 932-5777, Fax : 456-1727
登錄番號 : 1977.11.3 第2-65號
ISBN 978-89-7639-120-9 93360